中国民间金融的规范化发展

高晋康　唐清利　汪　蕾　主编

ZHONGGUO MINJIAN JINRONG DE GUIFANHUA FAZHAN

2018

主办单位：西南财经大学法学院

承办单位：西南财经大学中国金融法研究中心

西南财经大学民间金融及法律规范研究所

协办单位：四川百仕丰投资有限公司

参编人员：马一心　陈泰伯　罗　畅　唐伟佳　杨博宇

余　萍　李嘉伟

目 录

第八届中国民间金融规范化发展论坛会议综述

2018年10月13日,“第八届中国民间金融规范化发展论坛”在成都市青羊区光华村街55号西南财经大学法学院学术报告厅举行,本次论坛由四川省法学会金融法学研究会、西南财经大学中国金融法研究中心、民间金融及法律规范研究所主办,西南财经大学法学院承办。来自最高人民法院法律研究所、中国证监会、中国人民政治协商会议四川省委员会、四川省法学会、四川省委党校、四川省高级人民法院、四川省公安厅、四川省工商业联合会、四川银保监局、四川省证券期货业协会、四川省保险业协会、四川省金融工作局、成都市发改委、中国人民银行成都分行、成都市中级人民法院、成都市检察院、成都市金融工作局、成都市铁路运输中级法院、温州市人民检察院、温州市政府金融工作办公室、绵阳市中级人民法院、广元市中级人民法院、达州市中级人民法院、上海交通大学、四川大学、厦门大学、电子科技大学、西南政法大学、华东政法大学、西南石油大学、西南交通大学、四川省社会科学院、法律出版社、经济日报、法制日报等实务部门和高校的专家、学者及新闻界一百余人出席了论坛。本次论坛以“地方金融监管立法”“民间新金融的法律规制研究”为主题,深入探讨了在金融科技发展的背景下,如何跟进金融市场监管、完善地方金融监管立法、明确民间金融的法律规制等一系列问题。

四川省法学会金融法学研究会会长高晋康教授首先代表四川省法学会在论坛上致辞,他介绍了过去七年研讨会在各方面作出的成功探索,在学术界和实践界的共同努力下取得了诸多成绩,期待大家本次精彩的研讨。

西南财经大学副校长尹庆双教授为论坛开幕致欢迎辞,他指出,近年来,金融科技的发展给金融监管带来了考验和机遇,在金融科技推进金融市场发展的过程中,也出现了诸多社会治理问题,尚需地方金融监管立法的修缮与进步。民间金融借助互联网和金融创新在助力中国金融服务转型升级的同时,对金融业态也有着双重影响。当下,金融科技创新带来的新风险要求金融和法学有机结合,金融法律监管体系需紧跟金融热点,服务社会。尹庆双教授希望西南财经大学与各界金融、法律、科技专家通过这个良好的交流平台,继续引领我国法学教育和金融事业的发展。

政协四川省第十届委员会副主席解洪同志代表省政协祝贺论坛的成功举行,他首先指出,中国特色社会主义进入了新的时代,我们的经济进入了高质量发展阶段,在这样一个特殊的发展阶段,如何保证经济的发展和增长,我们需要探索一条有利于国家长治久安的发展路径。

我国著名金融学家、中国金融终身成就奖获得者、西南财经大学中国金融研究中心名誉主任曾康霖教授的主旨演讲首先提出了两个主导问题:一是法制要讲真话实话的问题,二是法制要靠舆论支持的问题。曾康霖教授认为,这些问题不能仅在法律范围内讨论,还需要靠舆论支撑才能推动实行。针对新形势下的民间金融问题,曾康霖教授提出解决问题要回归原本:一要注重实体,二要防范风险,紧跟中央部署。

本次论坛主要从地方金融监管立法、民间新金融的法律规制研究、互联网金融监管三个议题展开,与会的专家学者通过向组委会提交论文和会议发言两种方式,从各自独特的研究视角,就中国民间金融如何在大数据和金融创新的背景下谋求发展,以及如何在发展中走向规范化展开深入交流,形成了许多新认识。

一、民间金融在实践中的现状与困境

在民间金融互联网化的变迁过程中,民间金融运营主体、信任机制以及资金运作方式不断演变,以其低成本、高效率、跨区域等优势,在一定程度上弥补融资缺口,丰富了金融产品与服务,但逐利的民间金融逐渐“脱虚向实”,进入高风险领域,引致各类金融案件频繁发生。部分民间金融者披着“互联网金融”的外衣,设计骗局,损害投资者权益。

(一)实务现状与困境

在会上,各地法院一线审判人员提出了法院在审判民间金融案件时发现的问题,并提出了各自的见解。上海市高级人民法院金融审判庭程功法官结合法院在审理网络借贷案件中的体会,谈了自己的认识。程功法官指出,就基本情况而言,网络借贷案件近三年呈现较大增长趋势,而网贷平台风险的累积释放也将使网络借贷案件的审理继续呈加快增长幅度。现如今,网络借贷主要有以下几个特点:一是收费名目繁多,债务人违约风险增大;二是网贷平台参与了借贷交易;三是网络平台股东个人借贷行为违法,呈现组织化形式;四是平台存在随意拆分大额借款的行为;五是网贷平台诚信借贷的意识不足,存在资金挪用现象;六是网贷平台存在变相资金池的情况;七是案由和当事人多样化。这些纷至沓来的问题在当下法律的适用中带来了许多疑难:一是平台提供担保等行为的法律效力问题;二是拆分期限、金额转让债权行为效力认定的问题;三是网贷平台信息披露的问题;四是网贷平台可否提起借款诉讼的问题。程功法官认为,针对网络借贷案件,在审理口径上,民刑交叉时不仅要先刑后民,并且还要依法审理民事案件,慎重认定合同效力问题,依法认定借贷利率、平台担保责任,及时出具保全裁定。

四川省高级人民法院民一庭法官李海昕提出了关于民间高利融资行为治理的思考。李海昕法官介绍了高利率现象在民间金融活动突出的具体原因:一是现行法律法规所期待的管控效果与融资供给者的实际管控力不匹配;二是资金需求者的身份差异,并且法律地位不明确;三是作为资金供给者对冲交易成本、违约风险的对策也亟待出炉。同时李海昕法官也指出,民间金融活动高利率的根本原因是交易市场信息的不对称与不确定性。李海昕法官指出,在审判实践中反馈出以下几种高利率现象:一是高利率借贷多发常见;二是高利率和复利共同存在;三是高利融资行为形式不断翻新,隐蔽性很强;四是民间高利融资在市场中获得了事实上的司法承认和保护;五是这些现象也伴随着其他次生社会问题。对于这一现象,李海昕法官提出了若干解决思路:首先,由于低利率与融资便利不可兼得,即使通过强制性司法手段打压该现象,围绕博弈与规避来看,一般也很难做到"解决",应采取综合治理的手段,引导双方改变博弈策略:完善信用体系,以更好地区分中小民营企业的资信;提高债务实现效率,降低交易风险和费用;强化对民间金融的监管科技手段;容忍一定范围和适度的金融抑制;相对更有力的高利融资法律后果——行为"整体无效"(部分国家有类似规定)。李海昕法官认为,高利现象不可能得到根治,只能是对人类行为的调适,在法律的斗争中只能寻求一个相对的平衡。

成都市中级人民法院民二庭庭长徐文波在金融审判的实践基础上分析了民间金融的规范化发展。根据案件受理,徐文波法官得出民间金融审判三个特点:一是案件数量大,隐藏风险大,在合同签订和交易环节存在监管不足;二是互联网与民间借贷风险叠加效应;三是虚假诉讼时有发生。对于这些审判过程中出现的问题,徐文波法官认为,应该牢牢把握三个原则:一是要保护契约自由,维护契约正义;二是要保护金融创新与防控金融风险;三是要发挥司法能动作用,坚持执法为民。

达州市中级人民法院邹愈镅就非法集资类案件司法实务研究作了分析报告。邹愈镅法官提出,当下非法集资案件数量、参与人数量大,涉案金额增加,受理压力大,同时也涉及刑民交叉的问题。这些案件存在共同的特点。一是利益诉求多元化:集资参与人内部的矛盾、集资参与人与民事权利人的矛盾。二是非法吸收公众存款罪和集资诈骗罪与非罪、此罪与彼罪界定难度大:对直接融资和间接融资的区分,只能按照结果判断(是否偿还)。三是非法集资犯罪的金额难以认定:重复投入的资金、案发前已经存入的本金是否计入案件金额。四是被告人退赃数额的认定:是否能构成减刑、判轻、缓行、免除处罚。邹愈镅法官提出,要坚持依法处理;准确把握非法吸收公众存款罪与民间借贷的界限,从实质上判断资金是否用于生产经营,确认非法吸收公众存款罪和集资诈骗罪,从客观行为推定是否具有主观目的;准确认定金额:对非法集资与集资诈骗的犯罪客体,进行区别对待;准确认定被告人的追赃金额:根据各行为人的作用确定行为人刑事责任的大小。

上海金杜律师事务所合伙人陈胜律师就民营银行公司治理问题进行了分析。陈胜律师指出了以下几个问题并发表了看法:首先,公司未按时召开股东大会,银行业的严格监管使银行业股份有限公司利益各方存在多重顾虑,最终可能导致无法召开股东大会。同时,该行为违反了公司章程、法律规定,可能面临处罚,影响公司重大决策,损害股东利益。其次,针对股东股权超额质押,入股民营银行的股东应当履行维持出资并承担经营剩余风险的义务,否则可能受到监管机构的问询或处罚。最后,对于民营银行董事长未能勤勉履职的问题,他认为大小股东之间的利益冲突可能导致小股东提名的董事未能勤勉履职;另外,就同一董事同时担任多个专门委员会成员的现象,这是因为大股东想凭借其地位出现自身利益最大化。针对此情况可向监管机构投诉或采取股东直接诉讼、代表诉讼等方式。随后,陈胜律师提出了相应的建议:积极面对、冷静处理;自我管理;配合提供相关信息;确保言论、书面文件之间的一致性。

(二)实践中金融消费者权益保护的问题

四川省高级人民法院研究室主任徐新忠结合审判实践,对金融消费者权益保护进行了梳理与思考。首先,在审判实践中,金融消费纠纷案件量大幅度增加,且金融消费者更倾向于采取诉讼方式来保护个人权益。其次,案件类型分散,案件数量比较集中,主要分布在银行卡、保险、证券等方面,即传统金融产品较多,另外,新类型案件逐渐增多。这反映了当下金融消费法存在的诸多问题:一是金融消费者概念不明晰。例如,是否包括法人,如何与投资者区分,是否需要考虑金融专业知识。二是金融消费者往往兼具投资者与消费者身份,能否都主张消费者赔偿。三是在法律方面没有设立金融机构适当性义务,导致说服力不足。四是互联网电子证据的认定方式不明确。五是发卡行与消费者举证责任分配认定不统一。

针对这些问题,徐新忠主任提出,在立法方面,现无专门针对的法律,设置不完善,会损害金融消费者的个人利益。因此,徐新忠主任提出了自己的建议:一是加强金融领域的立法,金融消费者极为特殊,它既涉及《消费者权益保护法》,又与金融法律密切相关。通过借助美、日、加等国家的立法经验,金融消费者保护的法律依据还应与《证券法》《银行法》《保险法》等专门法律的规定相结合。统一整体,对金融消费者倾斜性保护的同时慢慢向双边促进发展。二是修订现有的《消费者权益保护法》,将对金融消费者的保护列入《消费者权益保护法》的修改之中。重点完善以下内容:金融消费者内容的明确,如是否包括法人,以及金融消费者与投资者的区分和金融消费者的权利与义务界定;保护金融消费者的知情权的同时也保护好金融消费者的个人信息,保护其隐私权;加强金融消费者保护机构的建设,在金融机构内部建立并完善消费者投诉、争议解决程序,以及在中国人民银行内部推动金融消费者保护协会的成立,专门负责金融消费者行政投诉方面的工作。

温州市人民检察院副检察长林越坚就互联网金融消费者制度的构建提出了自己的看法。林越坚检察官认为,“金融消费者”并不是“消费者”在金融领域概念的延伸,“互联网金融消费者”也不是金融消费者在互联网领域的概念延伸,互联网金融消费者制度需要新的理论基础。林越坚检察官指出,互联网空间的特点是去人格化、去地方化、去中心化,并具有大数据优势,互联网平台是多重法律关系的叠加,我们的制度建构要围绕平台展开。他总结了该制度建构的三大要点:一是知情权保护,二是适当性管理,三是公益诉讼机制。从互联网账户安全保障机制以及互联网金融消费者监管保护制度的建立出发,推动建立互联网纠纷在线解决机制。

(三)监管实务中的现状与困境

中国证监会北京监管局叶琦针对民间金融规制标准的问题进行了探讨。叶琦谈到金融监管的现状,金融监管宏观审慎,主要强调提高对大型金融机构的监管。金融科技导致市场主体分散化、碎片化,更容易受风险影响。同时,金融科技的发展也面临新的挑战:金融主体的分散化金融科技公司业务不透明,监管机构监测困难;对金融科技监管的工具不够、专门知识不足、合作机制不成熟。叶琦指出,过去把一般性原则作为标准不太合适,在事后处理问题时使用可能更为合适。在民间金融领域,《民间金融资产评价指标分类》具有一定程度的规制标准意义,可能成为地方金融监管机构对民间金融进行法律规制时的重要参考依据。由市场主体制定多样化、可选择性的标准,不同标准体系相互竞争,替代传统问责机制,最终目的是要发挥标准良好的协调性,平衡民间金融的力量,保护消费者。

浙江省温州市人民政府金融工作办公室主任、地方金融管理局局长顾威结合温州市实践经验分享了他对民间金融的理解。顾威局长认为,民间金融产生是因为正规金融供给不足。民间金融的主流是民间借贷,金融本质是融资,民间金融的本质是创造了一个影子银行系统。现今民间金融的困局在于以下几个方面:首先是法律困局:由于民间金融的合法性一直存疑,使在监管上存在模糊性。我国法律体系没有给民间金融发展空间,容易触犯非法吸收公众存款罪名。例如,2011 年温州实体经济下滑首先冲击地下影子银行系统,当然地上的正规金融行业也必然受到影响,而且在法律上对投资者、对普通老百姓没有足够的保护,民间信用危机加深。其次是监管上的困局:责任无限大,权利无限小。我国目前的问题是对民间金融理解不透彻,同时政府对民间金融持一种矛盾的态度,行为消极被动,同时相关立法和管理制度方面亦存在缺陷。金融发展上挤不开前门(市场化不够),也不堵后门(法制化不够),因此,要走法制化、市场化的道路。顾威局长认为,我们应该做金融创新的保守者,在市场准入和准出方面加强监管,做金融市场的积极推动者。

成都市人民政府金融工作局局长助理付剑锋首先介绍了成都西部金融中心的建设现状。首先,各项指标均显示出成都是西部的金融中心,也是西部金融市场的中心。其次,成都已经在金融科技方面做了很多探索,打造了全国最大的金融科技空间——成都金融梦工场·交子金融科技中心,形成了金融科技领域的生态圈。最后,成都已经打造了政府的基金体系(基金小镇),发展迅速,成绩显著。针对监管部门,付剑锋提出,在体制机制方面,成都的金融和监管部门在全国率先储备了工作班子。在两类公司的监管方面,监管部门已经开始利用科技手段进行监管,把很多监管从事后的处置提前到了事中的影响和事前的预防。

(四)民间金融的理论探索和研究

中国政法大学法制信息管理学院教授刘振宇介绍了基于知识图谱和智能推理模型的民间借贷案件复杂债权债务的分析框架。刘振宇教授指出,知识图谱和智能推理模型是对案件进行结构化的表述及进一步的分析处理。人类语言在描述世界时并不准确,是线性的。而回归本体论,万事万物都有其内涵和外延,而知识图谱能更真实地刻画这个世界,即其是一种世界观,刘振宇教授希望计算机领域以后能有机会与法律领域相结合。

厦门大学法学院副教授王兰讲解了民间金融正规化的博弈选择,她认为民间金融长期被污名化,相关的草根从业者往往被链接到颇具意识形态的食利阶层,甚至被论断为加剧金融链条断裂与金融道德风险不确定的始作俑者。在各地不断涌现的判决书和司法案例中,常常与非法集资、高利贷等危害经济罪相关联,甚至滋生了职业收债等社会毒瘤,而成为自上而下推行民间金融严管政策的基本出发点。然而,资本要素供给侧改革深水区的民间金融并未停止变化。如借助互联网等工具的 P2P 网络融资创新和面向不特定主体融资的众筹,不断游走在当前法律规制的空白地带且不断壮大。民间金融一直处于法律规制与社会私人/公共治理的交叉地带,导致政府监管面临两难困局——要么诉诸法律苛制失之过严,要么诉诸法外自治失之过宽。王兰副教授指出,传统的民间金融法律规则窠臼,应该借助关系网络、声誉制裁等机制而形成的民间金融软法治理,并提出了将民间金融予以正规化治理的理念。王兰副教授分析了正规化治理下成本与收益的关系:一是民间金融正规化的收益谱系包括特许经营、集群经营;二是民间金融正规化的成本维度包括正规化的融资运营成本和正规化的竞争成本。然后,王兰副教授分析了民间金融正规化的守法与脱法博弈:现行法律仅完成了行商资格的简单赋权而缺乏完整的实施制度安排;抽象产权界定难以谈论具象的成本;民间金融治理的宏观要素配置要求:合规经营成本、合法利率水平以及资本要素供给;民间金融具有自身的灵活性和多元性。如何实现合法利率、资本要素和合法化经营成本三要素的均衡,其相关规制的设计将是民间金融正规化制度建设的核心内容。从已有的规划对象来看,主要表现为针对利益和运用组织的规制。所以,王兰副教授从如何具体设定利率和如何对运营主体进行规制这两个侧面对民间金融正规化下的软硬法协同规制做了阐释。

二、互联网金融的监管

在技术变迁与制度变迁相互作用下,互联网技术、互联网精神不断渗入民间金融领域,催生了民间金融互联网化。以第三方支付、移动支付、搜索引擎、社交网络等为代表的网络技术在无限拓展金融交易可能性边界的同时,也在重新定义和发展着金融体系的内容。在不同民间金融组织形式中,民间借贷最为传统和典型,在金融互联网化过程中也最为引人关注。

(一)互联网金融监管现状

在理论层次上,网络金融法律关系的界限不够明晰,法律对不断创新的金融发展调整有一定制约,应多方位多领域对互联网金融进行有效监管。最高人民法院法研所副所长范明志在网络金融法律关系的发展与规制方面提出了相关见解。范明志教授认为,目前对于法制与金融的关系尚未厘清,实务中司法案件的处理确实存在一定问题,如信用卡偿还欠款、被盗刷等相关问题。许多问题和法律标准还很模糊:如民间借贷与非法集资的区别。金融的发展已经进入风险管理的层次,金融的创新必定突破传统法律关系。解决这些问题,归根结底要弄清楚网络对金融关系的影响在什么地方。法律对社会关系的调整是有限的,不可能完全固化。法制介入金融必须要有一定的方式,不能对法制有过高期望。金融集聚了信用、风险等法律难以调整的因素,对金融的创新和发展,法律应当持保守、克制态度,应当采取行政、司法、社会治理等共同调整的方式,这样才能促进其健康发展。

谈到实践中的金融监管,电子科技大学副教授张帆就 P2P 网贷平台的地方监管,结合她的专业工作,总结了近几年来地方金融监管表现。张帆副教授指出,网贷平台从 2015 年开始系统监管,不同地区呈现出不同的风格。例如,北京等地标准严格、处理迅速,而上海、杭州等地仍需改善。张帆副教授认为,网贷平台的地方监管存在一些困境:一是缺乏有体系的地方监管法规;二是预警识别难;三是监管办法滞后;四是跨地区监管难。针对这些困境,张帆副教授建议加速地方立法,创新运用监管手段;重审平台性质,完成备案和清退;规范网贷机构退出行为,落实网贷机构和关联方责任;完善与其他部门的协作,建立网上投诉报案机制。

(二)互联网金融风险控制的创新

上海交通大学凯原法学院许多奇教授分析了互联网金融风险的社会特性与监管创新。许多奇教授认为,互联网金融风险具有社会网络因多节点、高密度的特征,使互联网金融具有分散风险与集聚、传染风险的两面性;嵌入的金融网络关系又加速了各类风险之间的转化,扩大了金融风险的传染面,造成系统性风险加大。在互联网金融风险社会特性的逐步呈现中,我国对互联网金融风险的监管从 1999 年至今,经历了“包容性监管”“原则性监管”“运动式监管”三个阶段,实践表明将风险具有社会特性的互联网金融监管放进“一行三会”分业监管的框架行不通。因此,许多奇教授认为,我国金融监管大变革需顺应互联网金融风险社会特征:一是监管组织体系重组;二是监管体制优化,从单一的微观审慎监管过渡到宏观审慎管理与微观审慎监管相结合;三是监管模式创新,从传统模式过渡到智能模式,从传统监管走向科技监管。

谈到金融监管科技方面,《国际金融工程》杂志主编、成都数联铭品科技有限公司首席风险官袁先智博士有独到见解,袁先智博士强调在大数据金融科技框架下,建立全新的动态表达了穿透式监管体系的重要性。袁先智博士认为,在大数据框架下助力中国金融服务转型升级,需要的是动态、全面、穿透式的监管。但是,金融科技发展也带来了挑战,对此,袁先智博士提出了现阶段存在的几个问题:一是支持信贷的问题,如信用如何评级、评估;二是基于大数据的金融解决方案,包含动态定价、动态监管、智能投顾等;三是金融如何科技创新,结合大数据、区块链、人工智能等,建立从真实资产到数字资产的定价体系;四是如何通过大数据手段打击非法集资,支持各种民间金融活动的规范化;五是就金融行业本身的综合性要求,要从金融数学,金融工程到金融科技共同发展;六是如何提高中国金融机构整体从国家到地方的监管水平。袁先智博士认为,金融监管机构需要基于大数据平台的动态、全面、一站式的科技监管。

三、地方金融监管立法与法律规制

完善地方金融立法对加强地方金融监管有着重要的促进作用。中央政府对地方政府金融监管的职能有一定的政策安排,但是,这些都没有上升到国家法律层面,依然属于政府部门规章和规范性文件的要求。要进一步明确界定地方政府金融监管的职责,在立法层面作出规定,依法设定地方政府金融管理责任,加强金融监管。金融监管本质上是对市场不完全性的修正与填补,在市场经济环境下,随着金融衍生品与金融业务的不断创新、金融发展国际化加强、金融领域风险剧增,金融监管成为宏观调控和经济监督的重要工具。由于中央监管的有限性,地方中小金融机构与准金融机构的发展使地方金融监管的需求日益增长。中央垂直管理与地方属地管理是目前我国地方金融监管体制的现实表征,两者均有利弊。严格控制地方金融监管权体现出中央政府对地方金融监管能力的担忧,然而却有违市场发展的内在规律。在金融产品和金融组织的地方化已经成为不可逆转的趋势下,有必要赋予地方政府一定的金融监管权。地方金融监管权的存在反映了地方政府对金融利益的合理性诉求,有助于解决中央金融监管能力不足的问题,是有效防范地方金融风险的内在要求。

(一)地方金融的实践经验

关于地方金融监管立法,与会嘉宾分享了各自参与地方金融立法中得到的实践与理论经验。四川省金融工作局法制处处长伍成旗针对四川地方金融立法,分享了相关经验。首先,伍成旗处长与与会代表分享了《四川金融条例》(以下简称《条例》)的制定过程。该《条例》自 2016 年 10 月开始启动:从草案编写入手,委托人大法学院起草了 100 多条,涉及了诸多方面;接着进行了省外、省内的调研并深入到各基层政府实地调研，随后省政府法制办对草案进行了审查；截至目前（2018 年 10 月），省人大 7 月对其进行了第一次必要性审议，9 月下旬进行了第二次审议；《条例》尚在修改完善，计划在 2018 年 11 月通过。其次，伍成旗处长简要地介绍了《条例》的主要内容，包括地方金融监管、地方金融发展以及地方金融风险防范，条例现在共 6 章 51 条，部分内容结合四川的实际情况进行规定，如西部金融中心的建设。最后，伍成旗处长指出了地方金融立法需要重点解决的问题：一是地方立法权的问题；二是中央金融事务和地方金融事务的权限划分，也就是《条例》的适用范围问题（7 + 4 + x）；三是地方金融组织的监管问题；四是地方金融监管体制问题；五是地方金融立法的技术性、程序性问题。

《浙江省地方金融条例》（以下简称《金融条例》）起草人、浙江大学法学博士潘政讲述了他在该条例起草中遇到的问题。潘政博士总结出了五个方面的问题：一是名称问题。潘政博士强调法律名称应与立法目的息息相关，注重金融监管法律体系的系统性和协调性，这也是我国金融监管法律体系所欠缺的。同时法律规定应尽量避开偏原则性的规定，因为法律本身既要保证地方金融组织很好发展，也要做好金融防范，偏原则性的规定则很难平衡两者。二是适用范围问题。《金融条例》规定了 12 类：7 + 4 + 1，[1]但关键问题在于没有互联网金融方面。互联网金融是重要组成，需要监管，却无相关规定。对于如何加入主要有以下两种观点：观点一是中央规定不可知的情况下，地方尝试做一些原则性规定，为以后做铺垫；观点二是不单独规定，而是分解到金融业态中。三是区域限定问题。《金融条例》规定在核准的经营范围与区域，民间融资中心的范围限制在一县一市之内。争议在于可能有些“一刀切”，民间资金管理企业未必要限制在当地。这也回到了上述有关监管权的纵向配置问题，中央与地方金融监管分权缺乏明确的法律依据，导致地方监管难免出现监管限度难以把握问题。四是民间融资服务企业的法律性质问题。五是民间借贷信息登记问题。现有的征求意见稿中，赋予当事人登记的权利，给予当事人弥补其程序性措施的可能。但对法律协调上如何进行、效力如何等问题均未进行规定。例如，明确登记的效力到底是

[1] “7”指小额贷款公司、融资担保公司、区域性股权市场、典当行、融资租赁公司、商业保理公司、地方资产管理公司等金融机构实施监管；“4”指投资公司、农民专业合作社、社会众筹机构、地方各类交易所；“1”指民间融资组织。

什么？为什么没有区分个人和单位？应登记而未登记应当承担什么责任？可见,地方立法对金融监管措施的相关规定很难涵盖有关法律关系定性问题,金融法律的滞后性无法避免,且地方立法对监管限度、力度的把握较难做到适度而有效。

(二)民间新金融的法律规制

中国东方资产管理股份有限公司首席经济学家吴庆主要从金融改革谈了他的观点。吴庆教授认为,如今民间金融的形势和金融监管发生了巨大的变化。首先,在金融监管的过程中,金融法学研讨会已经进行了8年,我们最初是希望这个行业自身能建立起自律规则,但实践证明还有待完善。金融监管体系刚开始的时候,用相对自由的方式监管,后来又用体制内的监管规则进行严格的监管约束。吴庆教授认为,这个过程是非常值得经济学和法学领域进行分析的,金融是否应从严监管是有待考虑的,并且从对金融业发展的影响、科技的发展以及国际上对金融监管的大方向进行了论述。吴庆教授指出,2018年金融监管的大方向就是严格监管,把金融体系往旧有的体系里装,吴庆教授认为,如果延续这种方式,金融业的服务范围就会变窄。其次,在科学技术和金融业结合的方面,所有技术层面的发展都不能违背金融业监管的本源,巴萨尔协议的本源是放松监管,给金融机构予自由。金融监管应回到技术层面的背后,积极利用这些技术维护自己的权益。

从民间金融监管的整体层面上,北京金诚同达(成都)律师事务所合伙人王坤林指出,目前民间金融监管存在监管思维滞后、地方监管权限有限的问题,王坤林律师认为,应当成立地方金融监管执法局,加强事前和事中的监管,在执法、处罚等方面进行授权,协同监管,进行投资者教育。王坤林律师认为,目前P2P的商业模式与监管要求存在诸多矛盾,还须进一步探索。

在"互联网+"背景下,如何对民间借贷细节问题进行法律规制,华东政法大学国际金融法律学院肖宇副教授提出,互联网金融行业的监管问题层出不穷,以P2P网贷行业为例,其商业运行有问题,近十年来其基本属于无准入门槛、无行业标准、无监管机构的三无行业。因此,依据美国的监管理论——回应型监管理论,肖宇副教授分析得出以下结论:一是在金融创新的起步和发展阶段,监管不能缺位,否则影响投资人及行业的声誉,产生巨大监管成本。创新不意味着监管的缺位,监管及早进入是有必要的。对于登记问题,可参考美国登记备案制度,美国P2P虽然有问题,但不至于引起系统性风险的危险。对于免责问题,对新生事物可以借鉴“沙盒监管”,在设置的有限空间内,无论是监管者还是被监管者,是受到豁免的。二是构建“大监管”的主体,即政府、自律组织和企业自身。即形成共同合作的大主体,政府让渡部分规则制定权、监管权给行业组织。三是采取分级监管,正面支持与负面处罚并用的多元化的监管措施,规范行业未来发展。监管措施的强制手段要由软到硬;同时,监管措施不仅要设置处罚,也要给予正面的支持与鼓励。

在这种监管状态下,民间金融的掠夺性房贷问题也因此滋生。长安大学政治与行政学院陈蓉教授针对近年来的掠夺性放贷行为,提出了相关法律规制意见。陈蓉教授首先介绍了掠夺性贷款特征:利率设定高,贷款成本高;借款条件的信息不透明,让借款人陷入贷款陷阱;非法催收(软暴力、债务外包);多头负债、共债突出。陈蓉教授认为,掠夺性放贷行为在利率上限、风险防控机制、消费者保护的缺失、法律惩处机制等方面缺失相应法律规制。最后,她提出了反掠夺性贷款的法律对策和建议:应当明确界定掠夺性放贷行为;采取多元化的利率控制;提高贷款定价的透明度;预防过度负债:强化适当性管理义务;规范催账手段;建立惩罚性法律责任机制,提高掠夺性放贷行为的违法成本,以此更加有效地维护借款人的合法权益,促进多层次信贷市场的规范发展。

互联网金融风险的社会特性与监管创新*

许多奇**

内容提要　将社会网络分析方法运用于互联网金融风险分析,得到互联网金融风险的两大社会特性:一是多节点之间的连接密度具有分散、降低金融风险和加剧金融风险积聚、扩散的双重作用;二是互联网金融风险的形成和社会放大受到"所嵌入的关系网络"的制约。由互联网建立起来的金融关系网络使互联网金融的系统性风险不仅具有复杂性、传染快、波及广等基本特征,而且具有"太多连接而不能倒"以及"太快而不能倒"的新的表现形式。在我国互联网金融新业态近二十年的发展进程中,随着其风险社会特性的逐步呈现,监管层分阶段地以"宽容性监管""原则性监管"和"运动式监管"三种监管方式进行了回应。实践表明,"一行三会"式的分业监管体制及缺乏科技支撑的传统监管模式难以遏制互联网金融的野蛮生长以及防范金融风险的积累和传染,以先进的监管理念、信息共享与合作联动的监管主体、与基础风险源相匹配的监管原则以及科技化的监管模式为内容的互联

* 本文是作者主持的国家社会科学基金项目"我国互联网金融市场准入与监管法制重大理论与实践问题研究"(16BFX098)的阶段性研究成果,并已发表于《法学研究》2018 年第 5 期,特此说明。

** 上海交通大学凯原法学院教授。

网金融监管应然诉求继而提出。当前我国金融监管改革使互联网金融监管朝着应然方向前进了一大步，而科技监管是互联网金融监管从应然走向新的实然的必由之路。

关键词 社会网络分析 系统性风险 互联网金融 金融科技 监管科技

几年前，互联网金融以其金融企业呈爆炸式增长，金融产品层出不穷，为国人所瞩目；近年来，它又因互联网融资平台倒闭跑路事件频频发生，为人们普遍关注。我国在长期金融抑制政策下形成的现有金融法律制度已与普惠型互联网金融多有冲突，而"一行三会"式的分业监管体制及缺乏科技支撑的传统监管又难以遏制互联网金融的野蛮生长和防范金融风险积累。面对这一现实，根据互联网金融与互联网的亲缘性，运用社会网络理论分析互联网金融风险的社会特性，反思我国互联网金融监管的演进过程，探索顺应互联网金融风险社会特性的我国金融监管改革的现实运作与发展方向，具有重要的理论与现实意义。

一、互联网金融风险的社会网络分析

英国人类学家阿尔弗雷德·拉德克利夫·布朗（Alfred Reginald Radcliffe-Brown）于1940年首次使用了"社会网"的概念。[1] 20世纪50年代，英国学者约翰·巴恩斯（John Barnes）通过对一个挪威渔村阶级体系的分析，首次把"社会网"概念转化为系统的研究。[2] 也是在这一时期，英国学者伊丽莎白·鲍特（Bott Elizabeth）出版著作《家庭与社会网络》，该书至今仍被社会学界视为英国社会网络研究的范例。[3] 由此，布朗的社会网络思想逐渐发展成应用性很强的社会学与管理学研究方法（分析工具）——社会网络分析。

社会网络学说的基本假设是，社会中的各个单位（个体、群体、组织等）

---

〔1〕 A. R. Brown, On Joking relationships, Africa: Journal of the International African Institute, Vol. 13, No. 3, Jul. 1940, pp. 195-210.

〔2〕 J. Barnes, Class and Committees in a Norwegian Island Parish, *Human Relations*, Vol. 7, 1954, pp. 39-58.

〔3〕 E. Bott, Urban Families: Conjugal Roles and Social Networks, *Human Relations*, Vol. 8, Issue 4, 1955, pp. 345-384.

不是独立存在的,而是处在一个彼此关联的网络中。学者们将社会网络定义为社会行动者及其相互之间关系的集合。[1] 社会网络分析方法是一种将关系作为基本分析处理单位而非将个体作为独立的分析单位的研究方法。其与传统研究方法最大的不同就在于把研究重点集中在行动者(个人、群体、组织)之间的关系及其嵌入其中的网络上,而不再仅关注行动者的属性。它认为,行动者在网络中的位置、网络的结构以及行动者所在的社会关系背景决定了行动者的行为,而不是行动者的个体属性决定了其行为。

互联网金融是在"开放、平等、协作、分享"的互联网精神的指导下,依托云计算、大数据、第三方支付、社交网络等互联网工具,实现资金融通、支付和信息中介等业务的一种新兴金融。"互联网金融本质仍属于金融,没有改变金融风险隐蔽性、传染性、广泛性和突发性的特点。"[2] 在金融业务场景不断丰富,金融服务和产品深度嵌入人们日常生活的同时,如影随行的信用危机、信息不对称、虚假信息、信息欺诈等问题,给互联网金融带来了新的法律风险、信息安全和金融稳定风险等。所列这些风险都是在一定社会网络中形成、集聚和扩散的,因此,可以运用社会网络分析方法分析互联网金融的风险特征,以对症下药,寻求正确的应对方案。

(一)多节点之间的连接密度对互联网金融风险具有双重作用

"节点"是社会网络理论中的基本范畴,它是指"网络中的各个社会行动者",[3] 包括个人、公司或者国家,甚至各种集体的联合体。在金融领域,社会网络节点代表各类金融机构以及机构或个人投资者,两个节点之间的连接表示某种直接的关系。从社会网络的观点来看,互联网金融与传统金融最本质的区别就在于其无处不在的连接点。传统银行为避免害怕承担风险,以担保为手段,只为大客户服务。银行和客户之间、银行与银行之间建

---

[1] 比如,社会网络被定义为一群行动者(the sets of actors)与他们之间的联系(ties),有"节点/行动者"(nodes)和"联系"(ties)这两个基本要素。"节点"就是网络中的行动者,可以是独立的个体,也可以是各类社会组织。"联系"即行动者之间的连接关系,不仅指行动者之间的关系,而且包括把行动者连接起来的所有类型的联系。See John Scott, *Social Network Analysis*; *A Handbook* (second Edition), London: SAGE Publications, 2000, pp. 63 - 64.

[2] 参见2015年7月18日央行等十部委发布的《关于促进互联网金融健康发展的指导意见》(银发〔2015〕221号)。

[3] 李刚、曹洪刚、陈凯等:《基于社会网络分析的评价模型研究》,载《运筹与管理》2013年第6期,第148页。

立的连结点屈指可数,客户与客户之间却几乎不发生任何联系;而互联网技术的勃兴使互联网金融发展成为各类金融机构与金融机构、金融机构与自身客户乃至其他客户,甚至客户与客户之间错综复杂的社会网状结构。当传统银行还在通过互换头寸来获取银行间市场份额时,互联网金融企业已经通过持有同样的资产组合风险敞口抑或共享同一规模存款者来构建连接了:“光棍节”与网购联系成为席卷大江南北、引爆全民参与热情的大促销;支付宝从最初“植根淘宝”到后来的“独立支付平台”,再到与天弘基金联姻共同打造了“余额宝”的神话等,互联网金融的连接点可谓处处皆是。

社会网络的密度指某行动者自身与网络中各要素之间的互动频率,互动越频繁,则表示两个节点之间的密度越高。多节点之间的连接密度对互联网金融风险的积累与传播具有双重影响:

其一,多节点、高密度的互联网金融网络既具有分散、降低金融风险的功能,又有加速金融风险传染,更容易引起大面积金融风险爆发的作用。互联网金融的发展反映了普惠金融理念,因而提供与接受互联网金融产品和服务的参与者往往非常之多。在金融市场正常的情况下,众多参与者作为各个节点相互之间发生复杂的联系与互动,由此组成的金融网络整体可以共同承担个体化的风险,从而分散风险。实践表明,风险分担类投资工具涉及的社会成员越多、金额越小额化,风险就能为更多的参与者分担,每个投资者就越有可能承受起这份损失。[1] 但在金融市场发生动荡的情况下,网络节点上的每一个行动者都有可能成为风险的传递者,因此,节点越多,密度越大,风险传染的面就越大,蔓延的速度就越快。

其二,多节点、高密度的互联网金融网络既具有缓解网络成员的信息不对称,增加信息透明性,降低社会整体信用风险的功能,又有推动不利信息的快速传播,促使网络成员集体做出非理性行为,加速信息风险蔓延的作用。信息是金融的核心,构成金融资源配置的基础。互联网技术根本上是一种信息数字化技术。这一技术能够将信息数据化且集合成大数据,在云计算保障海量信息高速处理能力的条件下,资金供需双方信息通过社会网络揭示和传播,被搜索引擎组织和标准化,最终形成时间连续、动态变化的信息序列,由此可以给出任何资金需求者的风险定价或动态违约概率,而且

---

〔1〕 Steven Dresner, *Crowdfunding: A Guide to Raising Capital on the Internet*, John Wiley & Sons Inc., 2014, p. 200.

成本极低。而复杂的社会网络加速了信息在金融市场成员之间的共享程度,信息的广泛共享能较好地克服信息不对称问题,并由此解决交易中普遍存在的信任问题,降低“道德风险”。与此相反的情况是,信息的快速传导又可能使得众多成员在同一时间作出同一非理性决策,加速金融风险的传染与蔓延。因为在金融市场信息不完全和不对称的情况下,一旦发生相关信用事件,网络成员对不利于自己的信息总是以极其关注的态度和行为加以证实或否定,导致市场信息均匀状态被打破,甚至诸多真实信息在传播过程中被扭曲或篡改。经过多次反复的交互影响,网络成员的信息不断被同化,其恐慌心理和非理性行为不断得到强化,最终一步步加快信用风险传染的速度,扩大信用风险传染的影响范围和力度。比如,关于某个互联网金融企业的负面消息会在投资者之间很快被传递和共享,部分投资者撤资或挤兑的自利行为容易在集体层面引起“羊群效应”,由此引发该企业的信用风险和流动性风险。

其三,多节点、高密度的互联网金融网络既具有识别和拦截非法交易,维护市场安全的功能,又有加速不同风险之间的互相转化,加剧金融风险积聚的作用。一方面,互联网金融是由互联网金融企业、投资者、消费者等组成的多节点、高密度的社会网络,由于信息化技术的广泛运用,互联网金融企业可以通过大数据挖掘,更好地分析用户的行为特征,识别和拦截非法交易,保障金融市场安全。比如,支付宝基于对商户和用户的交易行为数据进行分析和挖掘,设计了识别信用卡套现和洗钱量化数据模型,通过这个数据模型有效识别信用卡套现和洗钱的可疑人员。另一方面,互联网金融网络使信息传递更快捷,因而会加速不同风险之间的转化。如果金融市场出现动荡,某互联网金融企业遭受市场冲击,可能会造成该企业偿付能力不足,企业信用风险开始增加,而此时互联网金融企业的操作风险、信息科技风险以及合规风险也有可能迅速增加。这些风险信息会通过互联网快速传递给消费者,一旦消费者开始大规模赎回,互联网金融企业就会面临流动性风险。如果这种流动性风险在金融体系内传染,整个金融体系就会面临流动性压力,风险积聚的速度大大提高。

(二)互联网金融风险的形成和社会放大受到“我们所嵌入的关系网络”的制约

美国斯坦福大学学者马克·格兰诺维特(Mark Granovetter)1985 年发

表的《经济行动与社会结构:嵌入性问题》一文,开辟了将经济行为嵌入社会结构中分析的新视角。[1] 其实,不仅对经济行为考察需要纳入社会结构的分析中才能获得更真实全面的了解,金融风险的形成与社会放大同样深深植根于社会结构之中。因为与"古典工业社会"的风险表现形式不同,当今"风险社会"中的风险不是外在的风险,而是在每个人的生活中和各种不同的制度中内生的风险。[2] 换言之,人们生活的社会网络环境决定了风险的形成与社会放大。

互联网金融是传统金融与互联网技术相结合的产物,因此,由互联网建立起来的金融关系网络是互联网金融风险形成与社会放大所受制约的主要"嵌入的关系网络"。在这一关系网络中,金融行为的嵌入形式和内容发生了重大转变。互联网金融风险的形成与社会放大也表现出与普通金融风险不同的特点,最明显地表现在风险社会放大成为系统性风险。关于系统性风险,目前国际上尚无统一的、被普遍接受的定义。美联储主席本·沙洛姆·伯南克(Ben Shalom Bernanke)从危害范围大小的角度,将系统性风险定义为威胁整个金融体系以及宏观经济而非一两个金融机构稳定性的事件。[3] 乔治·G. 考夫曼和肯尼斯·E. 斯高特(George G. Kaufman & Kenneth E. Scott)从风险传染的角度,定义系统性风险为一个与在一连串的机构和市场构成的系统中引起一系列连续损失的可能性。[4] 海曼·P. 明斯基(Hyman P. Minsky)从金融功能的角度认为,系统性风险是突发事件引发金融市场信息中断,从而导致金融功能丧失的或然性。[5] 国际货币基金组织、国际清算银行和金融稳定委员会从对实体经济影响的角度将系统性风险定义为,由于全部或部分金融系统遭受损害而造成的金融服务的流动受到破

---

〔1〕 See Mark Granovetter, *Society and Economy*: *Framework and Principles*, *Cambridge*, Massachusetts: The Belknap Press of Harvard University Press, 2017, p. 15.

〔2〕 参见[德]乌尔里希·贝克:《风险社会政治学》,刘宁宁、沈天霄编译,载《马克思主义与现实》2005年第3期,第42页。

〔3〕 See Ben S. Bernanke, *Chairman of the Board of Governors of the Federal Reserve System*, *at the Conference on the Regulation of Systemic Risk*, Federal Reserve Board, Washington DC, 15 September 2011. 参见 https://www.bis.org/review/r110916a.pdf, 2018年8月14日访问。

〔4〕 See George G. Kaufman and Kenneth E. Scott, What Is Systemic Risk, and Do Bank Regulators Retard or Contribute to It?, Vol. 7, No. 3, *Winter* 2003, pp. 371 - 391.

〔5〕 See Minsky H. P., Financial Factors in the Economics of Capitalism, *Journal of Financial Services Research*, No. 9, 1995, pp. 197 - 208.

坏,并对实体经济产生潜在的影响。[1] 综上,"系统性金融风险"虽从不同角度被定义而无统一表述,但其具有复杂性、突发性、传染快、波及广、危害大等基本特征已被普遍认可。如果说"系统性风险"是一种连续变量,具有一种或然性,那么金融危机[2]就是这种或然性的一种具体实现。金融危机其实就是系统性风险的爆发,或者说是系统性风险的一个特殊阶段和特殊状态。

与普通金融相比,互联网金融风险社会放大为系统性风险的危险性增大,且表现出新的特点:

其一,不同于"太大而不能倒"及"太多连接而不能倒"。"太大而不能倒"是关于金融系统性风险的传统认识,即金融领域系统性风险的首要来源是大型"具有系统重要性"的银行和其他金融机构。为防止大型金融机构倒闭带来的社会放大效应,所有的金融监管风险防范都围绕着大型金融机构的稳定性展开,并有着必须用公共资金营救大型私营金融机构的潜规则。然而,在互联网金融时代,那些小型且去中心化但发展迅猛的互联网金融可能诱发比中心化的金融机构更大的风险,诱发系统性风险的程度更高。这是因为从社会网络分析的观点来看,作为金融创新的互联网金融使大量金融参与者和产品交叉混同共存于一个广阔、全球化的金融网络中。在传统金融模式下,可以通过地域限制、分业、设置市场屏障或特许等方式,将风险隔离在相对独立的领域中;一个金融机构网点的偶然性差错或失误,有一定的时间和手段进行纠正。但互联网金融突破了地域限制,私人交易和灰色资金池在网络世界中无所不在,最先进的技术配备使地域限制荡然无存。[3] 互联网金融市场包涵数量众多的中小参与者和产品,其自身的运营具有"牵一发而动全身"的作用。某一节点的失败沿着纵横交错的网络连接点传递出去,不仅会对邻近的其他参与者产生不利影响,而且可能引发严重的全球

---

〔1〕 See FSB, *Guidance to Assess the Systemic Important of Financial Institutions, Markets and Instruments: Initial Considerations*, October 28, 2009. See http://grahambishop.com/DocumentStore/664e7abf-18e0-4e58-b1e9-b85c81675640.pdf, 2018 年 8 月 14 日访问。

〔2〕 金融危机的经典定义源自戈德史密斯,是指全部或大部分金融指标——短期利率、资产(证券、房地产、土地)、价格、商业破产数和金融机构倒闭数——的急剧、短暂和超周期的恶化。See Paul Goldsmith-Pinkham, Tanju Yorulmazer, Liquidity, Bank Runs, and Bailouts: Spillover Effects During the Northern Rock Episode, *Journal of Financial Services Research*, Vol. 37, Issue 2-3, June 2010, pp. 83-98.

〔3〕 See David R. Johnson & David Post, Law and Borders-The Rise of Law in Cyberspace, 48 *STAN. L. REV.* 1367, 1996, p. 1367.

金融危机。[1] 美联储主席柏南克指出,此类金融机构面临的问题是"太关联了而不能倒";芝加哥大学拉詹则认为是"太系统了而不能倒"。[2]

其二,不同于"太大而不能倒"的"太快速而不能倒"。金融体系的发展和进步已使金融领域内各个行业间的联动和交互影响成为不争的事实。而在飞速发展的互联网技术作用下,人们对网络表达的依赖程度更是不断加深,从而给金融风险的社会构建提供了新的场域。"网络媒体、即时通工具和社交网站因其交往性和互动性,无疑成为风险的社会建构站。而每一个金融风险信息的网络接收者同时成为传递者,通过自身在网络上各种关系进行再传播的同时也参与了风险的网络社会建构过程,在不自觉中充当了风险放大的个人放大站。"[3] 总之,互联网金融在给投资者和机构提供更丰富机会的同时,也增大了毁灭性危险的可能性。在提高速度和金融链接的同时,也使参与者更易受到不稳定冲击和网络犯罪的伤害。更快的速度意味着更迅捷的执行、更果断的市场决策和更唾手可得的利润,但极速运行同时意味着更陡的坡度以及不可预测的金融滑坡带来的巨大风险。

综上,互联网金融风险的社会网络分析表明,多节点、高密度的社会网络特征使互联网金融具有分散风险与集聚、传染风险的两面性,而嵌入的金融关系网络又加速了各类风险之间的转化,扩大了金融风险的传染面,风险社会放大成为系统性风险的危险加大。不同于"太大而不能倒"的"太多连接而不能倒"和"太快速而不能倒"对互联网金融风险防范提出了更高的要求,其监管也应根据互联网金融风险的社会特性做出积极的、正确的应对。

二、互联网金融监管的实然应对与应然诉求

(一)互联网金融风险社会特性的逐步呈现与我国监管应对

近20年来,我国互联网金融新业态经历了快速增长、泥沙俱下、去伪存真的发展过程。在这一过程中,互联网金融风险的社会特性得以较充分的

---

〔1〕 See Brian R. Brown, *Chasing the Same Signals: How Black-box Trading Influences Stock Markets from Wall Street to Shanghai*, 2010, p. 7.

〔2〕 Raghuram G. Rajan, *The Credit Crisis and Cycle-Proof Regulation*, Federal Reserve Bank of St. Louis Review, sept. /Oct., part. 1, 2009, pp. 397 – 402.

〔3〕 曾睿:《环境风险社会放大的网络生成与法律规制》,载《重庆邮电大学学报》(社会科学版)2015年第2期,第26页。

展现,我国金融监管部门也采取了一系列应对措施。根据监管措施宽严程度的差别以及监管方式的不同,笔者将其大致分为三个阶段。

1.1999~2013年:"包容性监管"阶段

我国的互联网金融业务发端于20世纪末21世纪初。1999年3月,我国首家实现跨银行跨地域提供多种银行卡在线交易的网上支付服务平台——"首信义支付"开始运行,开启了互联网金融第三方支付的新业态;2007年8月,我国首家P2P(个人对个人)小额无担保网络借贷平台——"拍拍贷"在上海问世;同年11月,提供理财产品投资顾问服务的"格上理财"在北京产生;2011年7月,"点名时间"网站上线,将众筹模式引入中国。

以上互联网金融的新模式问世之后,在缓解信息不对称、提高交易效率、优化资源配置、丰富投融资方式等方面,很快展现出有别于传统金融的不俗表现。它们有效地克服了金融领域中的信息不对称和融资歧视,改变了传统金融业对中高端市场的过度偏好,打破了金融垄断,转向聚合碎片化的大众需求并形成"长尾"效应,[1]给金融市场带来了巨大活力。当然,问世不久的互联网金融新业态还很稚嫩,它们的发展需要政府监管部门阳光雨露般的关怀,而不是疾风暴雨式的打压。与发达国家相比,我国互联网金融起步较晚,为支持金融创新,推动互联网金融新业态在我国的发展,监管部门采取了"包容性"监管方式。

"包容性"监管是指将"金融包容"[2]的理念嵌入金融监管框架体系而衍生出的"新治理"监管范式。"包容性"监管改善了传统监管体制下监管政策法规的过度刚性和强制性、监管工具措施单一滞后、监管效果评估片面强调金融安全而忽视金融效率和金融公平的监管格局,更加突出监管制度环境的营造、监管执行中监管机构的协调联动以及监管政策效果的综合评判。[3] 在我国互联网金融起步阶段,政府采取的监管措施带有"包容性"监

---

〔1〕 依据长尾理论,在交易成本降低的情况下,只要产品的存储和流通的渠道足够大,众多小市场聚沙成塔,即能够产生与主流相匹敌的市场能量。

〔2〕 2005年,联合国在国际小额信贷年正式提出"金融包容"的概念以及金融包容的目标。狭义上的金融包容是指通过建立多层次、多元化、全方位的金融服务体系,使被排斥在正规金融体系之外的客户能以合理的价格获得安全、便捷、高效的金融服务,其核心是机会均等、互惠共生和合作共赢。随着研究的不断深入,金融包容被赋予更多的内涵。参见孟娜娜、蔺鹏:《监管沙盒机制与我国金融科技创新的适配性研究——基于包容性监管视角》,载《南方金融》2018年第1期。

〔3〕 参见孟娜娜、蔺鹏:《监管沙盒机制与我国金融科技创新的适配性研究——基于包容性监管视角》,载《南方金融》2018年第1期,第44页。

管的某些特征,主要表现为市场准入的宽松。根据市场(包括国内市场和国际市场)准入标准的宽严程度,各国金融监管体制可大致分为金融抑制型与金融自由型两大阵营。中国金融监管体制具有显著的金融抑制特征,金融业的市场准入以严格而著称。而在世纪之交,互联网金融业务进入我国金融市场却几乎是没有门槛的,不需要主管部门发放牌照,有些业务甚至无须注册,只要求备案。“包容性”监管对于推动互联网金融新业态的成长起到了积极作用,互联网金融的主要模式都较快进入了快速发展阶段。

2. 2013~2015 年:“原则性监管”阶段

社会网络分析告诉我们,互联网金融对金融风险的集聚和传播有着双重作用。事实上,这种金融新业态在“其兴也勃焉”的同时,它所具有的法律风险、操作风险、流动性风险、信用风险和市场风险也在不断叠加和积聚。自 2013 年底以来,互联网金融领域内的风险逐渐显露,违约事件频发,大规模的倒闭、跑路及资金周转困难和欺诈问题也随之出现。[1] 据网贷之家发布的《中国 P2P 网络借贷行业 2014 年 9 月报》,截至 2014 年 9 月 30 日,全国 1438 家 P2P 平台中,问题平台共 193 家。另据网贷之家研究院统计,2014 年全年问题平台达 275 家,是 2013 年的 3.6 倍,其中,12 月问题平台高达 92 家,超过 2013 年全年问题平台数量。[2]

面对互联网金融风险不断积聚的严峻现实,监管部门认识到,采取有针对性的措施,加强和改善监管,以实现互联网金融的健康、可持续发展,保护互联网金融消费者的利益大有必要。于是,从 2013 年起,陆续出台了一些针对互联网金融的监管文件。这些文件分两大类型:一类是“一行三会”按照分业监管模式,对互联网金融业态中属于自己管辖的部分下发的文件,主要有证监会的《证券投资基金销售机构通过第三方电子商务平台开展业务管理暂行规定》、保监会的《互联网保险业务监管暂行办法》和《互联网保险业务信息披露管理细则》、中国人民银行的《非银行支付机构网络支付业务管理办法》和《网络借贷信息中介机构业务活动管理暂行办法》等。这些监管文件对互联网金融领域中一些具体业务的行为规范作出了规定。另一类则是“一行三会”等十部委联合发布的《关于促进互联网金融健康发展的指导

---

〔1〕 参见杨东:《互联网金融的法律规制——基于信息工具的视角》,载《中国社会科学》2015 年第 4 期,第 109 页。

〔2〕 参见《中国 P2P 网贷行业 2014 年运营简报》,载网贷之家,http://www.wdzj.com/news/hangye/16216.html,2018 年 9 月 12 日访问。

意见》(以下简称《指导意见》)。《指导意见》是当时互联网金融领域框架性、纲领性的文件,也确定了“原则性监管”的基本框架。

所谓“原则性监管”,援引FSA官方的表述,其“意味着更多地依赖于原则并以结果为导向,以高位阶的规则用于实现监管者所要达到的监管目标,并较少地依赖于具体的规则”。[1] 美国金融服务圆桌会议指出:“规则导向的金融监管体系是指在该体系下由一整套金融监管法律和规定来约束即便不是全部也是绝大多数金融行为和实践的各个方面,这一体系重点关注合规性,且为金融机构和监管机构的主观判断与灵活调整留有的空间极为有限。原则导向的金融监管体系重点关注既定监管目标的实现,且其目标是为整体金融业务和消费者实现更大的利益。”[2]而《指导意见》就属于原则性监管类文件,理由有二:其一,原则性监管是针对当时互联网金融发展情况的理性选择。《指导意见》中出现了两个具有张力的政策目标:一方面,“互联网金融本质仍属于金融,没有改变金融风险隐蔽性、传染性、广泛性和突发性的特点,加强互联网金融监管,是促进互联网金融健康发展的内在要求”。另一方面,“互联网金融是新生事物和新兴业态,要制定适度宽松的监管政策”。由此可以看出,监管层已经认识到,互联网金融的监管必须兼顾维护金融稳定与支持金融创新两个方面,不能顾此失彼。而当时互联网金融尚处于发展初期远未定型,其发展方向与模式仍有待观察,很难制定出保证双赢的法律规范和监管规则。在这种情况下,监管者采用了原则导向监管方式,提出互联网金融监管应遵循“依法监管、适度监管、分类监管、协同监管、创新监管”的原则,以期实现在保障金融系统性风险安全可控的前提下,支持金融创新,促进互联网金融的稳步发展。其二,从内容来看,《指导意见》中虽有少量的规则性条款,如规定第三方支付“从业机构应当选择符合条件的银行业金融机构作为资金存管机构,对客户资金进行管理和监督,实现客户资金与从业机构自身资金分账管理”。但绝大多数是宣示性意义浓烈的监管原则和倡导性条款,如“保险公司开展互联网保险业务,应遵循安全性、保密性和稳定性原则,加强风险管理,完善内控系统,确保交易安

---

〔1〕 参见英国金融服务管理局文件 Principles-based regulation-focusing on outcomes that matter,载英国金融服务管理局官网,http://www.fsa.gov.uk/pubs/other/principles.pdf,p.6。转引自刘媛:《金融领域的原则性监管方式》,载《法学家》2010年第3期,第84页。

〔2〕 See Financial Service Poundrable, *The Blueprint for US Financial Competitiveness*, 2007. 转引自李有星等:《互联网金融监管的探析》,载《浙江大学学报》(人文社会科学版)2014年第4期,第94页。

全、信息安全和资金安全”。“信托公司、消费金融公司通过互联网开展业务的,要严格遵循监管规定,加强风险管理,确保交易合法合规,并保守客户信息。”

《指导意见》为如何监管互联网金融定下了基调,其原则性监管的灵活性有利于金融创新,但其不确定性既为互联网金融企业打“擦边球”获取制度租金创造了机会,也使一些不法商家违规经营有了空间。

3. 2016～2017 年:运动式监管阶段

《指导意见》这一以原则性监管方式为主的规制文件和其他规制互联网金融具体业务行为的规则性文件并未遏制住我国互联网金融领域乱象丛生的现象。2015 年以来,大规模平台跑路、虚假借贷欺诈、违规自融自保等问题陆续爆发,集资诈骗、非法吸收公众存款等典型事件接连发生。例如,钰诚集团旗下的 e 租宝等典型事件涉案金额巨大,涉及群众众多,严重影响了正常的金融秩序和社会稳定,也损害了广大投资者的合法权益。这一状况引起监管层的密切关注。2016 年 4 月 14 日,国务院组织十四部委召开电视电话会议,决定在全国范围内启动互联网金融领域为期一年的专项整治行动。同年 10 月 13 日,国务院正式发布《互联网金融风险专项整治实施方案》(以下简称《实施方案》)。随后,中国人民银行、银监会、证监会、保监会、国家工商总局等部委相继跟进发布各自主管领域的专项整治工作实施方案,在全国范围内掀起了一场互联网金融的“整治风暴”,互联网金融领域的“运动式监管”由此开启。

运动式监管是“运动式执法”的形式之一。“运动式执法”是中国政府针对管理中的一些顽症进行集中整治的方式,因而表现出临时性、间断性和强制性等特征。[1] 被称作互联网金融领域“史上最严监管”的此次专项整治行动已开展一年有余,有力地打击了互联网金融领域的违法违规经营现象,清肃了一大批不合格乃至涉及违法犯罪经营的互联网金融平台,引导互联网金融行业步入规范创新的正确轨道。应当说,此次专项整治行动有利于在短期内清理整顿不合规平台并化解此前累积的互联网金融行业风险,对于引导规范互联网金融健康可持续发展、维护国家金融安全和保护金融消费者权益具有正向的促进作用,效果是显著的。但我们也应清醒地认识到,互

〔1〕 参见唐贤兴:《中国治理困境下政策工具的选择——对“运动式执法”的一种解释》,载《探索与争鸣》2009 年第 2 期,第 31 页。

联网金融专项整治行动毕竟是一种国家强制力主导的、短期的、阶段性的金融治理运动,其所具有的仓促性、被动性、整治结果的反弹性等弊端,[1]使其监管绩效大打折扣。

我国互联网金融监管的上述三个阶段都是在"一行三会"分业监管框架下展开的。实践显示,我国对互联网金融的监管还处于探索阶段,其目标在维护金融稳定与推动金融创新的两级摇摆,远未实现双赢。它清楚地表明,将其风险具有社会特性的互联网金融监管放进"一行三会"分业监管的框架行不通。

(二)社会网络分析视角与互联网金融监管的应然诉求

我国当前与互联网金融有关的法律制度与监管构架均存在不足,因而目前已经开启的金融监管变革实属势在必行。为了对这次金融监管变革有一个科学的审视并进一步深入研究深化改革的进路,本书先从社会网络分析的视角,对互联网金融监管的应然状态作一探讨。作为对互联网金融具有的分散、化解与积累、扩散金融风险的两面性以及"太多连接而不能倒""太快速而不能倒"的系统性风险的回应,应然诉求包括以下四个方面:

1. 先进的监管理念

从社会网络分析的视角来看,具有普惠性特征的互联网金融建构了活跃而富有生机的社团空间(associational space),社群机制在某些特定的条件下可以在公共产品的提供和负外部性的抑制方面发挥有效的作用。[2] 互联网金融市场所具有的这种"嵌入式自主性"(embedded autonomy)[3]对传统的控制型金融监管提出了挑战。

传统的金融监管是以金融排斥为思想基础的。金融排斥是用来描述特定社会群体在获取金融资源的机会与能力上存在障碍与困难,不能以合适的方式使用主流金融系统提供的金融服务的状态。[4] 我国的金融排斥十分

[1] 参见刘鹏:《运动式监管与监管型国家建设:基于对食品安全专项整治行动的案例研究》,载《中国行政管理》2015年第12期,第121页。

[2] See Elinor Ostrom, *Governing the Commons: The Evolution of Institutions for Collective Action*, Cambridge: Cambridge University Press, 1990, pp. 191 - 216.

[3] See Peter Evans, *Embedded Autonomy: States and Industrial Transformation*, Princeton, New Jersey: Princeton University Press, 1995, p. 12.

[4] See George G. Panigyrakis, *All Customers Are Not Treated Equally: Financial Exclusion in Isolated Greek Islands*, Journal of Financial Services Marketing, Vol. 7, Issue 1, Aug. 2002, pp. 54 - 66.

明显。学者辜胜阻近年来在温州市的调查表明,中小企业能够从银行等主流的金融机构获得贷款的比例只有10%左右,80%以上依靠民间借贷生存。[1] 以金融排斥为思想基础的金融监管采取了几乎完全针对正规金融机构的自上而下的监管路径,商业银行、政策性银行、保险公司、证券公司等属于正规金融,在实践中被界定为"金融机构",由金融监管机构("一行三会")批准设立,并受其监管,在资本金、审慎监管、利率限制、审计和透明度等方面有严格的监管要求。而诸如有限合伙制私募股权投资基金、融资性担保公司、小额贷款公司、典当行、标会(合会)等都是非正规金融机构,在实践中被界定为"非金融机构"。2010年5月,国务院颁布了《关于鼓励和引导民间投资健康发展的若干意见》,为民间资本进入农村金融服务领域打通了制度障碍。与此同时,由中国人民银行起草的《放贷人条例(草案)》已经提交国务院法制办,"地下钱庄"等民间借贷行为有望通过国家立法形式获得正当性与合法性。但时至今日,非金融机构都不受金融监管机构的监管,而是有的由地方政府监管,有的由行业协会自律监管,有的则连自律监管也没有。互联网金融的六种新业态虽经《指导意见》确认取得合法地位,但又无法纳入金融监管的传统体系。这一固有监管格局不仅阻碍了金融体系通过技术进步实现效率提升,而且造成了监管缺失与监管失灵,带来金融稳定隐患。因此,有必要增加新的监管路径,关心、支持金融创新企业和非正规金融的发展,更好地发挥市场和技术的创新动力,实现激励金融创新与保持金融稳定的双赢监管目标。

金融包容是与金融排斥相对的概念,它是指个体可以接近适当的金融产品和服务,包括可以获得能最好地使用这些产品和服务的技能、知识和理解力,其目的在于将"无银行服务"的人群纳入正轨的金融系统,从而使他们有机会得到储蓄、支付、信贷和保险等金融服务。[2] 金融包容旨在修正和调整金融排斥所产生的金融资源供求错配和制度偏差,确保社会弱势群体金融服务的可获得性,促进公平有序的金融生态环境的建立,这与具有普惠金融[3]

---

[1] 马光远:《金融抑制是中国发生钱荒的真正根源》,载《和讯网》,2018年8月29日访问。

[2] 参见阿尔弗列德·翰尼葛等:《金融包容和金融稳定:当前的政策问题》,载《新金融》2011年第3期,第11页。

[3] 2005年,联合国提出普惠金融(inclusive financial system)的理念,希望推动建立为社会各阶层所有成员提供公平、便捷、安全、低成本服务的金融体系。普惠金融的实质就是将需要金融服务的所有人纳入金融服务范围,让所有人得到与其需求相匹配的适当的金融服务。普惠金融理念是衡量一国金融体系公平性的最高标准。

特征的互联网金融内含的公平、平等观念和人文情怀是契合一致的。因此,金融包容作为后危机时代金融发展的新理念,应该成为互联网金融监管理念的思想基础。

以金融包容为思想基础的互联网金融监管理念主要有以下内容:一是适度监管的理念,即既不能因监管过度而扼杀金融的创新动力,重蹈金融抑制的覆辙,也不能因监管不足而导致金融秩序的紊乱,诱发系统性金融风险。比如,对于P2P这种个人通过网络平台相互借贷的互联网金融新业态,不能不监管,因为其运行中存在诸多法律风险,其运营模式若不当,可能构成非法集资;平台缺乏对资金来源合法性的审查手段,有被用作洗钱工具或者从事高利贷的风险;征信体系不健全,可能发生"一人多贷"的问题,导致借款人"过度借贷"等。但又不能因为存在上述风险就对其大肆打压,限制其发展壮大。这就要求我国法律和金融监管部门必须厘清企业的合法集资与非法吸收公众存款之间的界限,不能使"集资诈骗罪""非法吸收公众存款罪"等罪名成为悬在互联网金融和民间金融活动参与者头上的利剑,形成对企业融资的致命管制。二是柔性监管的理念,即用建立在信任、互信和合作基础上的监管关系代替直接命令和控制式的监管关系,促进监管关系的重构;用协商代替对抗,用民主取代擅权,弘扬现代法治精神。OECD国家在其金融监管过程中普遍采取了非正式咨询、散发监管提案以供评论和公开的公告与评论、听证制度、顾问机构等公开咨询工具。这些柔性监管的做法在我国互联网金融监管中可以借鉴。三是规则监管与原则监管相机适用的理念。原则监管与规则监管各有利弊:原则监管具有足够的灵活性,为受监管对象提供了生存和成长的空间,有利于监管对象的发展壮大,但它又具有内容上的不确定性,可能会令监管对象无所适从;对于规则监管而言,监管对象的行为模式明确而清晰,哪些行为该为、哪些行为不该为均是确定无疑的,但由于规则监管缺乏激励机制,反而限制了监管对象的创新行为。两个原则的相机适用,就是要破除非此即彼的思维定式,扬长避短,实现优势互补。如监管机构对互联网金融"先发展后规范"的监管思路、先原则后规则的监管顺序,从政策层面支持金融创新,业务层面明确边界底线,以保障和促进互联网金融合规有序发展,是值得总结和坚持的监管经验。

2. 信息共享、合作联动的金融监管主体

金融监管主体指一国金融监管机关的设置及监管权力的配置。以监管主体为标准,世界各国的金融监管体制[1]可分为多元的分业监管体制、一元的统一监管体制和不完全统一监管体制。

分业监管体制的主要特点是,监管主体的设置以金融行业为标准,多个金融监管者在法律授权的范围内,依法定程序对各自的监管对象进行监管。分业监管者和分业监管职能由法律规定,在不同的监管者及其监管职权之间划出了楚河汉界。[2] 不少欧洲国家,包括法国、意大利、西班牙、葡萄牙和希腊都采纳这一模式,我国也采取这一模式。

统一监管体制是指对不同的金融行业、金融机构和金融业务均由一个统一的监管机构(可以是中央银行或其他机构)负责监管。目前 G20 中,只有爱尔兰采用一体化的监管模式,即通过爱尔兰中央银行监管所有金融活动。[3] 非 G20 国家中,新加坡也采用这一模式。英国于 2012 年前也采用这一模式,英国金融服务署(FSA)监管整个金融市场、证券市场以及负责整个银行、投资公司和保险公司的审慎监管。《2012 年金融服务法案》(Financial Services Act)用双峰监管结构代替了一体化的《2012 年金融服务法案》。[4]

不完全统一监管体制是对以上两种监管体制的改进。目前该体制主要有两种模式:一种是美国以综合监管为主、分业监管为辅、两种监管体制相兼容的制度模式。对应金融控股公司通过设立子公司的形式经营多种金融业务的伞状结构,美联储被赋予伞型监管者职能,成为金融控股公司的基本监管者。在伞型监管模式下,金融控股公司的银行类分支机构和非银行类分支机构仍分别保持原有的监管体制,即前者仍接受原来银行监管者的监管,而其中的证券部分仍由证券交易委员会监管,保险部分仍由州保险监管署监管。另一种是澳大利亚的双峰式监管体制。1997 年 4 月,澳大利亚的沃利斯调查(Wallis Inquiry)提出了构建双峰式监管框架的建议,主张成立一个专门针对金融机构行为的监管者和一个专门对所有金融机构进行审慎监

---

〔1〕 金融监管体制是指由金融监管主体(金融机关的设置及监管权力的配置)、监管客体(监管的对象)和监管手段(监管者进行监管实践的总称)的相互作用而形成的对金融活动施加影响的一整套机制。

〔2〕 See Eddy Wymeersch, the Structure of Financial Supervision in Europe: About Single Financial Supervisor, *Twin Peaks and Multiple Financial Supervisors*, 8 *the Review of the Economic Studies* 237, 2007, p. 265.

〔3〕 See Central Bank Reform Act 2010, see http://www.irishstatutebook.ie/eli/2010/act/23/enacted/en/html, 2018 年 8 月 14 日访问。

〔4〕 See Bank of England, *Prudential Regulation Authority*, see http://www.Bankofengland.co.uk/pra/Pages/about/default.aspx, 2018 年 8 月 14 日访问。

管的机构。[1] 这一建议在澳大利亚1998年的金融体系变革中得到体现。改革后的金融监管格局由四大部分组成:澳大利亚储备银行(ARB),其职能是保持包括支付系统在内的整个金融体系的稳健;竞争与消费委员会(ACCC),旨在维护金融体系内的公平竞争;证券与投资委员会(ASIC),其职能在于向公司以及金融机构提供诸如消费者保护与信息披露准则方面的市场行业行为标准;审慎监管委员会(APRA),专门负责审慎性监管,以抑制系统性风险,保护存款人等的利益。这实际上也是一种兼容性的监管制度。

上述几种监管体制各有其优势,也各有不足,并不存在绝对有效或者绝对无效之分。分业监管体制的优势是,在金融机构业务交叉较少的情况下,能够阻止金融风险在不同金融机构之间传递。但该体制对具有破坏性创新本质[2]的互联网金融监管乏力,因为从社会网络的观点来看,互联网金融与传统金融最本质的区别就在于其无处不在的连接点,其产品和服务常常表现为多主体、多层次、多环节的资产叠加和技术叠加。而分业监管模式依据监管对象来确定监管主体,监管行动由监管主体围绕监管职责展开。这种监管方式导致的结果是监管真空和监管漏洞并存,监管冲突和监管错位难免。统一监管体制在管理简洁化和成本最小化优点之外,还有消除监管空隙、保证监管一致性和减少监管套利机会等优势。[3] 但一体化的监管者也会在不同监管目标之间形成冲突,而这些目标对于一国金融体系的功能而言可能至关重要。[4] 例如,证券监管以投资者保护作为其主要目标,而审慎监管却强调金融机构的稳定性,两个目标不可能总是在政策选择上保持一致性,透明性要求往往是前者的必备条件,对于后者却只是妥协性方案。美国的不完全统一监管体制其实是机构监管和功能监管模式的融合,且加上

---

〔1〕 澳大利亚Wallis咨询委员会的建议是对英国经济学家泰勒(Taylor)相关建议的响应。为适应金融创新迅猛发展条件下有效监管的要求,泰勒曾提出所谓双峰式监管框架的建议。他认为,有效的监管制度应确立两家在职能上有互补性的监管机构。一家是"金融稳定委员会",其职能在于对金融领域里的系统风险进行审慎性的监管;另一家是"消费者保护委员会",其主要针对金融机构的机会主义行为进行合规性的监管。

〔2〕 参见许多奇:《金融科技的"破坏性创新"本质与监管科技新思路》,载《东方法学》2017年第2期,第4页。

〔3〕 See Richard J. Herring and Jacopo Carmassi, The Structure of Cross-Sector Financial Supervision, 17 *Financial Markets, Institutions & Instruments* 51, 2008, p. 65.

〔4〕 See Eric J. Pan, Structural Reform of Financial Regulation, 19 *Transnational Law & Contemporary Problems* 795, 2011, p. 819.

联邦和州权力的复杂性,造成大量监管管辖权的重叠和交叉。[1] 例如,吸收存款的金融机构有四个联邦机构同时监管,而州银行会受到联邦和州的双重监管。[2] 美国的功能监管不仅加大了监管成本,而且与机构监管存在同样的问题,即缺乏信息沟通与合作能力。双峰式监管体制的优点在于,它既能获得一体化监管模式的低成本和合作优势,又能基于不同的目标区分不同的监管策略。[3] 应当说,双峰模式是当前看来较好的一种体制。然而,该体制也有很多问题亟待解决,如宏观审慎政策统一颁布,但在微观审慎层面就分散开来,那么宏观审慎政策如何执行,由谁执行,两个独立的监管机构在行为上又如何协调等。

一国选择金融监管体制时,必须综合考虑金融机构经营方式、金融业乃至整个经济发展水平、政治文化等因素。我国的分业监管体制和"一行三会"的金融监管主体架构不适应互联网金融等金融创新业态的发展,这已是不争的事实,必须打破。但打破后金融监管主体如何构建?笔者认为,对具有多节点并连接成社会网络的互联网金融的监管,要求其监管主体之间信息充分共享,彼此合作联动形成一个网络,从而杜绝监管缺位与监管漏洞。我国通过当前的金融监管变革形成的监管主体模式具有双峰模式的因素,又有中国特色,特别是在克服监管信息从上至下的单方向流动与实现监管的"淡中心化"方面开辟了制度化的路径(后面详细分析)。今后应沿着这一方向努力,建设在推动金融创新、维护金融稳定和保护消费者权利诸方面协作联动的金融监管主体。

3. 与基础风险源相匹配的监管原则

2008 年国际金融危机爆发之前,微观审慎监管是维护金融稳定的主要监管原则。微观审慎监管认为,只要确保单个金融机构的稳健运营,便能保证整个金融系统不发生系统性风险。然而,美国次贷危机引发的全球金融风暴表明,微观审慎监管已经难以独立承担维护金融稳定的任务。其根本原因在于,现代金融体系是一个复杂系统,它的总体运行状态不能简单地归

---

〔1〕 See US Department of the Treasury, *Blueprint for a Modernized Financial Regulatory Structure*, 2008, p. 48.

〔2〕 See Eric J. Pan, *Structural Reform of Financial Regulation*, 19 Transnational Law & Contemporary Problems 795, 2011, p. 866.

〔3〕 See Eric J. Pan, *Structural Reform of Financial Regulation*, 19 Transnational Law & Contemporary Problems 795, 2011, p. 866.

结于其子系统运行状态的加总,要求单个金融机构保持传统意义上的"良好"经营状态并不足以保证整个金融体系的稳定。宏观审慎性监管是金融危机以后二十国集团下金融稳定委员会和巴塞尔委员会确定的原则,其着眼于整个金融体系而非具体的金融机构,目标是维持整个金融体系的稳健性而非具体金融机构的稳健性。〔1〕 2010 年 11 月,G20 首尔峰会形成了"宏观审慎政策"的基础性框架。该框架体现逆周期性的政策体系,主要包括对银行的资本要求、流动性要求、杠杆率要求和拨备规则、对系统重要性机构的特别要求、会计标准、衍生产品交易的集中清算等。但是,这些旨在保持金融机构清偿能力的政策对于互联网金融并不完全适用,因为它们是对资本不足风险的防范,而互联网金融的基础风险不是资本不足的风险。

互联网金融是一种基于"脱媒"后的新金融业态,金融脱媒的结果是风险绕开资本,或者不表现为资本不足风险。这时的金融产品表现的是一种信用集合,交易者或投资者的交易行为基于对信息的判断而进行,信息是否充分而透明,决定了风险的存在及其大小。这就是与资本不足风险并存而生的另一种基础风险——透明度风险。互联网金融中的网上贷款和网上投资所表现的信用风险,其生成源就是透明度风险。〔2〕 与这种基础风险相匹配并能有效管控或对冲风险的监管原则就是透明度原则。第二金融业态(资本市场)的"基石"监管原则也是透明度,但它所要求的透明度主要是强调上市公司的信息披露。与此不同,互联网金融所要求的透明度更多地指向借款人的信息透明度,目的主要是保证互联网金融体系内资金的安全、信息的真实和运行的有序。而这正是所有互联网平台的核心职责所在,也是互联网金融有序运行最重要的基础。

4. 科技化的监管方式

互联网金融在提供跨市场、跨机构、跨地域的金融服务时,不同业务之间相互关联、渗透,风险的传染性更强,波及面更广。插上互联网及现代科技翅膀的金融具有更强、更广和更快的破坏性,其对金融体系的冲击后果更难以预测。互联网金融这一金融创新对于传统金融的监管理念、法律制度和监管模式提出了巨大挑战,审慎监管、机构监管、行为监管等传统监管方

〔1〕 See Behzad Gohari & Karen E. Woody, The New Global Financial Regulatory Order: Can Macroprudential Regulation Prevent Another Global Financial Disaster? *The Journal of Corporation Law*, Vol. 40, 2015, pp. 403 – 437.

〔2〕 参见吴晓求:《中国金融监管改革:逻辑与选择》,载《财贸经济》2017 年第 7 期,第 41 页。

式对于互联网金融风险的识别、追踪、防范与化解均乏力。

审慎监管是对资本不足风险的防范，着眼于金融机构的资本充足率、资产质量、流动性水平和盈利水平等指标（微观审慎监管），关注逆周期管理、系统重要性金融机构监管（宏观审慎监管），但这些指标对于主要基础风险属于透明度风险的互联网金融很难适用。机构监管是按照金融机构的类型设立监管机构，不同的监管机构分别对自己所管理金融机构的市场准入、持续的稳健经营、风险管控和风险处置、市场退出进行监管。但互联网金融的平台和组织，无论是第三方支付机构，还是 P2P 平台、众筹平台、助贷机构等，都很难获得金融机构的身份而被纳入机构监管。即使勉强纳入，建立在分业经营基础上的机构监管，对于提供跨市场、跨机构、跨地域金融服务的互联网金融的风险防范也是力不从心。行为监管是监管部门对金融机构经营行为提出的规范性要求和监督管理，其致力于降低金融市场交易中的信息不对称，推动金融消费者保护及市场有序竞争目标的实现。然而，在互联网金融的市场活动中，无论是金融机构的经营活动还是其交易行为都异常复杂：一方面，互联网金融平台和组织作为信息中介并不直接参与金融服务，因而规制平台或组织的行为未必能阻止平台或组织发生欺诈等违法行为，因为此类行为往往由服务提供方而非平台或组织所为；另一方面，互联网金融平台和组织给予消费者提供和接受金融服务双重身份的机会，不同的主体之间互相提供金融服务，很容易在服务的提供者和接受者两方之间切换，对于如此复杂的消费行为，传统的行为监管措施也无法较好地发挥作用。

综上，要能对以“太多连接而不能倒”及“太快而不能倒”为表现形式的互联网金融风险实施有效监管，必须突破传统监管维度，加入科技的力量。金融监管部门除继续运用互联网技术外，还要运用大数据、云计算、人工智能和区块链等现代科技，才能很好地感知金融风险态势，提升监管数据收集、整合、共享的实时性，及时发现违规操作、高风险交易等潜在问题，提升风险识别的准确性和风险防范的有效性。

三、我国金融监管改革与互联网金融监管从实然走向应然

（一）我国金融监管改革与互联网金融监管的变化

2017 年 11 月，国务院金融稳定与发展委员会（以下简称金稳会）成立并

召开第一次会议。2018 年 3 月 13 日,国务院机构改革方案将中国银行业监督管理委员会(以下简称银监会)和中国保险监督管理委员会(以下简称保监会)的职责整合,组建中国银行保险监督管理委员会(以下简称银保监会),作为国务院直属事业单位。银监会和保监会具有的制定金融监管重要法律、法规草案和审慎监管基本制度的职责划归中央银行,中国人民银行肩负起实施货币政策和履行宏观审慎管理职责的双支柱调控使命。我国金融监管组织体系和监管方式开始按照"十三五"规划提出的"符合现代金融特点,统筹协调监管,有力有效"的要求进行方向性调整。这给互联网金融监管带来了诸多变化,主要表现在:

其一,随着国务院金稳会的成立和银监会与保监会的合并,在我国运行 15 年之久(2003 ~2018 年)"一行三会"的分业监管体制就此落下帷幕。

其二,金融监管组织建设有了实质性的突破。改革后我国金融监管组织体系具有"双峰模式"的特征:中国人民银行负责宏观审慎监管,是一峰;银保监会和证监会进行微观审慎监管、行为监管和消费者权益保护,构成另一峰。但这一双峰模式具有中国特色,具体表现在:一是"淡中心化"。"淡中心"并不是"去中心",而是在中央政府部门主导下,更多地发挥金融市场其他监管主体的能动作用,加强监管框架内各主体之间的交流互动。国务院金稳会第一次会议公告将自身定位为"国务院统筹协调金融稳定和改革发展重大问题的议事协调机构"。就其维护金融稳定的职责而言,它不是高高在上、对其他监管主体发号施令的机关。这就是"淡中心"。金稳会的设立,不仅有助于加强宏观审慎监管和微观审慎监管的相互协调,而且促进了中央和地方监管部门之间的相互配合。再加上政府监管与行业自律并行,共同形成一个"淡中心"、具有网状结构的金融监管主体架构,与对"去中心化"、具有社会网络结构的互联网金融的监管是相适应的。二是监管组织之间的协调由"部际水平协调"升级为"上下级垂直协调"。自 2013 年 10 月以来,由央行牵头的金融监管部际联席会议在推进金融监管政策、措施、行动的统筹协调方面做了不少工作,但在"平级部门水平协调"的框架下,该制度对各成员机构并无实质性约束力,导致实践中对金融监管协调作用有限。金稳会的成立以及其肩负的"统筹协调金融监管重大事项"的职责,宣告监管协调转变为"垂直协调",加之严格的问责机制,协调效力将会有实质性提升,互联网金融监管主体之间信息共享、合作联动的应然要求也有了实现的制度保证。

其三，中国人民银行在《中国区域金融运行报告(2017)》中提出，将规模较大、具有系统重要性特征的互联网金融业务纳入宏观审慎管理框架。这一举措对于隔离互联网金融各业态跨市场风险的传递、衰减其系统性风险的扩张和缓解其系统性风险的恶化，防范系统性金融风险的爆发，有着重要意义。但问题是，无论是2010年11月G20首尔峰会形成的“宏观审慎政策”基础性框架，还是中国人民银行2016年提出的宏观审慎评估体系，都是针对银行等金融机构的资本监管而言的，对以透明度风险为主要风险源的互联网金融业务很难直接适用。因此，中国人民银行应进一步制定具有系统重要性特征的互联网金融业务的透明度要求。

其四，2017年5月15日，中国人民银行成立金融科技委员会，以加强金融科技工作的研究规划和统筹协调。央行通过金融科技委员会强化监管科技应用的实践表明，管理层已充分认识到，发展强大的金融科技平台的同时，技术驱动的监管科技同样重要。

对照互联网金融监管的应然诉求，我国金融监管改革带来互联网金融监管的上述变化，是朝着应然方向前进了一大步。但总体来看，这种变化还是属于量变范围。要实现互联网金融监管的质变，实现其应然诉求向现实的转化，还必须借助现代科技的力量。

(二)监管科技是实现互联网金融监管从实然走向应然的必由之路

与互联网金融具有亲缘关系的“金融科技”在2011年被首次正式提出。[1] 顾名思义，金融科技即金融与技术的融合发展。对于什么是“金融科技”，目前世界上尚无统一的定义。2016年3月，全球金融治理的核心机构——金融稳定理事会发布了《金融科技的全景描述与分析框架报告》，第一次在国际组织层面对金融科技作出了初步定义：“金融科技，指技术带来的金融创新，它能创造新的业务模式、应用、流程或产品，从而对金融市场、金融机构或金融服务的提供方式造成重大影响。”[2]“监管科技”(RegTech)

---

〔1〕 金融科技和互联网金融既有联系，也有区别。两者都是建立在科技与金融的深度融合基础之上，都是对运用各种新技术手段提供、优化、创新金融服务等行为的概括。但金融科技的范围更为广泛，可包涵大数据分析、移动金融、第三方支付、科技风控、社群媒体、众筹、网络借贷平台、比特币等虚拟货币，甚至区块链等基础设施应用技术等。互联网金融只是金融科技的一个组成部分，或者说是金融科技的一个发展阶段。

〔2〕 Dorfleitner G. & Hornuf L. etc., *FinTech in Germany*, Cham: Springer International Publishing AG, 2017, p. 5.

是“regulation”与“technology”的合成词,于2015年3月首次出现在英国政府科学办公室对“‘金融科技’优势”的研究报告中,在随后发布的英国年度预算报告中也有显现。[1] 此后,各国监管机关和标准制定者发布的各类文件中采纳了RegTech这一表达方式,其在全球监管讨论中逐渐被普遍接受。英国市场行为监管局(FCA)认为:“监管科技”是指“将新技术应用到现有监管过程中,以促进达成更有效的风险识别、风险衡量、监管要求以及数据分析等活动”。整体而言,监管科技代表着未来金融监管的演进趋势,是支撑整个金融业发展的坚实基础。当今,监管科技虽依然处于初创阶段,但已开始呈现风靡全球之势。[2]

监管科技的产生是对互联网金融和金融科技内含的复杂金融风险和监管挑战的回应。它对于我国互联网金融监管应然诉求的实现发挥重要作用,主要表现在如下方面:

其一,监管科技为互联网金融透明度风险监管提供技术条件和技术能力。传统金融学理论认为,信息不对称是金融系统脆弱性的原因。[3] 从经济学上看,金融作为一种信息符号经济,是市场经济的高级表现形式。费尔南·布罗代尔(Fernand Braudel)的理论深刻剖析了以金融信贷为中心的现代经济生活的特点:货币和信贷成为一种能够自我繁殖的语言,[4]日益复杂,具有高度的技术性,而且由于进入壁垒,导致垄断和操纵信息出现。金融信贷经济的复杂性和信息操纵的特点正是当代信息社会和符号经济的显著特点。而互联网金融与金融科技过度复杂性和高度杠杆性更是树立起层层的信息壁垒,导致信息受阻和传递失灵成为常态。金融产品与金融服务的提供者与消费者之间信息不对称,使金融消费者利益受损;而金融监管者与被监管者之间信息不对称,则导致监管者陷入缺乏充足信息的盲目监管

---

[1] See HM Treasury, 2015 Budget Report, March 18, 2015, see https://www.gov.uk/government/topical-events/budget-2015,2018年8月10日访问。

[2] See François Kim Hugé & Katja Krieg & Federico Giuntini, *The RegTech Universe on the Rise*,参见德勤报告:https://www2.deloitte.com/content/dam/Deloitte/lu/Documents/technology/lu_inside-regtech-universe-on-rise.pdf,2017,p.9,2018年8月10日访问。

[3] See Douglas W. Diamond and Philip H. Dybvig, Bank Runs Deposit Insurance, and Liquidity, *Journal of Political Economy*, Vol. 91, No. 3, Jun. 1983, pp. 401-419.

[4] 参见[法]费尔南·布罗代尔著:《15至18世纪的物质文明、经济和资本主义》(第一卷),顾良、施康强译,生活·读书·新知三联书店1993年版,第566页以下。

或者无为而治的消极监管的固有困局。[1] 监管者在数据、信息不足的前提下,无法对互联网金融的透明度风险进行有效的预警、防范与化解,以保证整个金融系统的稳定。

监管科技负载的大数据、云计算、人工智能等现代科技为互联网金融的透明度风险监管提供了技术条件和技术能力。由于当今以指数速率增长的信息以数据形式出现,因此,监管科技的核心是数据监管,即围绕数据的聚合和解释、分析与预测而展开。监管部门充分运用现代科技实施数据监管,防范互联网金融的透明度风险大有可为:一是利用大数据和社交媒体构建一个数字化的社会,通过物联网、公共记录和卫星定位等途径,使全方位地获取数据由可能变为现实,并积极创造条件,逐步建立起覆盖所有金融机构、金融控股公司、金融基础设施、各类投融资行为、互联网金融、跨境金融交易甚至民间金融等的数据收集体系。二是运用云计算和搜索引擎的发展成果,集合、传递、分析和利用相关信息,对融资者声誉形成评价机制,帮助信息使用者发现欺诈行为。三是充分认识区块链具有多中心化、增加信任、数据不可更改等特点,逐步应用这一技术使每一笔系统内交易都被记录且难以被篡改,从而改变传统监管机制中依托各方自身进行信息披露并借助监管机构进行审核信息的模式,以及改变金融机构在用户自身信用信息和资金流向进行汇报的基础上进行审核的模式,大大降低各方之间的信息不对称程度,实现精准收集信息的目标。四是依靠大数据、人工智能、云计算和区块链等技术,提前发现、预防金融风险的发生,并逐步实现同步监管跟踪,为事中事后监管提供强有力的证据依据。[2] 总之,监管部门应将大数据、云计算、人工智能和区块链等现代科技在金融监管中的运用作为我国金融监管模式改革和监管功能提升的关键抓手,充分发挥监管科技有效预警、防范、衰减和干预互联网金融透明度风险的重要技术保障作用。

其二,监管科技为监管组织之间形成数据、信息共享提供技术支持。如前所述,我国当前的金融监管改革进一步完善了监管组织之间的信息共享制度。但是,打通中央与地方、地方与地方监管组织之间的数据孤岛,实现

---

〔1〕 See Mark Fenwick, Wulf A. Kaal & Erik Vermeulen, Regulation Tomorrow: What Happens When Technology Is Faster than the Law?",*Lex Research Topics in Corporate Law & Economics Working Paper*, No. 2016 – 8, see https://papers. ssrn. com/sol3/papers. cfm? abstract_id = 2834531, 2018 年 8 月 14 日访问。

〔2〕 参见杨东:《监管科技:金融科技的监管挑战与维度建构》,载《中国社会科学》2018 年第 5 期,第 86 页。

数据的实时共享,还必须有技术保障。在促进信息共享方面,行业征信中心发挥着不可低估的作用。如 2017 年开始建设的“网络支付清算平台”将支付机构直接对接“平台”,由其统一对接银行,打破了现有支付机构直接对接银行的业务模式,使国家监管机构获取支付行业直接的资金流向信息和资金用途信息得到保障。并通过对行业的数据信息进行有效分析,预判行业风险、监测机构违规行为,最终实现监管者对非银行支付机构资金流动的宏观监控。金融科技的迅猛发展,为私人建立行业征信中心提供了可能。为实现数据共享和减少信用体系,我国近两年也进行了建立私营个人征信中心(信联)的试点工作,但效果还不理想。[1] 因此,私营“信联”如何定位,如何与央行征信中心相互协调,如何真正实现数据共享,形成合法、合规的“众管”环境等,均有待进一步的深入探索。

其三,监管科技为互联网金融和金融科技的监管模式创新指明方向。传统的金融监管模式对互联网金融和金融科技的监管乏力,根源于既有的金融监管和监管者因为缺乏必要技术支撑而无法进行有效监管。[2] 在如何进行监管模式创新以满足互联网金融和金融科技监管的需要方面,监管科技指明了方向——补科技短板。具体做法有:一是运用现代科技改造传统监管模式,实现传统监管模式升级。比如,传统行为监管是以发放牌照、严格市场准入来进行的,但这容易将一些处于发展初期的金融创新组织排斥于市场之外。对传统行为监管模式的改造可由监管部门设立监管的自动技术系统,这一系统能够直连金融组织的后台系统,实时获取监管数据,并运用大数据分析、云计算和数据可视化等技术手段完成监管的报告、建模与合规等工作,创建监管部门与被监管主体的非现场“联合办公”机制。这样,可不强制对初创金融组织实行牌照监管,只要求其接入监管部门的技术系统,便可以允许其进行相关的市场行为。二是探索监管科技的具体模式。目前可以借鉴的国外做法有:英国率先将计算机的“沙盒”理念用于金融监管领

---

〔1〕 中国人民银行在 2014 年发出 8 张金融科技征信执照,阿里巴巴旗下芝麻信用、腾讯征信与中国平安集团的前海征信等 8 家民间征信机构的实践具有试验的性质。2017 年 4 月 21 日,央行征信管理局局长万存知透露,因为这 8 家征信机构无法做到征信信息共享、信用评级的中立性和征信数据的准确性,最终无一取得征信牌照。参见徐燕燕:《个人征信牌照两年多未落地 8 家机构没有一家合格》,载 https://www.yicai.com/news/5271753.html,2018 年 9 月 8 日访问。

〔2〕 See Iris H-Y Chiu, Fintech and Disruptive Business Models in Financial Products, *Intermediation and Markets: Policy Implications for Financial Regulators*, Vol. 21, 2016, pp. 56 - 60.

域,尝试一种更具适应性的“监管沙盒”(regulatory sandbox)模式。[1] 监管者在这种模式下,允许金融科技企业在特定的环境中进行金融创新实验,与被监管主体一起不断矫正监管者与市场之间的区隔。此外,美国的“创新中心”(innovation hubs)又名“创新加速器”(innovation accelerator)等监管模式,在争取稳定金融市场和促进金融创新双赢方面也颇具特色。总之,“监管沙盒”“创新加速器”等模式的主要目的是加强监管当局与金融科技企业的沟通交流,提早介入、全流程了解金融科技的信息并进行政策辅导。在监管部门和被监管机构之间建立起可信赖、可持续、可执行的监管协议与合规性的评估机制,力避因强势或过度监管从而压制金融创新的结果,提高监管部门的监管效率,降低金融机构的合规成本。

我国借鉴国外经验,可建立各级政府监管机构与金融科技企业、互联网金融公司之间的合作关系,实现深入的沟通互动:一方面使监管者及时了解和分享创新企业的最新动态,支持和推动金融创新;另一方面也让被监管者熟悉、理解国家的监管政策与监管规则,自觉合规经营。双方合作完成数据收集、数据分析、信息保护等风险监管工作,协同实现监管目标。与此同时,进行有中国特色的“监管沙盒”试点,取得经验后再加以推广。

其四,监管科技为金融监管思维方式的转变开辟路径。当今各国乃至世界金融体系变得越来越具有复杂性,金融与高科技的结合使监管层的思维方式出现落伍、僵化,不适应互联网金融与金融科技发展趋势等问题。转变监管思维,使其与金融创新同步演进,成为未来金融科技和监管科技发展的不二选择。[2] 目前我国监管层的思维方式面临的根本性困境与挑战有:一是传统金融监管制度都是基于事后总结教训型立法,这种监管制度已无法适应科技驱动下金融创新频发的市场环境,因为在一个以毫秒为间隔执行交易的世界里,拖上几个月的监管反思,很快就会变得无关紧要或过时。[3] 二是2008年国际金融危机后,互联网金融和金融科技企业不仅在市场活动中具有日益增长的数字化趋势,而且由严格监管要求和金融服务行

---

〔1〕 See Financial Conduct Authority, *Regulatory Sandbox*, 2015, pp. 5 – 11. See https://www.fca.org.uk/your-fca/documents/regulatory-sandbox,2018年8月14日访问。

〔2〕 See Andrew W. Lo, *Adaptive Markets: Financial Evolution at the Speed of Thought*, New Jersey: Princeton University Press, 2017, pp. 361 – 362.

〔3〕 See Chris Brummer, *Disruptive Technology and Securities Regulation*, *Fordham Law Review*, Vol. 84, Issue 3, 2015, p. 977.

业高昂的合规成本推动,也纷纷利用大数据、人工智能、区块链等新技术,通过对海量的公开和私有数据进行自动化分析,履行被监管者与日俱增的报告义务,避免由不满足监管要求而带来的违法成本。对于被监管者的这些自动化活动进行人力亲为式的监管是完全不实际的,传统的人为监管模式向自动化监管模式转变是不可避免的。[1] 三是法律具有滞后性,在日新月异的互联网金融和金融科技创新面前,金融立法过于迟缓导致相关制度供给远远不足。有些新型金融业态目前尚未形成控制其风险的监管规则。以智能投顾为例,当前智能投顾领域市场参与者迅速增长,业务种类鱼龙混杂,但智能投顾监管却远远滞后,不仅监管法律缺乏,而且由于存在技术障碍,监管部门的技术系统也无法监控。在耗时太长的正式规则制定存在"救济迟延"问题的情况下,如果监管部门能克服技术障碍,实现金融机构技术系统与智能投顾智能系统的对接,就能通过科技手段的制约,使法律监管手段还无法触达的一些风险行为受到遏制。[2] 可见,采用科技治理以有效应对新金融业态带来的风险,应该是理性的选择。

综上所述,监管科技正深刻地影响着人们的思维方式:科技不再仅仅被看做达到某种目的的手段与工具,它本身就是一种治理方式。科技与金融监管联手,就治理了金融监管。它针对新金融业态风险的特点,运用大数据、云计算、人工智能等技术,提升了监管数据收集、整合、共享的实时性,以及风险识别的准确性和风险防范的有效性。

四、结　语

我国 20 年来互联网金融的发展,为以大数据风控、机器人理财、区块链应用等为代表的金融科技业态在我国的起步与发展奠定了良好的客户基础。从社会网络分析的视角来看,与互联网金融相比,具有破坏性创新本质[3]的金融科技所形成的金融网络节点更多,风险更难以确定,其系统性风险防范更具有"太多连接而不能倒"和"太快而不能倒"的基本特征,由此与

---

〔1〕 See Lawrence G. Baxter, *Adaptive Financial Regulation and RegTech: A Concept Article on Protection for Victims of Bank Failures*, *Duke Law Journal*, Vol. 66, No. 3, 2016, p. 597.

〔2〕 参见杨东:《监管科技:金融科技的监管挑战与维度建构》,载《中国社会科学》2018 年第 5 期,第 80 页。

〔3〕 参见许多奇:《金融科技的"破坏性创新"本质与监管科技新思路》,载《东方法学》2017 年第 2 期,第 4 页。

传统监管方式形成的紧张关系也更严峻。面对这一情况,监管改革与创新势在必行,而监管创新应当被置于改革首位。2016 年 3 月,FSB 发布名为《Fintech:情景描述和分析框架》的研究报告,提出了"创新监管"的概念,并将它对比"合规监管"和"风险监管"进行解读:合规监管注重事后,风险监管注重事前,创新监管则注重引导。"创新监管"是变被动型监管为主动型监管的方式,它使政府行为不被金融科技的千变万化所牵制,而是主动引领创新,培育创新,把握最新的行业动态,并根据金融科技的发展动向随时做出政策上的调整和应对。"创新监管"又是在金融监管中加入科技维度的监管方式,它使监管部门借助科技的力量获得评价之前无法测量的金融风险的机会,并使风险管理全局化、全体系化成为可能。

党的十九大报告提出了"健全金融监管体系,守住不发生系统性金融风险的底线"和"创新监管方式"两大任务,为我国金融监管体制的改革与创新指明了方向。在"创新金融监管方式"方面,监管部门应将"创新监管"作为"合规监管"与"风险监管"的必要补充,在不危害金融稳定和消费者权益的前提下,推动金融科技和互联网金融创新的市场发展;在"守住不发生系统性金融风险的底线"方面,应建立完善的日常的、长效的和动态的监管机制,针对互联网金融和科技金融监管的数据监管特性,确保数据收集的完整性、准确性以及数据分析的合理性、靶向性,对互联网金融和金融科技中大量琐碎且瞬息万变的非结构性信息进行结构化处理,多元治理手段并用,构建一个以风险技术分析为基础的更为合理的监管架构,以实现保持金融稳定推动金融创新双赢和保护消费者权益的三大监管目标。

民间金融正规化治理的博弈选择*

王　兰**

内容提要　民间金融治理的难题,在于严格管制下的民间金融长期处于被压制、污名化的况景,使大多数从业者被迫地下化发展,而其运行所依赖的软法治理,却因其声誉机制未能拓展到陌生人交易范畴而频现乏力。借助德·索托非正规经济正规化模型,民间金融的正规化治理可以带来准入利得和规模利得的收益,但也需背负规制成本和竞争成本,进而引发交易者的守法和脱法的博弈选择。该博弈均衡结果表明,合规经营成本、合法利率水平以及资本供给是决定规制效果的三大要素,并且需要软硬法协同规制予以保障。

关键词　民间金融　正规化治理　软法　协同规制

一、研究症结与问题意识

民间金融在中国经济发展中具有重要意义早已是学界共识,然而从立法设计到规制举措都依旧固守对民间金融的污名化。相关的草根从业者往往被链接到颇具意识形态的"食利阶层",甚至还被论断为加剧金融链条断裂与金融道德风险不确定性的始作俑者,在各地不断涌

---

*　本文已发表于《东南学术》(CSSCI)期刊上(2017年第3期),特此声明。

**　法学博士,厦门大学法学院副教授。

现的司法案例和判决书中，也常常与非法集资、高利贷等危害经济秩序罪相关联，甚至伴生出职业收债等社会毒瘤，而成为自上而下推行民间金融严管政策的基本出发点。然而，在资本要素供给侧改革深水区中的民间金融并未停止自身的嬗变，如借助互联网等新工具所进行的 P2P 网络融资创新和面向不特定主体融资的众筹，更是不断游走于当前法律规制的空白地带而逐步壮大，而诸如民间金融借道票据融资等合法金融渠道进行的隐蔽性再融资操作，也验证了在强烈资金需求的驱动下民间金融“野蛮生长”的强大生命力。其结果是，民间金融事实上一直处于正式法律(硬法)规制与社会私人/公共治理的交叉地带，并导致了政府监管的两难困局——要么将其诉诸严格法律苛治而失之过严，要么将其诉诸法外自治而失之过宽。

追本溯源，金融法律对利率干预产生的信贷配给以及所设定的严苛的准入门槛，使诸多无法具备法定贷款条件的融资需求受到抑制，[1]而这也在很大程度上逆向激发了融资市场对具有丰沛资本来源的民间金融的极大需求。由于长期法外运行的民间金融，也会因借贷双方信息不对称而存在借贷市场的逆向选择风险，故只能通过推高借贷利率以摊销违约损失。对此，实务界从金融市场的均衡角度提出了应对民间金融予以严格管制，并在合法性评价上完全否定民间金融高利率设定的正当性。然而，这种严管理念下的法律(硬法)规制模式诱致民间金融越发脱法化发展的现实况景，也使人们在不断反思中更积极探寻真正适合民间金融发展的规制路径。事实上，为了有效控制融资风险和成本，民间金融的从业者更倾向于接受社会惩罚机制约束较强的信贷模式，其放贷网络的熟人化、在地化也使得借贷信息费用和违约风险更低。这种借助关系网络信任、声誉制裁[2]等机制而形成的民间金融软法治理，自然就比严管型硬法规制更有效率，甚至被学者们视为是一股强大的外生变量。

然而，这种以“私人自治”为特征的软法规制，因须依赖熟人关系网下的声誉机制及其有限的信任资本，亦无法应对现代金融不断扩大的陌生人化和网络化交易趋势带来的道德风险等诸多问题，其规制有限性带来的执行

---

〔1〕 Mackinnon & Ronald Show, Money and Capital in Economic Development, *The Brookings Institution*, 1973.

〔2〕 参见胡必亮:《村庄信任与标会》，载《经济研究》2004 年第 10 期。

效果也备受质疑。[1] 软法治理表现得不彰,坐实了学界通过民间金融的正规化以将其纳入正规金融市场的执念。本文试图借助法经济学进行无差别的交易成本分析,借助德·索托对非正规经济正规化的理论模型,完成民间金融寻求正规化的思想试验,并通过交易成本的博弈矩阵建构以及均衡分析,探究民间金融脱法与守法的决定要素。

不止于此,由于传统的民间金融硬法规制,难以解决严格监管带来的复杂权力清单和不同部门的权力交叠,以及由此滋生的权力寻租和对抗式执法等问题。因此,在具体的民间金融正规化建构中,整合"法外"的软法规制力量也是应有之义。本文将据此从新治理理论获得促进"被规制的私人主体合法、有效、积极参与规制,又无须放松规制"[2] 的理论范式转换,改善民间金融正规化过程中的硬法规制窠臼,以期实现规制者与被规制者之间有益互动下的民间金融软硬法协同规制。

二、德·索托式改革的诱惑:民间金融正规化试验

(一)德·索托的正规化理论模式

德·索托在对秘鲁非正规经济的大量实证研究后发现,既有的法律制度体系会将非正规经济排斥在主流经济体系之外,因此,非正规经济创造者将无法在法律上获得享受国家制度安排的资格,并与国家制度所提供的福利绝缘。索托认为,这很大程度上是由国家资本的重商主义所造成的,即通过法律或者政策甚至税收优惠等特许权的方式,对商品生产供需实行垄断制度,其后果是产生一堵"合法性"的商业壁垒而将穷人隔绝在外。[3] 然而,非正规经济的从业者通过长期实践已发展出一套"法律之外的规则和体系",涉及从准入、运营到组织、拓展等体系化的规范供给及其全面适用,甚至实现了地下经济的市场化的运行和发展,并通过赋税等形式实现了与既有法律规范体系的对接。正是基于对此规范体系以及有序发展之现状的考证,索托大胆地提出了一种革新进路,即赋予非正规经济的从业者平等进入

---

〔1〕 Chris Brummer, *Soft Law and the Global Financial System: Rule Making in the 21st Century*, Cambridge University Press, 2011.

〔2〕 Orly Lobel, The Renew Deal: The Fall of Regulation and the Rise of Governance in Contemporary Legal Thought, *Minnesota Law Review*, 2005, Vol. 89, pp. 342 – 470.

〔3〕 [秘]德·索托著:《另一条道路》,于海生译,华夏出版社 2007 年版,第 237 ~ 240 页。

正规市场的权利，给予稳固的财产权、可靠的交易保障以及正常的生产和经营，并在多领域内建立非正规组织机构以取代政府的直接干涉，[1]进而将这些被自发遵守的非正式规范融入正式法律体系中，并借此完成非正规经济的"正规化"。

尽管索托并未言明这种制度变迁过程属于交易费用上的效率驱动，但其针对秘鲁非正规经济的交通、集市的实证研究，一直在详细描述非正式机制较诸正式法律制度的"成本—收益"优势，并细分为两类：第一类型是为确保非正规贸易经营的合法性而施行诸如特许经营"专有权"之类的特殊赋权，并通过缴纳特许权税来获得市政当局的承认；第二类型是为确保非正规市场的有序运行而鼓励行业协会等自我促进组织的建立和职能完善，并借此在群体意义上实现与正规贸易之间的公开竞争。索托模型隐含的正规化制度优劣选择，无疑暗合了舒尔茨的价值判断："人们为了提高经济效率和社会福利正试图对不同的制度变迁作出社会选择。"[2]这也指向了下文民间金融正规化收益谱系的分析。

(二)民间金融正规化的收益谱系

按照索托正规化实验的可行性进路，同属于非正规经济序列的民间融资，也可从其是否正规化的成本收益中，获得基于同一量纲的比较模板。因此，笔者拟从两部分展开：其一，民间金融应展开特许经营的专有权分析，具体包括了允许其准入的从业特许权的业务利得，以及实现持续运营带来的从业利得；其二，回应民间金融借助民间标会、P2P 网贷等或古典或现代的集群化经营，讨论民间金融的正规化将带来的规模优势及其与正规金融竞争的利得。

1. 特许经营：民间金融正规化的准入利得

按照国务院《非法金融机构和非法金融业务活动取缔办法》第 4 条规定，非法从事发放贷款、办理结算、票据贴现、资金拆借、金融租赁、融资担保、外汇买卖等，均属于非法金融业务活动，而目前合法形式主要是《合同法》中有名合同层面上的私人借贷。这表明民间金融正规化的准入标准将

---

〔1〕［秘］德·索托著：《另一条道路》，于海生译，华夏出版社 2007 年版，第 279 页。

〔2〕林毅夫：《关于制度变迁的经济学理论：诱致性变迁与强制性变迁》，载科斯等主编：《财产权利与制度变迁》，上海三联书店 1994 年版，第 373 ~ 375 页。

取决于法律对金融业务口径的开放程度,至少在放贷的单一业务敞口中,民间金融将因该放贷行为被正当化而极大地拓展至后续的融资,并因这种合法身份而有机会吸纳更多的从业资本。这实质上也印证了我国各界对《非存款类放贷组织条例》正式出台的呼声和期待。此外,正规化还能为民间金融的资本业务结构优化带来第二重利得,即通过配置其不同业务中自有资本比例,借助可还款预期时间实施远期流动性安排,实现其资本收益的最大化。例如,民间金融从业者可借助票据贴现,回笼资金头寸安排新的放贷以加速资金周转和收益。

正规化也意味着从业者走出地下化运营的"污名",这不仅为民间金融业务的开展提供强大的正当性支持,也能借助正常业务开展的声誉保证和持续经营激励而获得更多的运营利得。对此,我们可以从非正规经营者们在纳税之后扩大再生产的投入意愿实例,来进行结果意义上的验证。索托在秘鲁的迪奥斯市和科马斯的典型非正规市场发现,当经营者因行商权的合法化而被纳入正规监管体系,在纳税后均能正常开展业务并能获得更稳定、信誉更优质的客户群体,而持续经营激励从业者提供更好装备和卫生条件,从而更好地与正规市场竞争。[1] 这种"运营—收益—扩大运营"的良性循环,证实了正规化带来的可持续从业优势。

2. 集群经营:民间金融正规化的规模利得

毫无疑问,民间金融的主要资金源于个体的剩余积累。然而,从资本运营的效率来,由于个体资本的高度分散性和小微性特点,其往往只能为小额的或者熟人的借贷提供资金,并存在低收益和资本空转(找不到放贷对象)等问题。传统的民间资本聚合方式如民间标会,就是对这些小微资本低成本聚合的探索,以改善上述资本运营效率低的问题。只不过囿于法律限制,上述聚合资本的交易成本在持续运营中需要每个参与者摊销一笔风险贴现,以防备可能因非法集资评价而引发的"倒会"损失。[2] 这也是民间借贷利率之所以高于正规金融信贷利率的主要原因之一。

如果通过立法赋权或登记等方式将民间金融组织予以正规化,上述的规模利得将能通过更广泛且有效的聚集而形成规模优势,并就此带来更高

---

〔1〕 [秘]德·索托著:《另一条道路》,于海生译,华夏出版社 2007 年版,第 133 ~ 134 页。

〔2〕 本处的倒会专指因违法认定而使得标会被取缔或终止的风险,不指向因道德风险引发的参与人倒会情形。

的收益。具言之,正式的民间金融组织因合法化身份,其集聚资本的成本会大大降低,并因其公开化,将更易于被潜在融资方所发现,并可能组织面向具有更大资金需求的优质项目的融资服务。由于不需要考虑组织身份违法评价的风险贴现费用,资本提供方还能以更优惠的利率向融资者输出利益,进而降低其还贷发生道德风险的概率。[1]

这种正规化不仅限于对民间金融业务经营组织的正规化,还交涉具有集体行动能力的行会组织层面(这也更贴近索托样本的实例)。依据托德·桑德勒总结了集体行动第二定律:"社会理性结果不会在个体成员的理性中自动产生,只有依靠指路的手或适当的机构才能带来具有集体效率的结果。"[2]民间金融正当化将有助于在严格社团管制的国家设立类似"自我促进组织"的行会,来实现宏观意义上的民间金融秩序建构。譬如,关于职业放贷人的资信管理,如果限缩于熟人网络传播的效率并不高,若交由民间金融行会组织来集体推介,则无疑在集体组织中具有减少供求双方信息不对称的低交易成本优势。典型的范例,就是美国针对其民间金融主要形式的信用社所实施的联盟协会式监管模式。于 1965 年设立的"各州信用社监督专员全国协会"(NASCUS),依照国家信用合作社章程,在行业层面上倡导一种安全和健全的信用合作社制度,并成为当前美国管理和检查各州信用社的主要机构之一。[3]

(三)民间金融正规化的成本维度

在正规化改革中,索托主张对非正规经济进行合法性赋权,并寄望于借助产权制度以及与之配套的司法保障机制作为后盾来助推非正规经济走向正规化。这种推理隐含了索托作为新自由主义经济拥趸者的理想化预设,即要求民间金融地下状态的微观个体所希望的合法化与正规金融所要求的合法化之间是同质的。结合林毅夫对生产和交易费用的判定——如果两种制度提供的服务数量相等,那么费用较低的制度安排是较有效的制度安排,

〔1〕 在借贷过程中,较高的利率只会加重债务人的负担,迫使其将收入的大部分收益用以还贷,反过来会降低还贷的积极性而引发道德风险问题。See P. Ghosh, D. Mookherjee and D. Ray, *Credit Rationing in Developing Countries: An Overview of the Theory*, D. Mookherjee & D. Ray (eds.), Reading in the Theory of Economic Development, Blackwell, 2000, pp. 283 - 301.

〔2〕 Mancur Olson, *Todd Sandler's Collective Action: Theory and Applications*, The University of Michigan Press, 1992, p. 1.

〔3〕 NASCUS: About NASCUS, see http://nascus.org/about/index.php, 2017 - 01 - 27.

对此,民间金融正规化也应重视费用维度的评价。

1. 民间金融正规化的融资运营成本

民间金融较诸正规金融的最大差异,在于其主要使用自有资本而非社会资本。基于此,其稳健运营无需像银行等具有公众集资(存款业务)功能的正规金融机构一样,须确保法定的资本充足率并建立存款保证金制度。此外,为克服低利率形成的甄别风险和缺乏偿还能力引发的道德风险,金融法还建立了"隐性约束",即设置了严格的准入登记制度,将边缘行业挤出正规金融领域。正因如此,民间金融的放贷者需借助更高的利率,以贴现信贷配给筛选之后较差资信借款人的风险。若无法从更廉价的低储蓄利率上寻求低成本的信贷资金头寸,将导致民间金融负担更高的融资成本,以及高企的贷款利率所带来的更高的违约风险。考虑到正规化准入登记仅能带来准入成本较低的优势,更庞大的融资运营成本显然无法在后续的正规化过程中获得帕累托改善,即同时实现降低准入成本与减少融资运营成本的优化。

因此,若要有效地降低其融资运营成本,则应允许进入正规市场的民间金融从业者进行社会集资。从目前的融资渠道看,主要有两种选择:其一,定向募集资本规制,走向小贷公司的监管模式;其二,社会公众募集资本规制,走向开放储蓄业务的银行监管模式。然而,对于前者,将对小贷公司盈利模式提出较诸投资人投资更高的收益溢价水平要求,否则将无法进行定向募集;对于后者,则须具备资本充足率、存款准备金、严格的财会审计机制等基本条件,而这些均超出民间金融既有的规模体系所能承受的范围。因此,资本相对弱小的民间金融事实上将无法走出"正规化"后的运营成本困局。这种给予民间金融从业者"资金交易权"的正规化思路,将因运营成本过高而最终无法有效地保障其经营权的落实,[1]而注定将被再次挤出正规金融市场。

2. 民间金融正规化的竞争成本

正规化后的民间金融除了要应对内在的融资运营问题外,还将面临外部强大的正规金融部门的激烈竞争,而这种外部性无疑会产生额外的竞争成本。[2] 从潜在的客户资源来看,具有国家信贷利率管制上的优势,使正规

---

〔1〕 邵传林著:《制度变迁下的中国农村非正规金融研究——自农户视角观察》,中国经济出版社2015年版,第189页。

〔2〕 Niels G. & Dijk R. ,Competition Policy: What are the Costs and Benefits of Measuring its Costs and Benefits? *De Economist*,2008,Vol. 156,No. 4,pp. 349 – 364.

金融能以更具竞争力的低利率获得高资信的客户，并设定各种贷款约束（如高溢价比例的贷款担保），这有利于降低贷款风险并优化远期资金结构安排。相反，虽持有更高利率水平的民间金融，却只能在正规金融的信贷配给之外寻求客户，这要求其需要支付更多内在的风险管控成本，包括支付更翔实审慎的筛选优质客户的信息成本，也不可避免地承受较劣客户（优质客户已经被低利率的正规金融部门获取）所产生的较高预期违约风险成本。此外，一旦发生违约，缺乏合法有效的担保（如当前我国立法仍不承认民间借贷常用的流押式担保）所导致的诉讼救济不力以及执行难等问题，也推高了违约成本。这些微观成本的叠加，将从整体上增加民间金融正规化后的交易成本。

值得一提的是，隐形竞争还包括正规金融部门因其资金总量所形成的交易锚定排挤。交易锚表现为放贷银行要求借款人开具储蓄账户，借其资金往来而锁定金融流转，并进一步形成关联客户的集聚，具有小型化经营的民间金融难以企及的客户集群优势。这些竞争优势将遏制民间金融合规运营的可持续性甚至将其排挤出金融市场。

三、民间金融正规化的守法与脱法博弈

（一）索托式改革的不足

支撑起德·索托正规化实践的主要理论根据，是他对法国历史学家费尔南德·布罗代尔（Fernand Braudel）借资本主义发展历史之谜——始终被封隔的经济状态而完全无法被市场所渗透——而提出的“布罗代尔钟罩”的解析。[1] 索托认为，因正规法律制度适用差异的存在，既有正规化制度下的交易保障和法律支持系统仅服务于部分而非全部民众，“就像一个无形的钟罩分开了两类人”，而破解了差别化的法律赋权障碍，就破除了“钟罩”。因此，非正规经济发展的良方是“一套从民间自发产生并得到正规法律制度确认的正式产权体系”。[2] 但该理论并未深究“钟罩”无法解释的正规化成本问题。

---

〔1〕 陈国富：《布罗代尔钟罩》，载《开放时代》2005年第3期。

〔2〕 李启航、陈国富：《法律制度对财产性收入影响作用的城乡差异——基于布罗代尔钟罩的法经济学思考》，载《财经研究》2013年第3期。

实际上,与索托所观察的非正规经济组织样本有着明显的产权配置区别,民间金融形态不仅包括处于灰色地带的不合法融资活动,也包括已在民法合同框架下获得合法处遇的私人借贷,后者的资金交易产权从未被否认。由是观之,无论是对经营行为还是对财产流转而言,索托式正规化改革仅完成了行商资格的简单赋权,只回应民间金融从业者寻求行商资格的直观诉求,却缺乏完整的实施制度安排。其结果就是,索托主导的秘鲁正规化改革的失利,与其说是法律适用上的对象差异,毋宁说是法律实施的成本拖延和阻碍了非正规经济进入正轨领域。这提醒我们,针对民间金融在法律规制进路中所可能出现的“布罗代尔钟罩”疑惑,并非因民间金融在法律层面上可能受到不公平处遇的因缘,而很可能是其难以甚至拒绝像正规金融一样承受高昂的运营成本而已。

从交易费用上看,我国民间借贷行为的“民法”身份,恰好能享受到交易利得和低度监管对待的优惠而非歧视。这就穿透了索托主观上法内法外二分的“旧钟罩”,而深入制度安排成本。由于仅凭抽象产权界定难以谈论具象的成本,更好的研究进路可以从一个市场的理性交易者的角度进行转化,按照是否愿意选择/接受监管作为评价何者最大收益的基础,并由此展开成本收益动态博弈分析。

(二)民间金融正规化的守法与脱法博弈

按照上述索托实验的利得与成本谱系,设进入该行业的竞争者自有资金为 C,放贷预期收益率为 p,其他竞争者进入正规化后的民间金融市场须遵守资本充足率、支付保证金和监管费用等成本率为 v;寻求脱离法律的从业者因无须考虑前述合法经营的成本 Cv,而脱法获得的预期收益率为 p’。那么,正规化后民间金融的利得即为 Cp,相应的运营成本与竞争成本率为 Cv,脱法后预期收益率为 Cp’,可得从业者守法与否的博弈矩阵,如表 1 所示。

表 1　民间金融从业者守法博弈矩阵

行为人/策略	守法策略	脱法策略
守法者	(Cp - Cv;Cp - Cv)	(Cp - Cv;Cp)
违法者	(Cp;Cp - Cv)	(Cp’;Cp’)

在民间金融市场中,对于守法者而言,在对方守法时自己获得与对方均

等的利得水平 Cp - Cv,在对方脱法时自己则较诸对方处于较劣的竞争态势(Cp - Cv < Cp);反之,选择脱法的民间放贷人则处于 Cp > Cp - Cv 较优的竞争态势中,此博弈矩阵的均衡将导致双方均选择违法策略。最终,违法均衡等于架空了金融法的规定,并将在充分竞争的民间金融市场中形成民间放贷人均享利润 Cp' 的情况。这也解释了上述索托正规化改造之路,实际上会造成融资和监管成本的溢出,为脱离监管的民间资本提供更高的利润回报,并最终导致放贷人集体脱离监管的激励。

我们注意到,脱法均衡的利润率 P',会因更多放贷人选择脱法而为民间金融市场上的资金供给提供更为充裕的流动性,这种资本要素供给的增加将导致放贷预期收益率的下降,即要求 0 < p' < p。在上揭的脱法策略下,较低的均享利率将会在 Cp' < Cp - V 时出现新的均衡,此时选择遵守法律将变得比脱法更有利可图,守法均衡将为各方提供更优回报。对上述不等式进行解析可知,当出现 V < C(p - p')时,新的守法策略均衡将会激发自发的内部守法。由于 V 等于合规成本率 v 与放贷资金的积,则新均衡将出现在 0 < C(p - p' - v),进一步整理可得:0 < p - p' - v。这一不等式表明,在合规民间金融利润率大于违规民间金融利润率与合规成本时,民间金融的自我治理将得以实现。据此,规制产生的条件归纳为:(1)当规制产生的合规成本率 v 越小,越有利于守法的实现;(2)民间金融的资金供应量 C 越大则脱法利润率 p'越小,越有利于合规的实施;(3)当规制生成的合法利润 p 越高,越有利于实施合规的守法。

上述三大条件构成民间金融治理的宏观要素配置要求,具体包括了合规经营成本、合法利率水平以及资本要素供给。前两者指向的是正式金融法律规制下的宏观正规制度安排,并作为民间金融从业者守法的引力系统,其更低的经营成本与更好的盈利水平将吸引更多的合规激励。这也解释了索托寻求正规化的初衷,即获得较诸以往更好的经营资格。后者指向的是在民间金融自发形成的软法诱致性效应下,资本要素 C 供给的宏观非正规制度安排,实现依靠私人秩序使借贷契约得以执行的微观治理。[1]

上述三要素可在实例中得到检验。19 世纪至 20 世纪初,北大西洋各国中小企业的融资,主要通过较高的资金回报承诺带来更高的利润 p,由此极

---

〔1〕 [美]奥利弗·E.威廉姆森著:《资本主义的经济制度》,段毅才、王伟译,商务印书馆 2002 年版,第 5 页。

大地拓展与当地关系,并形成以私人契约自律为主的非正规金融平台。[1] 如此良性循环的结果是,民间金融直接获得了大型企业与当地居民的广泛资金(资本要素 C)支持,并因资金供给增加而成功降低了利润率 p'。而在针对欺诈行为虚拟重复博弈研究中,具备人际信息生产能力的社会规范也将支持合作行为的形成。[2] 越是能通过低廉成本 v 进行有效信息传播的软法规范,就越能促使交易者遵行诚信以强化软法执行(守法),减少违约贴现并增加合法利润 p。此外,低成本的信誉机制约束带来的重复博弈,将吸纳更多的资本要素 C 进入市场,促使民间金融盛行。

四、民间金融正规化下的软硬法协同规制

由于民间金融本身的多元性和灵活性,如何实现合法利率、资本要素和合法化经营成本三要素的均衡,其相关的规制设计将是民间金融正规化制度建设的核心内容。从已有的规制对象来看,则主要反映为针对利率和运用组织的规制。原因在于,合法利率水平本身就取决于法定利率,经营成本则取决于法律对运营组织的合规管理的具体要求。两者构成的民间金融从业成本收益,又是决定资本要素是否投放的关键。因此,决定三要素均衡水平的规制设计如何具体设定利率,又如何对运营主体进行规制,将是下文讨论的两个侧面。

(一)利率设定中的软硬法协同规制

无论是合法利率还是资本要素供给变量,均指向了利率管制这一信贷核心约束条件。与前述博弈分析印证,金融法强管制下的合规利率明显偏低,导致了正规金融进行信贷配给时极其惜贷,并推高了非正规金融的需求及其伴生的高利率。[3] 与此同时,得益于低利率管制的做法降低了合规利润 p,给予了正规金融法外流动交易的溢价,而高利率将诱使正规金融的套利行为,也相应地促使金融法建立起严格的信贷配给与贷款资金流向监督

---

〔1〕 Cull R. etc., Historical Financing of Small-and Medium-Size Enterprises, *Journal of Banking and Finance*, 2006, Vol. 30, No. 11, pp. 3017 – 3042.

〔2〕 即使不同主体的交易次数有限,但社区实施机制将会因信息传播实现的声誉流转,而通过其他相关成员(如潜在的交易者)进行惩戒。See Michihiro Kandori, Social Norms and Community Enforcement, *The Review of Economic Studies*, 1992, Vol. 59, pp. 63 – 80.

〔3〕 Tssai K. S., Imperfect Substitutes: The Local Political Economy of Informal Finance and Microfinance in Rural China and India, *World Development*, 2004, Vol. 32, pp. 1487 – 1507.

机制,这明显增加了正规金融的运营成本 v,进而诱使违规的场外金融交易增多。

单纯诉诸金融法律(硬法)规范体系以期调整正规金融的信贷配置比例,其实际效果往往阙如。理由在于,商业银行所主导的正规金融往往囿于资本的安全性诉求,会主动回避资信较低、违约风险较大的融资对象。类似的选择也很可能发生在正规化后的民间金融运营中。对此,较合宜的解决方案应是通过制度安排(或规制模式的改进),建立民间金融的集合性资金竞价市场,通过利率的市场化来确保安全有效且成本低廉的融资活动开展,以满足上述正规化要求的两大变量,而这制度安排的背后,则需要在规范供给层面上促使金融硬法与既有的民间金融软法规范之间的协同合作。

就集合性资金竞价市场的建立而言,一方面,应依靠国家自上而下的基础设施建设,借助硬法的力量以形成在全国范围内得到强制推行并普遍遵守的集合竞价系统。该系统以发布资金供求信息为主,并辅之以达成交易后的电子转账系统。另一方面,为了鼓励民间融资双方更积极自愿地进入使用,该系统应坚持公益免费,并交给民间金融行会组织,借助其内部的软法规制来实现自律性管理。申言之,通过该系统,传统民间金融利用个体资金优势地位形成的报价垄断,将会被市场化的集合竞价信息对称优势所破除;而诉诸电子转账系统,将有效遏制如“砍头息”等高利贷的发生,并确保资金流向的监管。此外,行会组织的自律性管理也有助于降低场外民间资本进入的成本和门槛,并通过组织章程、行业公约等软法规范,促成对组织成员的信用评级、声誉惩戒等社区实施,〔1〕以更低成本、更高效地确保成员间的有效履约和长期合作。

(二)组织构建中的软硬法协同规制

对民间金融正规化改革,首当其冲的是要减少变量中的合法化经营成本。这也是防止民间金融从业者逃脱硬法规制甚至软法效力范围的重心。单纯从降低民间金融组织的经营成本来看,多数国家会倾向选择较便捷的正规化方式,即将民间金融自我发育形成的组织予以立法赋权,并允许其自主经营以减少合法化成本。最具代表的是日本模式,即将无尽组织(类似于

〔1〕 M. Kandori, Social Norms and Community Enforcement, *The Review of Economic Studies*, 1992, Vol. 1, pp. 63 – 80.

我国的民间标会)的交易惯例、行业规章等软法规范直接通过立法予以确认,并就此促使大多数无尽组织通过合并、改组等方式逐步成为正规金融机构。[1] 然而,这种日本模式仅停留于赋权性和准入标准的设置,尚无法完全满足正规金融复杂的监管要求。如就此妥协而一味放松监管,不仅无法化解民间金融自身的高风险性,不能防范诸如民间标会的中标者卷款“跑路”的道德风险,也难以建立金融保险等系统风险防御机制。其结果是,民间金融风险最终很可能只能由司法程序予以兜底。我国近年来民间借贷诉讼的爆发性增长,就是力证。

为了应对上述金融监管问题,日本在对民间金融组织正规化后,对其组织内的运营模式上开始效仿德国模式,即形成类似于信用合作社、合作社联盟和中央合作银行(DG Bank)的多层次结构安排,并就此将组织正规化的程度上升到行会等自组织层面。其中,基层信用合作社具有较强的自发性、互助性和民主性,采用法人结构并由合作社联盟(行会组织)按照章程(软法规范)完成日常治理;中央层次则承担硬法规制职能,但主要以形式评价和软法指引为主,即民间金融组织在既定的章程框架下可以自由行动,[2] 以解决关于规制强度和运营成本的问题。这种融合监管目标和行会规范等带有行政基准性质的章程引导,形成有效施行至今的软硬法协同规制模式。[3]

五、认真对待协同规制:民间金融正规化的复杂性

围绕民间金融正规化目标,前述软硬法协同规制实际上是在治理成本约束中,寻求将灵活且低廉的私人自治导入硬法规制目标体系的过程。因显著的成本优势和治理效果,软硬法协同规制滥觞于晚近的欧美社会治理现代化进程,并成为学界所称道的“新治理”理论范式的核心命题。[4] 不过,在软硬法协同规制的新治理改革中,两个相关的概念也同时被贩卖。首先,

---

〔1〕 Dekle R. & Hamada K. , On the Development of Rotating Credit Associations in Japan, *Economic Development and Cultural Change*, 2000, Vol. 49, pp. 77 - 90.

〔2〕 中国人民银行合作金融机构监管司赴德国考察团:《德国合作金融的特点及启示》,载《中国金融》2000 年第 2 期。

〔3〕 这种软硬法规制模式的层次性主要体现在规范层面上,既包括了行会组织章程、行业自律性公约等软法规范,也包括官方机构发布的倡导性指导意见(这类不具有强制执行力的规范也属于软法范畴),以及国家强制力保障实施的硬法规范。

〔4〕 [美]奥利·洛贝尔:《作为规制治理的新治理》,宋华琳、徐小琪译,载冯中越主编:《社会性规制评论》(第 2 辑),中国财政经济出版社 2014 年版,第 127 ~ 145 页。

私人参与不再是一个权利界定的个人议题，而仅关乎权利的实现机制。为此，重新重视包括协会、社团等有助于集体行动的组织建构被视为民间金融新治理的重中之重。这种组织建设不仅在工具层面上获得民间金融良性运作的制度选项，而成为涵盖了普惠金融实现与否的道德选择，也因直接关乎民众福祉而拥有无上荣光。其次，把管制议题从金融秩序的话语系统中分离出来，同时慷慨地赋予软法自创生、反思性和底层智慧等宏大标签，从而将民间金融的私人组织自治从既往伦理层面的可疑性中解放出来，给予软法与自治团体近乎拥有无限治理能量的想象空间。此时，任何来自硬法的管制措施只要与软法治理方向可能相左，就应当以释放私人主体自治活力的名义而循用"摸着石头过河"的政策予以放行，从而迫不及待地要求"金融抑制""利率管制"等带有浓厚凯恩斯色彩的有形干预让位于具有高度自发性和个体理性的"自治之手"。

当代表硬法规制的金融管制成为一种原罪，似乎只有具有自治能力的民间金融行业组织才有资质代表衰退的行政部门出手处理治理困局。但此时，更应当警惕另一种矫枉过正的做法，即在新治理主义的浪潮中，只是肤浅地将一切软法化，以期全面解决民间金融难以充分发挥古典边沁式自由市场效用——一种"绝对的市场自由，导致了社会最大的效率"的波斯纳式理想主义问题。事实上，目前欧盟金融治理中最受关注的也最为成功的恰好是深深嵌入了硬法效果的"升级和扩大版"软法治理模式。其中，欧盟监管委员会发布的43条指导方针（ESA Guidelines），已然成为欧洲金融市场监管的中心工具之一。[1] 该指导方针要求成员国须声明其是否在监督市场参与者时适用该"准则"，且应对其不遵守的理由予以公开解释。此外，ESA还建立了监测"准则"实施情况的同行审查机制，并利用不合规信息的强制性发布手段来增加指南的守法效果。[2] 欧盟金融治理中导入民主（选择加入）而又强化施行（同行检测），合规引导（声明解释）又参与竞争（信息披露）的经验，改善了以往硬法与软法被人为分割成不同作用方式和施行手段的传统规制模式，旨在创设出一种流动且有机关联的软硬法交融规制范式。

---

〔1〕 J. Schemmel, The ESA Guidelines: Soft Law and Subjectivity in the European Financial Market-Capturing the Administrative Influence, *Indiana Journal of Global Legal Studies*, 2016, Vol. 23, pp. 455 – 503.

〔2〕 Niamh Moloney, The European Securities and Markets Authority and Institutional Design for the EU Financial Market A Tale of Two Competences, *European Business Organization Law Review*, 2011, Vol. 12, pp. 41 – 86.

该范式同样意味着中国民间金融的规制与发展契机,即将被规制的私人从业者视为是规制对话者和协力的同伴,使政府的角色从规制者转为促进者,从而将软法真正打造为一种地方性智识,并得以协同硬法的运作,而成为解决民间金融问题的中国式善治。

P2P 网贷中平台方非法集资犯罪的认定研究*

胡启忠　李秀沛**

内容提要　P2P 网贷平台非法集资判断的法律依据具有多维性、多层性,部门规章和地方规定都具有依据效力。当下 P2P 网贷非法集资判断的实践标准应当是行为违反 P2P 网络借贷禁止性规定(非法性)、在公开场所宣传(公开性)、误导宣传(利诱性)、通过 P2P 网络平台向不特定对象借款(社会性)。平台方单方非法集资的行为主要有 5 种,平台方与借款人共同非法集资的行为主要有 8 种,其性质均涉及非法吸收公众存款和集资诈骗两种犯罪。P2P 网贷平台单位非法集资犯罪的认定和 P2P 网贷平台内部人员非法集资犯罪共犯的认定都需要分别情况判断。

关键词　P2P 网贷平台　非法集资犯罪　单位犯罪　自然人共犯

一、引言:现实问题与研究现状

P2P 是英文 person-to-person(或 peer-to-peer)的缩

---

* 本文是中央高校基本科研业务项目《P2P 网贷中平台方非法集资犯罪的认定研究》(JBK1802060)的初步研究成果。

** 胡启忠,西南财经大学法学院教授,博士生导师;李秀沛,成都市监察委员会干部,西南财经大学法学院刑法专业博士研究生。

写,意即个人对个人(或伙伴对伙伴)。P2P 网络借贷是指出借人与借款人之间通过互联网平台实现的直接借贷,是一种将小额资金聚集起来借贷给有资金需求人群的一种民间小额借贷。2005 年,全球首个 P2P 网络借贷平台 Zopa 在英国诞生。2006 年 4 月,我国第一家 P2P 网贷平台宜信公司成立。[1] 2007 年 6 月,我国第一家 P2P 网贷平台上海"拍拍贷"注册上线,标志着 P2P 网络借贷正式传入我国。2012 年,我国的 P2P 网络借贷进入爆发期。P2P 网贷引入之后,一方面,它促进了中国民间金融的活跃,成为政府极力促进的互联网金融的重要组成部分;另一方面,它被一些不法分子利用,打着金融创新的幌子实施非法集资犯罪,甚至出现涉及社会公众数百万人、金额数百亿的巨型非法集资犯罪事件,如 e 租宝平台非法吸收资金 762 亿元,受害人达 115 万人。[2] 据网贷天眼研究院不完全统计,截至 2018 年 9 月 30 日,我国 P2P 网贷平台数量达 6677 家,累计问题平台达 4848 家。[3] 自 2014 年被称为中国 P2P 网络借贷第一案的东方创投非法吸收公众存款罪案判决以来,全国已有数百起涉及 P2P 网络借贷的非法集资犯罪判决,其中包括优易网、e 租宝等大量知名 P2P 网络借贷平台涉案人因非法集资而被判刑。

在涉及 P2P 网络借贷非法集资犯罪的司法实践中,由于 P2P 网络借贷中的非法集资与金融创新交织在一起,在案件定性(包括是否构成非法集资、定何罪、是否单位犯罪或共同犯罪)问题上常生分歧,各地裁判把握不一。[4] 如福建林某案与广东李某等案,都是平台为出借人和借款人提供中介媒合服务,法院也同样都认为在平台设立之初缺乏前置法上的明确监管制度和无据可依问题。但前案中,法院以法律法规没有明确禁止而作出无罪判决,[5] 而后案

---

〔1〕 张正平、胡夏露:《P2P 网络借贷:国际发展与中国实践》,载《北京工商大学学报》(社会科学版)2013 年第 2 期。

〔2〕 参见吴雨俭:《2016 年非法集资近万件 将出台处置条例》,载 http://finance.caixin.com/2017-03-02/101061364.html,2017 年 4 月 3 日访问。该案最后查明非法吸收资金 580 余亿元,受害人数 90 余万人。

〔3〕 参见网贷天眼网:《9 月网贷行业报告》,载 https://news.p2peye.com/article-526549-1.html,2018 年 10 月 4 日访问。

〔4〕 参见张佩如:《P2P 网络借贷犯罪实证分析》,载《中国检察官》2016 年第 11 期。

〔5〕 被告林某为宜信普惠福州分公司实际负责人,负责分公司经营管理。在宜信的 P2P 网络借贷经营模式中,出借人和借款人资金走向均是直接通过出借人银行账户流转,宜信普惠公司在整个借款和还款流程中不参与借贷双方资金流转,其营利并不是通过赚取利息差,而是通过收取中介费营利。在整个 P2P 网络借贷流程中,宜信普福清分公司只是为借款人和出借人牵线搭桥,提供中介服务。一审法院认为林某的行为属于《刑法》第 225 条第 4 项中的"其他严重扰乱市场秩序的非法经营行为",构成非法经营罪。案件上诉后,二审法院认为 P2P 网络借贷模式目前尚无明确法律、法规命令禁止,因此将这种经营模式和经营行为界定为刑法打击的对象没有法律依据,因此改判被告无罪。参见福建省福州市中级人民法院(2014)榕刑终字第 741 号二审刑事判决书。

中,法院却以缺乏法律法规支持与许可而作出有罪判决。[1] 又如深圳戴某等案与广州罗某某等案,都是公司成立后几年才开始设立 P2P 网络借贷平台,但是前案法院以单位犯罪认定,后案法院不以单位犯罪认定[见本文第三部分之(一)]。再如浙江徐芳等案中,被告人叶某甲是公司法人代表,法院认定叶某甲与徐芳等构成非法吸收公众存款罪的共犯。但是在广东黄建辉案中,刘某乙也是公司法人代表,法院将其排除在非法吸收公众存款共同犯罪之外[见本文第三部分之(二)]。可见,司法中如何适用刑法,正确打击 P2P 网贷中的非法集资犯罪,已成为亟待研究的问题。

马方和孙天宇 2012 年发表的《P2P 网络借贷:诱发经济犯罪的类型与防控》一文或许是国内第一篇正式探讨 P2P 网络借贷刑法规制问题的学术文章,[2]之后,法学界和司法界关于我国 P2P 网络借贷刑法规制问题的研究文献日益丰富。国内针对 P2P 网络借贷的现有研究主要集中在如下三个方面:一是从法制建设上讨论 P2P 网络借贷刑法规制的前置法规范建设,认为在立法方面应当基于金融犯罪"立罪至后"的理论,[3]完善 P2P 网络借贷等互联网金融领域行政法规范,在行政法规范中明确划定 P2P 网络借贷的合法边界,建立从前置法到刑法的阶层式法律规范体系,理顺刑法与前置法之间的关系,并对非法吸收公众存款罪和集资诈骗罪进行修改,使 P2P 网络借贷的刑法规制真正实现"法定"。[4] 二是从理论上梳理 P2P 网络借贷模式中有关各方在现行刑事法律框架下可能面临的刑法风险,认为出借人主要

---

[1] 被告李某、华某、罗某经营 P2P 网络借贷平台"神州通宝",出借人(投资人)在"神州通宝"网贷平台网站注册账户后通过第三方支付平台进行充值,实行资金隔离,出借人资金与通宝公司的账户资金分离,通宝公司无权支配。出借人与借款人达成协议后由第三方平台直接划拨给借款人,平台主要从中赚取中介费。神州通宝平台还曾经得到了深圳市科创委的认可与扶持。法院认为被告人在设立公司之初确实存在金融监管制度缺失、无据可依的问题,但被告人缺乏相关法律规定规制、支持与许可的情况下,擅自向社会公众吸收资金,数额巨大,构成非法集资犯罪。参见广东省深圳市宝安区人民法院(2016)粤 0306 刑初 3453 号一审刑事判决书。

[2] 参见马方、孙天宇:《P2P 网络借贷:诱发经济犯罪的类型与防控》,载《检察日报》2012 年 5 月 14 日,第 3 版。但该文可能受限于报纸文章的长度和受众需求,没有能够深入分析 P2P 网络借贷刑法介入路径等,而仅概略指出 P2P 网络借贷可能涉及之罪名及防范措施。在此之前也有学者在研究 P2P 网络借贷的文献中涉及其刑事风险问题,但多数是基于金融学和经济学角度讨论。例如,王继辉、李成:《网络借贷模式下洗钱风险分析及应对》,载《金融与经济》2011 年第 9 期。

[3] 参见胡启忠:《金融刑法立法逻辑论——以金融刑法修正为例》,载《中国法学》2009 年第 6 期。

[4] 代表性文献主要有:刘宪权、金华捷:《论互联网金融的行政监管与刑法规制》,载《法学》2014 年第 6 期;殷宪龙:《互联网金融之刑法探析》,载《法学杂志》2015 年第 12 期;陈伟、蔡荣:《互联网金融刑法规制的路径选择与展望》,载《南昌大学学报》(人文社会科学版)2016 年第 5 期;李云飞:《民间借贷从传统走向网络后的刑法规制选择》,载《政治与法律》2017 年第 4 期。

涉及洗钱犯罪,借款人和平台方都可能面临诈骗、非法吸收公众存款罪、集资诈骗罪、合同诈骗罪等刑事风险,平台方另外可能单独涉及非法经营罪、擅自设立金融机构罪、职务侵占罪、挪用资金罪、擅自发行股票、公司、企业债券罪等。[1] 三是从刑事政策上讨论 P2P 网络借贷刑法介入的基本立场,一般认为应当保持谦抑性刑法立场。其中,有的主张适当限缩非法集资犯罪在 P2P 网络借贷领域的适用,[2]有的主张应当基于“存款”与“资金”概念区分重新恢复非法吸收公众存款罪的惩治功能,[3]有的主张主要打击其中的诈骗性行为,避免刑法中非法集资类犯罪的恣意适用。[4] 但也有学者认为仅仅打击恶意诈骗行为过于保守,应当基于刑法最后手段性和罪刑法定原则合理打击犯罪。[5]

总体而言,我国对于 P2P 网络借贷刑法规制问题的现有研究存在的主要问题是在现行法律框架下对于现有法律具体如何适用的问题研究很不深入,表现在较多地进行学理和教义探讨,从理论上梳理 P2P 网络借贷模式中

---

〔1〕 代表性文献主要有左坚卫:《网络借贷中的刑法问题探讨》,载《法学家》2013 年第 5 期;彭冰:《P2P 网贷与非法集资》,载《金融监管研究》2014 年第 6 期;刘权:《P2P 网络借贷犯罪及其刑法治理研究》,载《中国人民公安大学学报》2014 年第 6 期;王斐民、周之琦:《P2P 网络借贷的规矩失灵与法治回应》,载《中国矿业大学学报》(社会科学版)2015 年第 1 期;万志尧:《P2P 借贷的行政监管需求与刑法审视》,载《东方法学》2015 年第 2 期;沐玲:《我国 P2P 网络借贷主体行为之刑法评价》,载《税务与经济》2016 年第 6 期;李晓明:《P2P 网络借贷的刑法控制》,载《法学》2016 年第 6 期;顾海鸿:《互联网金融创新发展中的刑事犯罪风险及司法防控对策》,载《犯罪研究》2017 年第 2 期;杨晓培:《异化与复归:P2P 网贷金融风险的刑法规制》,载《刑法论丛》2017 年第 1 期;万志尧著:《互联网金融犯罪问题研究》,黑龙江人民出版社 2017 年版,第 132 ~ 174 页。

〔2〕 代表性文献主要有王拓:《P2P 网贷平台非法吸收公众存款行为的司法认定》,载《中国检察官》2016 年第 1 期;李睿:《上海自贸试验区互联网金融创新中刑法介入的合理边界》,载《外国经济与管理》2016 年第 2 期;李永升、胡东阳:《P2P 网络借贷的刑法规制问题研究——以近三年的裁判文书为研究样本》,载《政治与法律》2016 年第 5 期;林越坚、李俊:《P2P 网贷平台犯罪及司法治理研究》,载《河北法学》2016 年第 10 期;魏东、田馨睿:《论非法吸收公众存款罪的保守解释——侧重以〈网络借贷信息中介机构业务活动管理暂行办法〉为参照》,载《河南财经政法大学学报》2017 年第 3 期;刘宪权、陈罗兰:《我国 P2P 网贷平台法律规制中的刑民界分问题》,载《法学杂志》2017 年第 6 期。

〔3〕 参见金泓序:《互联网金融中非法集资行为的刑法规制研究》,吉林大学 2016 年博士学位论文,第 95 页。

〔4〕 代表性文献主要有刘宪权:《互联网金融刑法规制的两面性》,载《法学家》2014 年第 4 期;姜涛:《互联网金融所涉犯罪的刑事政策分析》,载《华东政法大学学报》2014 年第 5 期;熊理思:《对互联网金融创新的刑法介入需谨慎——以余额宝为例》,载《广西社会科学》2014 年第 9 期;涂龙科:《P2P 网贷与金融刑法危机及其应对》,载《湖南师范大学社会科学学报》2016 年第 1 期;商玉玺:《互联网金融的刑法规制政策与原则——金融抑制视角》,载《大连理工大学学报》(社会科学版)2016 年第 2 期;高振翔:《互联网金融语境中的非法集资风险及其刑法规制》,载《交大法学》2016 年第 2 期;刘宪权:《金融犯罪刑法学原理》,上海人民出版社 2017 年版,第 551 ~ 580 页。

〔5〕 参见宣刚、王庆国:《论 P2P 网络借贷犯罪的刑法适用》,载《山东警察学院学报》2014 年第 6 期。

有关各方在现行刑事法律框架下可能面临的刑法风险,即可能会触及刑法规范上的哪些罪名,并基于此提出一些回应措施,而较少地具体讨论司法中的现实问题解决。目前只有 6 篇相关论文〔1〕和 1 份报告〔2〕是结合刑事判例进行研究的文献,且其中还有 1 篇不完全是从刑法角度分析,〔3〕可见数量甚少。就现有的学理和教义探讨而言,诚如有学者所言,此类研究或者应当归属于犯罪学意义的犯罪现象和对策研究,或者应当归属于"普法教育"。〔4〕这些研究无助于解决刑法适用中的"真问题",因此,对刑事司法实践的实际指引价值非常有限。对于法规范而言,文本上的法律条文是静态的,而只有在具体的案件阐释中才能获得动态的展示。法律条文是否明晰、法律规定是否完备、法律适用是否合理,只有通过对实际案件的深入检讨才能发现真实的态势。针对当前研究中所存在的不足,本文尽力结合现有司法实践,发现其所存在的问题,并且解决这些问题,从而为 P2P 网络借贷非法集资刑法规制实践提供可行的参考意见。

二、P2P 网贷中平台方非法集资的判断

P2P 网络借贷中平台方的非法集资犯罪属于典型的法定犯,一般情况下并未明显违反伦理道德,只是由于违反了一次法的法律规定并产生严重侵害法益的结果,才由刑法加以规制。因此,对于此类犯罪存着非刑法规范和刑法规范共同规制的结构,而 P2P 网络借贷平台方的非法集资犯罪行为,首先必须是一次法上的非法集资行为。也因此,研究 P2P 网络借贷中平台方的非法集资犯罪,需要首先解决 P2P 网络借贷行为是否成立非法集资的问题,这是准确打击非法集资犯罪的前提和基础。

---

〔1〕 截至 2017 年 9 月,这 4 篇论文为:李永升和胡冬阳:《P2P 网络借贷的刑法规制问题研究——以去了近三年的裁判文书为研究样本》(《政治与法律》2016 年第 5 期)、张佩如:《P2P 网络借贷犯罪实证分析》(《中国检察官》2016 年第 11 期)和《P2P 网络借贷犯罪现象实证分析——以 41 份裁判文书为样本》(《人民检察》2017 年第 1 期)、刘骏:《个体网络借贷规制进路分析》(《中南大学学报》(社会科学版)2017 年第 1 期)、金善达:《网络非法集资的刑法治理;误区、困境与矫正》(《福建警察学院学报》2017 年第 3 期)和《网络非法集资刑法治理的模糊化与精密化》(《上海公安高等专科学校学报》2017 年第 4 期)。

〔2〕 参见谢向东:《P2P 平台非法集资判例研究报告》,上海博和律师事务所 2017 年。

〔3〕 参见刘骏:《个体网络借贷规制进路分析》,载《中南大学学报》(社会科学版)2017 年第 1 期。

〔4〕 参见涂龙科:《P2P 网贷与金融刑法危机及其应对》,载《湖南师范大学社会科学学报》2016 年第 1 期。

（一）P2P 网贷中平台方非法集资判断的一次法依据

我国规制 P2P 网络借贷平台方的一次法依据主要包括民法、商法、经济法和行政法等非刑事法律以及法规、规章中对 P2P 网络借贷平台方集资行为具有规制意义的规范。从类型区分上看，主要包括国家层面的规范（包括适用于 P2P 网络借贷的一般性规范和专门性规范，如表 1 所示）和地方层面的规范。

表 1　P2P 网络借贷的一次法规范一览

序 号	类 别	文件号	文本名称	年 份
1	一般性立法	主席令〔1986〕37 号	《民法通则》	1986
2		主席令〔2017〕66 号	《民法总则》	2017
3		主席令〔1999〕15 号	《合同法》	1999
4		主席令〔1993〕16 号	《公司法》	1993[1]
5		主席令〔1995〕50 号	《担保法》	1995
6		主席令〔1995〕47 号	《商业银行法》	1995[2]
7		主席令〔2003〕11 号	《银行业监督管理法》	2003[3]
8		国务院令〔1998〕247 号	《非法金融机构和非法金融业务活动取缔办法》（以下简称《98 取缔办法》）	1998
9		银发〔1999〕41 号	《关于取缔非法金融机构和非法金融业务活动中有关问题的通知》（以下简称《99 人行通知》）	1999
10		国办函〔2007〕4 号	《关于同意建立处置非法集资部级联席会议制度的批复》	2007
11		国办发明电〔2007〕34 号	《关于依法惩处非法集资有关问题的通知》	2007
12		处非联发〔2008〕4 号	《处置非法集资工作操作流程》	2008
13		国办发电〔2010〕2 号	《关于严厉打击非法集资有关问题的通知》	2010
14		国发〔2015〕59 号	《关于进一步做好防范和处置非法集资工作的意见》	2015

---

〔1〕《公司法》施行之后分别在 1999 年、2004 年、2005 年、2013 年经过 4 次修订。

〔2〕《商业银行法》施行之后分别在 2003 年、2015 年经过 2 次修订。

〔3〕《银行业监督管理法》施行之后在 2006 年经过 1 次修订。

续表

序号	类别	文件号	文本名称	年份
15	专门性规范	银监办发〔2011〕254 号	《关于人人贷有关风险提示的通知》(以下简称《人人贷提示》)	2011
16		银发〔2015〕221 号	《关于促进互联网金融健康发展的指导意见》(以下简称《互联网金融指导意见》)	2015
17		国办发〔2016〕21 号	《互联网金融风险专项整治工作实施方案》(以下简称《互联网金融整治方案》)	2016
18		银监发〔2016〕11 号	《P2P 网络借贷风险专项整治工作实施方案》(以下简称《P2P 网络借贷整治方案》)	2016
19		银监会令〔2016〕1 号	《网络借贷信息中介机构业务活动管理暂行办法》(以下简称《网络借贷暂行办法》)	2016
20		银监办发〔2016〕160 号	《网络借贷信息中介机构备案登记管理指引》(以下简称《备案登记指引》)	2016
21		银监办发〔2017〕21 号	《网络借贷资金存管业务指引》(以下简称《存管指引》)	2017
22		整治办函〔2017〕64 号	《关于对互联网平台与各类交易场所合作从事违法违规业务开展清理整顿的通知》(以下简称《64 号文》)	2017
23		银监办发〔2017〕113 号	《网络借贷信息中介机构业务活动信息披露指引》(以下简称《披露指引》)〔1〕	2017

在国家层面的规范中,《民法总则》(之前是《民法通则》)为 P2P 网络借贷行为提供了最基本的精神指导,《合同法》为 P2P 网络借贷的合同关系提供了最基本的法律依据,《担保法》则为 P2P 网络借贷的担保行为提供了法律依据,〔2〕《公司法》为 P2P 网络借贷中介机构的成立和运营提供了一般法律要求,《商业银行法》《银行业监督管理法》以及 1998 年国务院发布的《98 取缔办法》等行政法规范和各部委发布的有关取缔非法金融机构和非法金融业务活动的行政规章或者规范性文件对于 P2P 网络借贷非法集资行为的认定具有专业上的一般性指导意义。国务院、银监会等机构专门针对 P2P 网络借贷制定的行政法规、部门规章和规范性文件属于 P2P 网络借贷的专

〔1〕 其后附有与《披露指引》具有同等法律效力的《信息披露内容说明》。

〔2〕 需要注意的是,虽然《互联网金融指导意见》和《网络借贷暂行办法》禁止 P2P 网络借贷平台担保,但是,根据《最高人民法院关于审理民间借贷案件适用法律若干问题的规定》第 22 条,P2P 网贷平台也须承担担保责任,等同于变相承认平台担保功能。

门性规范,对于P2P网络借贷非法集资行为的认定起着直接、具体的指导作用。其中,最为重要的是中国人民银行1999年1月27日发布的《关于取缔非法金融机构和非法金融业务活动中有关问题的通知》(以下简称《99人行通知》),它对非法集资的内涵作了明确规定,成为后来最高人民法院于2010年12月13日发布的《关于审理非法集资刑事案件具体应用法律若干问题的解释》(以下简称《10解释》)中解释非法集资的重要参考。

除了国家层面的规范之外,关涉P2P网络借贷非法集资认定的还有很多地方规范性文件。这些规范性文件基本可以分为两大类型。一种是针对所有非法集资行为的地方规范文件(这些均为地方政府部门制定的规范性文件,而不是地方性法规或地方政府规章)。例如,海南省人民政府办公厅2017年5月9日制定的《海南省打击和处置非法集资工作操作流程》第2条、厦门市人民政府办公厅2017年8月30日制定的《厦门市非法集资举报奖励暂行办法》第2条,都规定了非法集资的含义。另一种是专门针对P2P网络借贷的地方规范性文件,多数为2016年国务院部署互联网金融风险专项整治实施工作和银监会部署P2P网络借贷风险专项整治工作之后,地方政府部门为实施上述工作所制定的规范性文件。例如,2016年广东省金融办等16部门制定的《P2P网络借贷风险专项整治工作实施方案》,其核心主要是针对P2P网络借贷脱离信息中介本质的资金归集、期限错配等异化行为风险的查处,而这些异化行为实际上就是P2P网络借贷领域的非法集资行为。这些地方规范性文件都是国家层面相关规范在当地的具体化,对于当地P2P网络借贷中非法集资行为的认定仍然具有更加直接、具体的指导作用。

(二)P2P网贷中平台方非法集资判断的实践标准

P2P网络借贷中平台方非法集资行为的认定离不开非法集资判断的一般性标准,同时还需要结合P2P网络借贷的具体规定,确定其具体判断标准。

1. P2P网络借贷中平台方非法集资判断的一般实践标准

综观现行有效的行政性法规范文本,国务院发布的《非法金融机构和非法金融业务活动取缔办法》(以下简称《98取缔办法》),第4条将非法集资列为四类非法金融业务活动之一,但是并没有明确解释非法集资的含义以及判断标准。《99人行通知》第1条第一次比较详尽地明确了非法集资的含义,[1]并且对于非法集资的特征进行了描述。之后,2007 年国务院办公厅《关于依法惩处非法集资有关问题的通知》(以下简称《07 国务院通知》)第 2 条、2008 年处置非法集资部际联席会议办公室《处置非法集资工作操作流程》(以下简称《08 处非联流程》)第 2 条相继对非法集资的特征进行了描述,如表 2 所示。这些特征实际上成为非法集资判断的一般性标准。

表 2 行政性法规范中非法集资判断的一般性实践标准比较

《99 人行通知》	《07 国务院通知》	《08 处非联流程》
1. 未经有关部门依法批准,包括没有批准权限的部门批准的集资以及有审批权限的部门超越权限批准的集资。 2. 承诺在一定期限内给出资人还本付息。还本付息的形式除以货币形式为主外,还包括以实物形式或其他形式。 3. 向社会不特定对象即社会公众筹集资金。 4. 以合法形式掩盖其非法集资的性质。	1. 未经有关监管部门依法批准,违规向社会(尤其是向不特定对象)筹集资金。 2. 承诺在一定期限内给予出资人货币、实物、股权等形式的投资回报。 3. 以合法形式掩盖非法集资目的。	1. 未经有关部门依法批准,包括没有批准权限的部门批准的集资以及有审批权限的部门超越权限批准的集资。 2. 承诺在一定期限内给出资人还本付息。还本付息的形式除以货币形式为主外,还包括以实物形式或其他形式。 3. 向社会不特定对象即社会公众筹集资金。 4. 以合法形式掩盖其非法集资的性质。

从形式上看,《99 人行通知》和《08 处非联流程》采取的是同样的四要件判断标准,而《07 国务院通知》不同,采取的是三要件判断标准。但从实质上分析,这里的三要件和四要件其实是相同的,因为三要件中的第一个要件包括了四要件中的第一和第三两个要件的内容。这种非法集资的判断标准其实与国务院《98 取缔办法》中对于非法吸收公众存款的界定是一脉相承的,都是从缺乏批准、利诱本质、对象范围、投资目的等四个方面进行判断是否构成非法集资。[2]

---

〔1〕 即"非法集资是指单位或个人未依照法定程序经有关部门批准,以发行股票、债券、彩票、投资基金证券或其他债权凭证的方式向社会公众筹集资金,并承诺在一定期限内以货币、实物及其他方式向出资人还本付息或给予回报的行为"。

〔2〕 彭冰教授依据《关于依法惩处非法集资有关问题的通知》将非法集资的认定标准概括为投资对象范围、投资目的、经济实质三个方面,实际上是对三要件中第一个要件中"未经有关监管部门依法批准"部分的忽略。参见彭冰:《非法集资活动规制研究》,载《中国法学》2008 年第 4 期。

最高人民法院在吸收上述行政性法规范的基础上,在《10 解释》第 1 条中对于非法集资的判断标准规定为四个:非法性、公开性、利诱性和社会性。[1]其中的非法性、利诱性和社会性与上述行政性法规范标准实质一致,但是增加了公开性。最高人民法院的四个标准成为现行司法中非法集资判断的一般性标准,对于 P2P 网络借贷中平台方非法集资的判断同样适用。

2. P2P 网贷中平台方非法集资判断的具体实践标准

P2P 网络借贷属于民间融资问题,其非法集资行为的判断当然应当坚持前述非法集资判断的一般标准。但是,P2P 网络借贷作为一种金融创新形式,其中的非法集资具有特殊的表现形式。因此,对 P2P 网络借贷平台方非法集资的具体判断还要依赖于 P2P 网络借贷的专门行政性法规范。也就是说,在 P2P 网络借贷领域判断某一行为是否属于非法集资,需要依赖 2016 年的《网络借贷暂行办法》等专门规定。这是一般法与特殊法之间关系所决定的。非法集资判断的四个标准在 P2P 网络借贷平台方非法集资判断中具体掌握如下:

(1)"非法性"表现为具有违反 P2P 网络借贷禁止性规定的行为。在现行金融行政性规范中,《网络借贷暂行办法》是 P2P 网络借贷的专门规定,也是目前 P2P 网络借贷的"基本法"。其中第 3 条原则性规定了平台方的禁止性行为,[2]第 10 条规定了平台方的 13 种具体禁止性行为,如表 3 所示。P2P 网络借贷中平台方行为的非法性就在于违反了这些禁止性规定,实施了这些被禁止的行为。

表 3 《网络借贷暂行办法》中平台方禁止性行为一览

第 10 条具体内容
1. 为自身或变相为自身融资
2. 直接或间接接受、归集出借人的资金
3. 直接或变相向出借人提供担保或者承诺保本保息
4. 自行或委托、授权第三方在互联网、固定电话、移动电话等电子渠道以外的物理场所进行宣传或推介融资项目
5. 发放贷款,但法律法规另有规定的除外

〔1〕 即(1)未经有关部门依法批准或者借用合法经营的形式吸收资金;(2)通过媒体、推介会、传单、手机短信等途径向社会公开宣传;(3)承诺在一定期限内以货币、实物、股权等方式还本付息或者给付回报;(4)向社会公众即社会不特定对象吸收资金。

〔2〕 即"不得提供增信服务,不得直接或间接归集资金,不得非法集资,不得损害国家利益和社会公共利益"。

续表

第 10 条具体内容
6. 将融资项目的期限进行拆分
7. 自行发售理财等金融产品募集资金,代销银行理财、券商资管、基金、保险或信托产品等金融产品
8. 开展类资产证券化业务或实现以打包资产、证券化资产、信托资产、基金份额等形式的债权转让行为
9. 除法律法规和网络借贷有关监管规定允许外,与其他机构投资、代理销售、经纪等业务进行任何形式的混合、捆绑、代理
10. 虚构、夸大融资项目的真实性、收益前景,隐瞒融资项目的瑕疵及风险,以歧义性语言或其他欺骗性手段等进行虚假片面宣传或促销等,捏造、散布虚假信息或不完整信息损害他人商业信誉,误导出借人或借款人
11. 向借款用途为投资股票、场外配资、期货合约、结构化产品及其他衍生品等高风险的融资提供信息中介服务
12. 从事股权众筹等业务
13. 法律法规、网络借贷有关监管规定禁止的其他活动

当然,在判断 P2P 网络借贷平台方是否构成非法集资的时候还要依赖于地方立法中对于相关禁止性行为的具体解释。例如,2017 年北京市金融监管部门制定的《网络借贷信息中介机构事实认定及整改要求》、2017 年上海金融办和上海银监局联合下发的《上海市网络借贷信息中介机构事实认定与整改工作指引表》等地方规范性文件,对于 P2P 网络借贷平台方的禁止性行为进行更为详尽的列举。地方性规范文件中对于何种行为属于《网络借贷暂行办法》中所规定的禁止性行为,进行了详细的解释和列举,成为行政执法中非法集资认定的具体标准。

对于 P2P 网贷中平台方非法集资的判断,要依据其中的禁止性规定。如果行为不属于其中的禁止性行为,则排除非法集资。但是需要注意的是,违反这些禁止性规定的行为并非都成立非法集资。其中有的违反禁止性规定的行为其他性质的问题,而不涉及非法集资。如表中平台方的第 5、9、12 种行为和第 7 种行为中的"代销银行理财、券商资管、基金、保险或信托产品等金融产品"行为属于非法经营问题。而且,涉及非法集资的行为需要结合其他行为一起判断而不能独立判断。

(2)"公开性"表现为在公开场所宣传。一般地讲,P2P 网贷平台本身就具有"公开性",但是这里的"公开性"不是指 P2P 网贷平台具有的"公开性”,而是特指的公开性,即是指自行或委托、授权第三方在互联网、固定电话、移动电话等电子渠道以外的物理场所进行宣传或推介融资项目。

(3)“利诱性”表现为误导宣传。这是指平台方虚构、夸大融资项目的真实性、收益前景,隐瞒融资项目的瑕疵及风险,以歧义性语言或其他欺骗性手段等进行虚假片面宣传或促销等,捏造、散布虚假信息或不完整信息损害他人商业信誉,误导出借人或借款人。

(4)“社会性”表现为通过P2P网络平台向不特定对象(出借人)吸收资金。需要指出的是,这里的“社会性”需要结合前面的“公开性”判断,不能单独判断。没有“公开性”,就没有“社会性”。

三、P2P网贷中平台方非法集资行为的类型及其二次法定性

P2P网络借贷平台原本仅为借贷双方提供信息流通交互、撮合、资信评估、投资咨询、法律手续办理等中介服务。然而,2012~2013年两年间,中国式P2P业务创新层出不穷,加之尚无明确的法律规范和规定,P2P平台已然从单纯的信息撮合平台变成了集存贷款功能于一身的类金融机构,使P2P网贷领域非法集资风险快速积聚,P2P跑路事件频频发生,这引起了监管层的重视。2013年11月25日,由中国银监会牵头的九部委“处置非法集资部际联席会议”上,明确要求平台本身“四个不得”,[1]并且第一次对“以开展P2P网络借贷业务为名实施非法集资行为”的行为作了较为清晰的界定,明确三类行为成立非法集资。第一类:理财—资金池模式(当时相当普遍),即P2P网络借贷平台通过将借款需求设计成理财产品出售给放贷人,或者先归集资金、再寻找借款对象等方式,使放贷人资金进入平台的中间账户,产生资金池。此类模式下,平台涉嫌非法吸收公众存款。第二类:不合格借款人借款。即P2P网络借贷平台经营者未尽到借款人身份真实性核查义务,未能及时发现甚至默许借款人在平台上以多个虚假借款人的名义发布大量虚假借款信息(又称借款标),向不特定多数人募集资金,用于投资房地产、股票、债券、期货等市场,有的直接将非法募集的资金高利贷出赚取利差,这些借款人的行为涉嫌非法吸收公众存款。第三类:“庞氏骗局”式借贷。即P2P网络借贷平台经营者发布虚假的高利借款标募集资金,并采用借新还旧

[1] 即不得提供担保,不得归集资金搞资金池,不得非法吸收公众存款,更不能实施集资诈骗。

的庞氏骗局模式,短期内募集大量资金。其后,有的用于自己生产经营,有的经营者甚至卷款潜逃。此类模式涉嫌非法吸收公众存款和集资诈骗。[1]

上述规定由于只是以会议精神的形式向外公布,坊间戏称“喊话式”规定。2016 年《网络借贷暂行办法》对于 P2P 网络借贷进一步列出了“负面清单”,这是目前界定 P2P 网络借贷中非法集资的“基本法”。此“负面清单”相较于 2013 年 11 月 25 日九部委“处置非法集资部际联席会议”的“喊话式”规定更加具体明确。从此“负面清单”,我们可以析出 P2P 网络借贷中非法集资行为的类型及其性质。下面我们结合《网络借贷暂行办法》明确的“负面清单”,讨论平台方具体的非法集资行为及其性质,法律法规、网络借贷有关监管规定禁止平台方的“其他活动”,因无明确规定而暂不讨论。

(一)平台方单方非法集资的行为类型及其性质认定

平台方的合法业务提供信息中介服务,利用平台进行集资是法律法规所禁止的、非法(违法)的。按照相关法律法规规定,P2P 网络借贷中平台方的下列行为在具备公开性、利诱性、社会性三个特征的前提下,应当认定为非法集资。其性质一般以非法吸收公众存款认定,如果以非法占有目的实施下述行为,属于集资诈骗行为。达到相应行为入罪标准的,构成相应犯罪。

1. 平台自融行为,即为自身或变相为自身融资的行为

平台自融即 P2P 网络借贷平台及其关联方通过向出借人虚构借款项目进行融资,所融资资金主要供 P2P 网络借贷平台自身及其关联方使用,[2]包括直接为自身融资或者变相为自身融资。常见的 P2P 网络借贷平台自融表现形式有:平台运营企业自身在平台上融资;以其他企业或个人名义在平台上融资,但实际所融资金由平台自身使用;股东、实际控制人、董事、监事、高级管理人员及其近亲属以及受到同一实际控制人控制的关联方在平台上融资。平台自融行为违背了国家金融监管法律对 P2P 网络借贷平台信息中介的定位,同时其充当中介与资产端借款人的双重角色容易引发道德与信用风险,此外其流动性风险大大增加容易引起庞氏骗局。所以《网络借贷暂行办法》第 10 条第 1 项明确规定禁止 P2P 网络借贷平台“为自身或变相为自身融资”。平

〔1〕 参见张烁:《银监会牵头九部委讲话:三类 P2P 网贷涉嫌非法集资》,载 http://www.techweb.com.cn/internet/2013-11-26/1362208.shtml,2014 年 4 月 25 日访问。

〔2〕 参见林越坚、李俊:《P2P 网贷平台犯罪及司法治理研究》,载《河北法学》2016 年第 10 期。

台自融违反该规定,即构成非法集资行为。中安永恒财富案[1]即为典型案例。在该案中,被告人张继敏、谢明玉等人以高息利诱的方式通过自己建立的“中安永恒财富”网络平台为自己的关联方济宁某中心项目、济宁某商贸项目和济宁某餐饮公司项目进行融资,资金通过平台方控制的账户进行归集,无论其关联方之资产端项目是否真实,都违反《网络借贷暂行办法》平台方不得自融的禁止性规定,又满足《取缔办法》等行政法律对非法集资的界定,构成行政违法行为。另外,从非法集资犯罪认定“质”与“量”要求上进行分析。从质的要求看,被告方吸收资金之行为侵犯了非法吸收公众存款罪所保护之金融交易秩序法益,这种法益侵害风险结果又是由被告自融行为引起,而张继敏作为股东具体操作自融行为具备主观故意,而谢明玉虽然没有参与具体自融行为,但其作为法定代表人协助张继敏开设集资账号并领取报酬,亦可认定具有主观故意。从量的要求看,吸收资金 2300 万元,造成投资人损失 990 余万元,符合《10 解释》对非吸收公众存款罪“数额巨大”的量化要求。因此,被告行为可以认定构成非法吸收公众存款罪。唯于此案中,被告方利用关联方项目自融行为存在真实的标的,其自融目的在于投资关联方项目营利,并非以占有出借人资金为目的,因此,不存在构成集资诈骗罪的余地。春鹏易贷案[2]同样为典型案例。此案与中安永恒财富案不同的是此案是虚假标的的自融行为,中安永恒财富案是真实标的的自融行为。据我们统计,在 P2P 网络借贷非法集资的裁判中,在 P2P 网络借贷构成非法吸收公众存款罪的案件中,平台自融占 68.92%;在 P2P 网络借贷构成集资诈骗罪的案件中,平台自融占 71.43%。可见平台自融比例非常高。

2. 直接或间接接受、归集出借人资金的行为

P2P 平台的功能是信息服务,出借人的资金应当由第三方托管,P2P 平

[1] 2013 年 12 月至 2015 年 8 月,被告人张继敏、谢明玉等人在北京市朝阳区 SOHO 现代城某号中安公司内,建立“中安永恒财富”网络平台,公开发售投资济宁某中心、某餐饮等公司项目或者公司“周年庆”等“理财标”,并承诺可获高额收益,通过谢明玉提供的个人银行账户等,共计吸纳杨某等 31 名投资人 2300 余万元。大部分投资人存在投资款到期后连本带息复投的情形,后投资人获得部分利息、奖励等款项,现尚未归还投资人款项共计 990 余万元。参见北京市第三中级人民法院(2017)京 03 刑终 252 号刑事判决书。

[2] 2014 年 6 月,浙江春鹏投资管理有限公司成立,9 月在网上运营 P2P 平台“春鹏易贷”。被告人徐小春作为公司实际控制人,授意叶向某(已判决)担任法定代表人,马某(已判决)担任财务负责人,汤某(已判决)担任风控负责人,叶某(已判决)担任运营部负责人。该公司通过召开投资人见面会、QQ 群发布信息等方式宣传投资产品,在明知没有实际借款人的情况下,编造虚假标书吸引投资人投标,吸收的资金部分用于归还投资人本金和收益,部分用于徐小春个人其他投资。“春鹏易贷”实际投资人 1200 余人、投资金额 2200 余万元,至案发受损人员 76 人、经公司折扣收购后仍有 182 万余元损失。参见浙江省杭州市中级人民法院(2018)浙 01 刑终 31 号刑事裁定书。

台不能接受、归集出借人的资金。如果接受、归集出借人的资金,就是建立资金池,构成非法集资行为。如××财富网站案,[1]在该案中,被告人曹某某让出借人将投资理财款全部存入自己的个人银行卡内,直接归集出借人资金,创建了由自己控制的"资金池"。此行为首先属于《网络借贷暂行办法》明确禁止的"直接或间接接受、归集出借人的资金"行为,又满足《取缔办法》等行政法律对非法集资的界定,属于非法集资行政违法。而此行政违法行为又符合刑法对非法吸收公众存款罪的"质"的要求,大量吸收资金的行为对金融交易秩序造成风险,且被告明知"通过网络对社会公开宣传、吸收投资款、发放贷款并从中赚取利息差的详细事实"。同时,非法吸收 460 人资金共计 33,107,689 元人民币已经远超过《10 解释》非法吸收公众存款罪的入罪量化标准门槛。因此,被告人曹某某是"先集资后配标"资金池的行为,构成非法吸收公众存款罪。

3. 融资期限拆分行为

融资期限拆分即将融资项目的期限进行拆分。再具体讲,是指将长期借款拆分成多个短期借款。例如,一个企业项目借款 100 万元,期限为 1 年,平台方将期限拆分为四个短期借款,每个短期为 3 个月,每个短期借款 100 万元。融资期限拆分的本质是借新还旧,形成"资金池",P2P 网络借贷中所涉及的很多"资金池"都是通过资金的期限错配而产生,也正因如此才被监管法律法规所禁止。[2] 融资期限拆分行为构成非法集资。如渝商创投案,[3]在该案中,被告所经营的袖善公司先将自有资金放贷给借款人形成债权,并将放贷资

[1] 2014 年 6 月至 11 月期间,被告人曹某某以山某××投资有限公司青岛分公司的名义,利用网络宣传推广其"P2P"投资模式,并承诺高额回报,通过其公司运营的"××财富网站"采取发放虚假借款标、低进高出转贷等形式非法吸收 460 人资金共计 33,107,689 元人民币,至案发,尚有 317 人的资金 12,360,110 元人民币未返还。银行交易明细证明,被告人曹某某让集资参与人将投资理财款全部存入自己的个人银行卡内。参见山东省青岛市黄岛区人民法院(2017)鲁 0211 刑初 910 号刑事判决书。

[2] 参见金泓序:《互联网金融中非法集资行为的刑法规制研究》,吉林大学 2016 年博士学位论文,第 89 页。

[3] 被告所经营的袖善公司在未得到中国人民银行、银监会等相关机构批准的情况下,向社会公众吸引存款,并将其吸收到的资金放贷给他人,通过低息借入、高利贷出的方式从中赚取利息差,其具体采用了期限拆标方式:袖善公司最初先将公司的自有资金放贷给借款人,后根据放贷资料在渝商创投平台上发布借款信息(包含了借款期限、金额、利息等)。投资人在渝商创投平台上注册登记并开立账户,通过第三方支付平台为自己的账户充值,充值后即可对渝商创投平台发布的借款标的进行投资。所有汇入第三方支付平台的充值款项在扣除手续费后均汇入袖善公司提供的被告人私人账户中。袖善公司将筹集到的资金放贷给其他贷款人,如此反复,以维持平台的运营。投资人投资的借款标的到期后,由袖善公司的工作人员在渝商创投平台上操作显示贷款人已还款,投资人即可通过平台申请提取本金和利息,袖善公司工作人员再将款项通过银行转账的方式支付给投资人。被告通过这种方式吸收公众存款金额 36,011.45 万元,涉及投资人数 2702 人。参见重庆市巴南区人民法院(2016)渝 0113 刑初 689 号刑事判决书。

料在渝商创投平台上发布借款信息(包含了借款期限、金额、利息等),但是随后的系列操作则使借款(投资)统一被归集到袖善公司实际控制人账户形成资金池,无法在出借人和借款人之间形成一一对应,构成了《网络借贷暂行办法》第10条禁止的期限拆标非法集资行为。被告利用汇集的资金再次发放贷款,导致债权人在出借人和原借款人之间无法一一对应,无法保障交易资金的安全,而被告明知此类风险却如此反复运作,因而符合非法吸收公众存款罪的"质"的要求。同时,吸收公众存款金额36,011.45万元和涉及投资人数2702人已经远超过《10解释》规定的非法吸收公众存款罪的"量"的要求。因此,构成非法吸收公众存款罪。

4. 自行发售理财等金融产品募集资金行为

P2P平台的功能是信息服务,自行发售理财等金融产品募集资金是集资行为,而这是被禁止的行为,属于非法集资行为。如易拍金案,[1]在该案中,被告郑某为了掩盖和弥补其他业务亏损漏洞,通过P2P网络借贷平台发售金融产品,属于《网络借贷暂行办法》第10条第7项规定的非法集资行政违法。被告郑某为弥补其他亏空和支付债务的目的通过P2P网络借贷平台吸收资金,不仅侵害了国家金融秩序,也威胁出借人资金安全,且被告郑某主观上明知其行为性质,还故意编造虚假信息以吸引借款人投资,所吸收资金未用于生产经营,也未用于归还出借人本息,可以推定其具有非法占有目的。因此,郑某行为具备集资诈骗罪的"质"的要求。同时,其行为造成33人286万余元损失,超过《10解释》第5条规定的集资诈骗罪"数额特别巨大"量化标准。因此,郑某之行为可以构成集资诈骗罪。前述中安永恒财富案既属于平台自融行为,也属于自行发售理财金融产品("理财标")募集资金的行为,属于"法规竞合"型非法集资行为。

5. 类资产证券化债权转让行为

这是指实现以打包资产、证券化资产、信托资产、基金份额等类资产证券化形式的债权转让行为。这种行为表现为P2P网络借贷平台通过专业放

---

[1] 被告人郑某为了掩盖其为淘宝电商客户提供商品刷单等业务能够赚取高额利润的虚假事实和弥补由此造成的亏空,于2016年3月成立了易拍金网络借贷平台,编造虚假的公司办公场所及工作人员图片,捏造虚假的公司融资信息等,以日利率高达0.15%的高息承诺,发布时长15天左右名为"订单易""活动易"等保本保息短期的金融理财产品,以吸引社会公众投资。所得资金主要用于支付此前亏损的被害人的收益,共造成33名被害人损失2,859,975.2元。参见广东省阳江市江城区人民法院(2016)粤1702刑初611号刑事判决书。

贷人与借款人签订相应借款协议,并由专业放贷人先将资金出借给借款人取得相应债权,之后 P2P 网络借贷平台通常以固定收益理财产品的形式将专业放贷人手里的债权进行包装,进而将原属于专业放贷人的债权以打包资产、证券化资产、信托资产、基金份额等资产名义拆解出售转让给投资人(不特定的多个出借人),实现债权转让,使购买这些资产的人成为最终的资金出借人。这属于《网络借贷暂行办法》第 10 条第 8 项规定的禁止性行为,属于(变相)擅自发行证券行为。P2P 网络借贷平台在债权转让中形成资金池,构成非法集资。理论上,类资产证券化应当通过证券犯罪来调整,但由于《证券法》对证券含义规定的狭隘,使这里的发行类资产证券化的行为无法构成擅自发行股票、公司、企业债券罪。[1] 不过这种行为因其存在资金池这一《网络借贷暂行办法》禁止之行为,又满足社会性(不特定出借人)和利诱性(回购、利息等)要件,完全可能构成非法吸收公众存款罪甚至集资诈骗罪。如中创信贷案,[2] 在本案中,中创信贷平台将翡翠实物产权包装分拆成等同份额的股票在 P2P 网络借贷平台作为借款标公开由出借人投资购买,以高息和奖励金作为回报诱惑,属于《网络借贷暂行办法》禁止的类资产证券化债权转让方式,符合非法集资行政违法的社会性、非法性和利诱性要件。这种资产证券化方式通过股票化资产包的拆分之后不能够与前端资产对应,对出借人的交易资金安全造成安全风险,侵害非法集资类犯罪的法益。同时,1012 名投资人和 211,597,665.96 元损失额远远超过《10 解释》对于非法吸收公众存款罪的最低量化要求,因此,所有参与该模式运作的主要管理人员均应构成非法集资犯罪。最终,一审、二审法院均认定其中卢某(公司结算部总监)、朱某(公司结算部出纳)、胡某(文交所法定代表人)等人构成非法吸收公众存款罪,李某(文交所和中创信贷平台的联合执行总

---

〔1〕 参见王拓:《P2P 网贷平台债权转让模式的刑事风险分析》,载《中国检察官》2016 年第 24 期。

〔2〕 2013 年 8 月开始,中华文化产权交易所通过自己设立的中创信贷 P2P 网络借贷平台,公开宣传并引诱投资人购买中华文化产权交易所在该平台上作为借款标的包装成"股票"的翡翠实物产权。具体交易模式为:投资人(出借人)在中创信贷 P2P 网络借贷平台上注册账户,通过个人银行账户将资金转至文交所指定的第三方信托公司账户后即可操作翡翠实物产权买卖。交易平台在 2014 年 1 月 13 日停止交易,导致大量投资人无法提取投资款,公司实际控制人郑某(另案处理)在平台停止交易后携款潜逃。报案投资人共计 1012 名,涉及投资人损失金额 211,597,665.96 元。由于该案涉案人员存在另案处理的情况,本文在案例中省略了另案处理人员的事实表述。参见广东省深圳市中级人民法院(2016)粤 03 刑初 300 号刑事判决书,广东省高级人民法院(2017)粤刑终 482 号刑事裁定书。

裁)构成非集资诈骗罪。[1]

(二)平台方与借款人共同非法集资的行为类型及其性质

我们统计发现,在目前司法裁判中,平台方与借款人通过 P2P 网络借贷"合作"进行非法集资犯罪的比例不高,只占目前全部裁判量的 2.80%。虽然如此,我们不能忽视平台方与借款人共同非法集资犯罪问题的研究,因为这关系到能否有力打击这类犯罪,保护正常的 P2P 网络借贷健康发展的问题。

根据最高人民法院、最高人民检察院、公安部的《14 意见》[2]第 4 条和 2017 年 6 月 2 日《最高检互金犯罪座谈纪要》[3]第 8 条第 2 款的规定,[4]下述行为可以认定为平台方与借款人共同非法集资或者非法集资犯罪,并且根据平台方与借款人在非法集资中的地位、作用确定其刑事责任。

1. 平台方与借款人合谋直接实施非法集资的行为

平台方与借款人构成共同犯罪的情形中,两者合谋直接实施非法集资是最典型的表现形式。2017 年《最高检互金犯罪座谈纪要》第 8 条第 2 款规定的"中介机构与借款人合谋"行为就是平台方与借款人合谋实施非法吸收公众存款行为。平台方与借款人之"合谋",一般可通过客观上之事前有过协商计划、沟通活动等客观行为来推定,[5]如事先商量共同实施非法集资犯罪的具体行为分配等即可推定两者具有共同犯罪故意。如宏飞创投案中,[6]P2P 网络

〔1〕 参见广东省深圳市中级人民法院(2016)粤 03 刑初 300 号刑事判决书,广东省高级人民法院(2017)粤刑终 482 号刑事裁定书。

〔2〕 2014 年 3 月 25 日三机关《关于办理非法集资刑事案件适用法律若干问题的意见》之简称,后同。

〔3〕 此系《最高人民检察院关于办理涉互联网金融犯罪案件有关问题座谈会纪要》(高检诉〔2017〕14 号)之简称,后同。

〔4〕 即中介机构与借款人存在以下情形之一的,应当依法追究刑事责任:(1)中介机构与借款人合谋或者明知借款人存在违规情形,仍为其非法吸收公众存款提供服务的;中介机构与借款人合谋,采取向出借人提供信用担保、通过电子渠道以外的物理场所开展借贷业务等违规方式向社会公众吸收资金的;(2)双方合谋通过拆分融资项目期限、实行债权转让等方式为借款人吸收资金的。在对中介机构、借款人进行追诉时,应根据各自在非法集资中的地位、作用确定其刑事责任。中介机构虽然没有直接吸收资金,但是通过大肆组织借款人开展非法集资并从中收取费用数额巨大、情节严重的,可以认定为主犯。

〔5〕 毛玲玲:《经济犯罪中共同犯罪问题的解决路径》,载《上海政法学院学报》(法治论丛)2017 年第 6 期。

〔6〕 被告人贾某与杨某(另案处理)为帮助被告江苏森森实业有限公司融资,成立宏飞创投网上融资平台,并安排被告人杨某担任宏飞法人代表,被告人余某为宏飞总经理。平台成立后,江苏森森实业有限公司名义在平台上融资。"宏飞创投"2013~2015 年间通过发布虚假借款信息,以高额收益为诱饵,先后向不特定多数人非法吸收资金合计 92,525,191.47 元,用于森森实业公司的投资经营,后以本金、利息及奖励等形式返还部分集资参与人款项合计 44,579,131.69 元。参见江苏省宿迁市宿城区人民法院(2016)苏 1302 刑初 415 号刑事判决书。

借贷平台(宏飞创投)成立即是被告贾某与被告江苏淼森实业有限公司事先协商的结果,目的是为江苏淼森实业有限公司非法集资之用。而平台成立之后,江苏淼森实业有限公司即通过在平台上发布虚假借款信息这种欺诈性融资的非法集资方式吸收公众资金。被告贾某则通过运营平台的方式保证江苏淼森实业有限公司非法集资行为的顺利进行。被告贾某(平台方)与苏淼森实业有限公司(借款人)之间不仅存在共同故意,也存在共同犯罪行为,因此,双方构成非法吸收公众存款罪的共同犯罪。

2. 平台方“明知借款人存在违规情形,仍为其非法吸收公众存款提供服务”的行为

例如,借款人“借款用途为投资股票、场外配资、期货合约、结构化产品及其他衍生品等高风险的融资”是非法集资行为,根据《网络借贷暂行办法》第 10 条规定,平台方“向借款用途为投资股票、场外配资、期货合约、结构化产品及其他衍生品等高风险的融资提供信息中介服务”的行为是被严格禁止的。平台方“明知借款人存在违规情形,仍为其非法吸收公众存款提供服务”的行为(“提供信息中介服务”)是借款人非法集资的帮助行为,故与借款人构成共同非法集资或者非法集资犯罪。已有判例如浙江家家贷案。P2P 网络借贷平台“家家贷”明知借款人黄某、沈某是因为背负巨额债务无力偿还,从而利用平台吸收资金用于还债,仍然为借款人非法集资行为提供服务,最终法院认定平台方与借款人构成共同非法集资犯罪。[1]

3. 双方合谋,平台方向出借人提供信用担保,开展借贷业务等违规方式向社会公众吸收资金的行为

双方合谋,平台方向出借人提供信用担保的行为可以构成非法集资共同犯罪,之前已有判例如山东“美美贷”案。美美贷平台方与借款人合谋,由平台方为借款人提供信用担保,承诺一定期限内还本付息,而借款人将所吸收资金用于线下放贷,最终法院认定平台方与借款人共同构成非法吸收公众存款罪。[2]

需要指出的是,即使没有明确的合谋,但彼此心照不宣,平台方的担保行为也可能构成借款人非法吸收公众存款或者集资诈骗的帮助行为。平台

---

〔1〕 参见浙江省高级人民法院(2016)浙刑终 68 号二审刑事裁定书;浙江省湖州市中级人民法院(2014)浙湖刑初字第 44 号刑事判决书。

〔2〕 参见山东省青岛市城阳区人民法院(2015)城刑初字第 623 号刑事判决书。

的担保行为即平台直接或变相向出借人提供担保或者承诺保本保息的行为。所谓提供担保是指平台向出借人为借款人担保,所谓承诺是指平台向出借人承诺。平台直接或变相向出借人提供担保或者承诺保本保息的实质意义是平台向出借人承担保本付息的责任。即如果借款人出现违约,逾期一定期限之后,借款人对出借人的债务转移给平台,由平台向出借人还本付息。[1] 平台本身实施 P2P 网络借贷担保行为,使平台本身超越了信息中介功能而具有了资金和信用中介的功能,扮演着与传统金融机构同类型职能。[2] 平台方的担保行为是违反《网络借贷暂行办法》第 10 条第 3 项的禁止性规定的行为。如果借款人不构成非法集资行为,则平台方的担保行为只是一般行政违法行为,但是如果借款人构成非法集资(包括非法吸收公众存款和集资诈骗),平台方明知而提供担保,则应构成借款人非法集资的帮助行为。平台方与借款人虽然没有形式上的合谋,但是彼此心照不宣,具有内心上的默契,仍然共同构成非法吸收公众存款罪。

4. 平台方与借款人合谋通过电子渠道以外的物理场所开展借贷业务的方式向公众吸收资金的行为

此即平台方与借款人合谋通过线下方式非法集资行为,也可以构成非法集资共同犯罪。按照《网络借贷暂行办法》合法化的借贷行为只能是借款人通过 P2P 网络借贷平台实施的借贷行为,如果借贷行为超出 P2P 网络借贷平台路径,则不再属于《网络借贷暂行办法》的合法化范围,在非法集资犯罪的判断中也不再适用《网络借贷暂行办法》作为前置法规,而是要回归到传统民间借贷非集资犯罪的前置法规范围。平台方与借款人合谋通过电子渠道以外之物理场所开展借贷业务,实质上已经完全回归至传统民间借贷路径,虽然可能在形式上仍然具有网络借贷平台,但此时的网络借贷平台已经沦为单一的“资金中转站”,失却本来的网络借贷渠道功能。由于不再具有《网络借贷暂行办法》的合法化,此时平台方与借款人合谋通过电子渠道以外的物理场所开展借贷业务,以一定利率向公众吸收资金,完全符合非法

---

〔1〕《北京网络借贷信息中介机构事实认定即整改要求》《上海网络借贷信息中介机构事实认定与整改工作指引表》中都对“直接或变相向出借人提供担保或者承诺保本保息”的行为进行了细化,主要包括承诺由平台自身保本保息、代偿逾期债权、回购债权等直接承诺保本付息;通过设立风险准备金、备付金、客户质保款等各类客户风险保障机制等变相承诺保本保息;股东、实际控制人、董事、监事、高级管理人员及其近亲属以及与受同一实际控制人控制的关联方向客户提供担保、承诺回购或承诺保本保息;为担保机构提供反担保。

〔2〕参见乔远:《刑法视域中的 P2P 融资担保行为》,载《政法论丛》2017 年第 1 期。

集资非法性、公开性、利诱性和社会性的特征,构成非法集资共同犯罪。不过,目前尚未看到此种司法案例。

5. 双方合谋,通过拆分融资项目期限等方式为借款人吸收资金的行为

期限拆分为《网络借贷暂行办法》第 10 条明确禁止的行为,其实质上属于资金归集行为,吸收资金后形成资金池。因此,如果平台方与借款人合谋实施这些行为,则构成非法集资共同犯罪。已有判例如山东"雅阁创投"与孙秀英案,平台方(雅阁创投)与借款人孙秀英合谋吸收资金用于借款人投资煤炭生意,通过融资项目进行期限拆分的方式,由新吸收资金归还出借人本息,[1]就是一种典型的平台方与借款人合谋进行期限拆分融资行为,构成共同非法吸收公众存款犯罪。

6. 双方合谋,通过债权转让方式为借款人吸收资金的行为

根据《网络借贷暂行办法》第 10 条第 8 项的禁止性规定,不允许平台方从事或者接收委托从事"类资产证券化业务或实现以打包资产、证券化资产、信托资产、基金份额等形式的债权转让行为",即无论平台本身还是借款人实质上都不允许通过平台进行类资产证券化的债权转让行为。2017 年 12 月,P2P 网贷风险专项整治工作领导小组办公室《关于做好 P2P 网络借贷风险专项整治整改验收工作的通知》的解释说明中特别指出债权转让行为只有出借人之间的低频次债权转让行为合规,其他类型的债权转让行为因为其存在项目拆分期限错配、直接或间接归集出借人资金等问题,构成非法集资。因此,如果平台方与借款人合谋通过债权转让方式吸收资金的,则平台方与借款人共同构成非法集资犯罪。

值得重视的是,实践中,平台方与借款人合谋通过债权转让行为非法集资的典型表现即是专业放贷人债权转让合作模式。有学者指出这种专业放贷人将债权打包成理财产品等进行类证券化债权转让的行为由"专业放贷人与借款人之间的民间借贷关系"和"专业放贷人与出借人之间的债权转让关系"构成,只要这两个法律关系符合《合同法》的规定,就不会因为两个合法的债权关系组成网络行为之后变成非法吸收公众存款罪,而平台也仅仅只是提供中介服务,也不存在构成非法吸收公众存款罪。[2] 但是其仅看到

〔1〕 参见山东省菏泽市中级人民法院(2017)鲁 17 刑终 35 号二审刑事裁定书,山东省菏泽市菏泽经济开发区人民法院(2016)鲁 1791 刑初 106 号刑事判决书。

〔2〕 参见欧阳本祺:《论网络时代刑法解释的限度》,载《中国法学》2017 年第 3 期。

了债权转让的交易外观,忽视了债权转让行为的类资产证券化本质。[1] 专业放贷人在将投资项目拆分后转让出售以规避金融监管的过程中,[2]因其在时间和金额上拆解债权,在专业放贷人处堆积出借人资金,形成资金池,使专业放贷人构成非法吸收公众存款罪。而平台方因为与专业放贷人合谋采取这种方式为其从事吸收资金行为,从而参与到专业放贷人的非法集资行为中,二者也应当构成共同非法集资犯罪。因此,在专业放贷人债权转让合作模式中,平台方既与借款人又与专业放贷人构成共同非法集资犯罪。

7. 平台方虽然没有直接吸收资金,但是,“通过组织借款人开展非法集资并从中收取费用”的行为

根据《14 意见》第 4 条的规定,[3] 对此可以认定其共同进行非法集资犯罪,而且根据 2017 年《最高检互金犯罪座谈纪要》第 8 条第 2 款的规定,平台方“通过大肆组织借款人开展非法集资并从中收取费用数额巨大、情节严重的,可以认定为主犯”。不过,我们目前还未收集到此类非法集资共同犯罪案例。

8. 借款人明知平台方非法集资后仍与其合作的行为

这里的行为是指借款人在 P2P 网络借贷过程中发现平台方存在非法集资行为之后仍然参与其中的行为,是借款人与平台方合作过程中发生的行为。根据《网络借贷暂行办法》第 13 条规定,借款人已发现网络借贷平台方提供的服务为非法集资行为时依然进行交易的行为是被严格禁止的。虽然 2017 年《最高检互金犯罪座谈纪要》第 8 条没有明确在此情形下借款人与平台方构成共同非法集资犯罪,但根据《网络借贷暂行办法》第 13 条的禁止性规定,借款人明知(“发现”就是“明知”)平台方非法集资而参与,理应与平台方成立共犯。因为《网络借贷暂行办法》第 13 条禁止借款人在“发现”平台方存在禁止性行为之后仍然交易,其中就应当包括借款人发现平台方存在非法集资行为而仍然交易的情形。在这种情况下,借款人明知平台方行为构成非法集资,仍然参与到平台方的非法集资行为之中,起到了促成或者帮助平台方非法集资的作用,因此,与平台方构成共同非法集资的行为。当然,由于 P2P 网络借贷模式越来越多元化和复杂化,普通的借款人并不一定

〔1〕 参见刘宪权、陈罗兰:《我国 P2P 网贷平台法律规制中的刑民分界问题》,载《法学杂志》2017 年第 6 期。

〔2〕 参见郑观:《P2P 平台债权拆分转让行为的合法性之辨》,载《法学》2017 年第 6 期。

〔3〕 即为他人向社会公众非法吸收资金提供帮助,从中收取代理费、好处费、返点费、佣金、提成等费用,构成非法集资共同犯罪的,应当依法追究刑事责任。

完全能否明确每一种模式是否属于非法集资,所以,如果借款人由于自身条件或客观原因对于平台方本质上属于非法集资的行为没有认知,则不宜认为其具有参与平台方非法集资的主观过错,应当排除非法集资共犯的成立。

实践中的确发生了借款人因为明知平台方非法集资后仍与其合作而构成非法集资共犯的案例,如广东陈衡与骆某甲非法吸收公众存款案。[1] 在该案中,骆某甲的 P2P 网络借贷平台虽然在借款人陈衡借款时款项由出借人直接打给借款人账户,在资金第一次从出借人流向借款人的过程中,平台方没有参与资金流转,但在资金返回的过程中,平台方却打破中介地位,参与资金流转,并从中赚取利息差,实际上仍然是一种资金池行为,变相归集了本应直接返还出借人的资金,属于《网络借贷信息中介机构业务活动管理暂行办法》所禁止的非法集资行为,只不过这种归集资金的行为中间多了借款人的共同参与,平台方借着借款人之手延后了归集资金的时间。借款人明知资金没有直接返回出借人账户,而是经过平台方归集后赚取利息差,而仍然继续合作,属于典型的借款人默契配合平台方非法集资的行为,借款人与平台方共同构成非法吸收公众存款犯罪。

值得注意的是,除了以上几种已有明确规定的行为构成双方共同非法集资犯罪行为外,还应包括其他符合共同非法集资犯罪特征的行为。《最高检互金犯罪座谈纪要》第 8 条第 2 款规定的双方"合谋"行为,有的在列举行为类型时用了"等"的表达方式,如"中介机构与借款人合谋,采取向出借人提供信用担保、通过电子渠道以外的物理场所开展借贷业务等违规方式向社会公众吸收资金的""双方合谋通过拆分融资项目期限、实行债权转让等方式为借款人吸收资金的"。其中的"等违规方式""等方式"都意味着还有未尽列举的行为。未尽列举的行为符合共同非法集资犯罪特征的,也应当

---

[1] 案情:被告人陈衡为××汽车贸易公司(××汽贸)法人代表,从事汽车平行进口生意。被告人骆某甲成立××金融服务有限公司(××P2P 平台),设立 P2P 网络借贷平台。陈衡作为借款人与骆某甲的平台方进行合作,购车客户在××汽贸购买平行进口车时,××汽贸收取客户订金后需要自行垫资余款购车,购车后再将车辆销售给客户,而所需余款由××汽贸以借款人身份通过××P2P 平台向社会不特定人进行融资。具体融资程序如下:首先被告人陈衡将客户购车信息和资料报送给××P2P 平台,平台方审核购车信息(包括购车期号、购车型号、借款期限、借款人信息)等资料后扫描上传到××P2P 平台向社会不特定投资人融资,并承诺到期还本付息。出借人通过网上投标,将投资款直接汇入以陈衡名义注册的第三方支付平台账号。每期融资款完成后,陈衡经××P2P 平台授权后再从上述账号提现购车。××汽贸将车辆销售给客户后,再将融资款(汽车销售款)和融资利息按 20% 的年利率付给××P2P 平台,××P2P 平台则按照 12% ~15% 的年利率支付给社会不特定投资人利息,××P2P 平台从中赚取利率差价牟利。参见广东省深圳市宝安区人民检察院深宝检公一刑诉(2017)799 号起诉书,广东省深圳市宝安区人民法院(2017)粤 0306 刑初 1770 号判决书。

认定为共同非法集资犯罪。如为借款人吸收公众存款而合谋发布虚假标的的行为,应当属于此类行为。

四、P2P 网贷中平台方非法集资犯罪认定中的两个深度问题释疑

在平台方非法集资犯罪认定的现实司法中,有两个重要深度问题需要深入讨论:一是如何认定平台方的单位非法集资犯罪,二是如何认定平台方内部非法集资犯罪的共犯。这里分别进行探讨。

(一)平台方单位非法集资犯罪的认定

在认定平台方是否为单位非法集资犯罪的案件中,主要存在如下问题需要研究解决。

其一,在 P2P 网络借贷犯罪中,由于必须有中介平台这一形式上的组织存在,多数情况下必须披着单位的外衣进行,无法单独以自然人进行。那么对于以单位名义进行 P2P 网络借贷犯罪的行为,是否应当以单位犯罪认定?

司法中涉及平台方是否成立单位非法集资犯罪的争议案件较多,但实际判决平台方单位非法集资犯罪的案件并不多。[1] 在多数案件中,法院认定平台方是自然人为进行非法集资犯罪活动而设立公司及搭建 P2P 平台实施犯罪,或者公司、P2P 平台设立后以实施犯罪为主要活动,故认定为自然人犯罪而不以单位犯罪论处。例如,在广东黄建辉非法吸收公众存款案中,法院认为"中源公司设立后,主要是在网上开展 P2P 网络借贷平台(www.zyzib.com),并通过网贷新闻网、百度推广及 QQ 群广告等方式向外宣传该网站的投资获利功能,以年利率 18% ~20.4% 的利息为诱饵对外吸收公众存款"属于"个人为进行违法犯罪活动而设立的公司、企业、事业单位实施犯罪的,或者公司、企业、事业单位设立后,以实施犯罪为主要活动的"的情况,从而不构成单位犯罪。[2] 其他如浙江徐慧非法吸收公众存款案、[3] 深圳邓

---

[1] 我们统计(截至 2018 年 1 月),有 139 个案件涉及平台方是否成立单位非法集资犯罪的争议,只有 11 例构成单位犯罪。

[2] 参见广东省惠州市惠城区人民法院(2015)惠城法刑二初字第 515 号刑事判决书。

[3] 参见浙江省温州市鹿城区人民法院(2016)浙 0302 刑初 302 号刑事判决、浙江省温州市中级人民法院(2016)浙 03 刑终 1896 号二审刑事裁定书。针对上诉人提出单位犯罪的辩护理由,二审法院温州市中级人民法院认为通过 P2P 网络借贷"进行融资与诈骗犯罪犯罪有其特殊性,必定要以单位的名义,仅以个人的名义其犯罪就不能得逞……公司仅是其实行犯罪的平台,借此以实现犯罪目的,故本案不应认定为单位犯罪"。

亮与线某某非法吸收公众存款案、[1]深圳王全江、姚某龙非法吸收公众存款案、[2]江苏梁宏进非法吸收公众存款案、[3]王某甲与李某甲、缪某、张文贡非法吸收公众存款案、[4]浙江翁某某集资诈骗案、[5]山东杨梅峰非法吸收公众存款案、[6]山东王立辉等非法吸收公众存款案,[7]也都认为不构成单位犯罪。但在有的案件中,法院认为被告人以单位名义实施构成单位犯罪。如深圳戴某等案、[8]湖北天力贷案、[9]江苏宏飞创投案[10]等,被告人也是以单位名义实施,但法院认为构成单位犯罪。这些说明对于以单位名义进行 P2P 网络借贷犯罪的行为,是否应当以单位非法集资犯罪认定,不同法院认定不一。

其二,是否可以平台成立的时间作为单位犯罪的区分标准?

一般而言,平台是在公司成立之后,如果公司设立后专门从事 P2P 网络借贷非法集资犯罪活动,以自然人犯罪认定不存在疑问。但是如果公司设立后经过"一段时间"才成立平台,而且利用平台从事 P2P 网络借贷非法集资犯罪活动,是认定为单位犯罪还是个人犯罪?从司法实践来看,不同的法院采取了不同的立场。有的以平台成立于公司设立后"一段时间"而认定单位不是为犯罪目的而成立,从而不刺破"公司面纱"而构成单位犯罪,但是有的却否定构成单位犯罪。前者如前述深圳戴某等案,主流联达公司成立于 2005 年 5 月,而本案案发期间为 2013 年 1 月至 2015 年 7 月,即公司成立 8 年后(2013 年)才开始设立 P2P 网络借贷平台"创富资源网"吸收资金,法院以单位犯罪认定。[11] 后者如广州罗某某等案,广州环宇投资有限公司 2010 年成立,4 年后(2014 年)开设 P2P 网络借贷平台"中大财富"吸收资金,同样属于平台成立于公司设立后"一段时间"的情况,但针对被告方构成单位犯

---

[1] 参见深圳市罗湖区人民法院(2014)深罗法刑二初字第 147 号刑事判决书。

[2] 参见深圳市中级法院(2014)深中法刑二终字第 731 号刑事判决书。

[3] 参见南京市秦淮区人民法院(2014)秦刑二初字第 153 号刑事判决书。

[4] 参见南京市秦淮区人民法院(2014)秦刑二初字第 151 号刑事判决书。

[5] 参见浙江省丽水市莲都区人民法院(2015)丽莲刑初字第 645 号刑事判决书。

[6] 参见山东省庆云县人民法院(2015)庆刑初字第 74 号刑事判决书。

[7] 参见山东省济南市历下区人民法院(2016)鲁 0102 刑初 220 号刑事判决书。

[8] 参见深圳市南山区人民法院(2016)粤 0305 刑初 769 号刑事判决书。

[9] 参见湖北省孝感市中级法院(2014)鄂孝感中刑终字第 00177 号二审刑事裁定书。

[10] 参见江苏省宿迁市宿城区人民法院(2016)苏 1302 刑初 415 号刑事判决书。

[11] 参见深圳市南山区人民法院(2016)粤 0305 刑初 769 号刑事判决书。

罪的辩护意见,法院并没有采纳。[1]

那么如何评价和解决以上问题呢?本文认为应当区分不同情形认定是否构成单位犯罪。

1. 对以单位名义进行P2P网络借贷非法集资犯罪行为的区分认定

P2P网络借贷中的非法集资犯罪必须有网络借贷平台这一形式上的组织存在,无法以自然人名义进行。以单位名义进行P2P网络借贷非法集资犯罪的行为,有的可以认定为单位犯罪,而有的可以认定为个人犯罪。

2017年《最高检互金犯罪座谈纪要》第21条具体明确了互联网金融中单位犯罪的认定条件,即同时具备"犯罪活动经单位决策实施""单位的员工主要按照单位的决策实施具体犯罪活动""违法所得归单位所有,经单位决策使用,收益亦归单位所有"三个条件。因此,对于以单位名义进行P2P网络借贷非法集资犯罪的行为,如果具备这三个条件的,如无特别情形,应当认定为单位犯罪;如果虽然具备这三个条件但是有特别情形,或者根本不具备这三个条件,则应当认定为自然人个人犯罪。

这里的特别情形,是指为了非法集资而成立单位,或者单位成立后以非法集资为主要活动两种情形。如果具备单位犯罪的三个条件,而且无这两种特殊情形,应当认定为单位犯罪。如在前述深圳戴某等案中,涉案单位主流联达公司成立于2005年5月,而本案案发期间为2013年1月至2015年7月,无证据证实主流联达公司系为犯罪而成立,或成立后以犯罪行为为主要活动,法院认为各被告人以单位名义实施犯罪,符合单位犯罪的法律特征,应以单位犯罪认定。该判决遵循的就是这一逻辑,应予肯定。

具备这三个条件但是有特别情形的情形,是指虽然具备这三个条件,但是单位是为了非法集资而成立,或者单位成立后以非法集资为主要活动的情形。虽然具备单位犯罪的三个条件,但是如果为了非法集资而成立单位,或者单位成立后以非法集资为主要活动,仍然应当认定为自然人个人犯罪(见《99解释》第2条)。如前述山东王立辉等非法吸收公众存款案,行为人以单位(北京某公司山东分公司)名义非法吸收公众存款(其中包括P2P方式),且吸收资金大部分归分公司支配,但是,法院认定分公司是为非法集资而设立,而且设立后主要从事非法集资活动,因此,没有采纳有的辩护人主张本案构成单位犯罪的意见,以个人共同犯罪认定,这是值得肯定的。当

〔1〕 参见广东省广州市中级人民法院(2015)穗中法刑二初字第188号刑事判决书。

然，如果本案不是认定分公司为非法集资而设立，或者分公司设立后主要从事非法集资活动，则完全可以认定其分公司构成单位犯罪。

根本不具备这三个条件的情形，一是指完全不具备的情形。个人在 P2P 网络借贷中非法集资必须有网络借贷平台这一形式上的单位存在，否则无法进行。而个人根本不是单位，完全不具备单位的条件，自然完全不具备单位犯罪的条件。如果个人"盗用单位名义"，将平台作为个人非法集资犯罪的手段，那么在此情形下的行为属于最高人民法院《99 解释》[1] 中规定的"盗用单位名义实施犯罪"的情形（见《99 解释》第 3 条），应当认定为自然人个人犯罪。如前述浙江徐慧案，被告人徐慧以公司的名义从事网络贷款平台非法融资，法院认定为个人犯罪是妥当的。如此，可以保护单位，避免单位沦为自然人犯罪的利用工具。二是指不完全具备的情形。如虽然"犯罪活动经单位决策实施""单位的员工主要按照单位的决策实施具体犯罪活动"，但是"违法所得"不是"归单位所有"，而是"归个人所有"，那么也应当认定为自然人个人犯罪。

2. 对公司设立后经过"一段时间"才成立平台的 P2P 网络借贷非法集资犯罪行为的区分认定

公司设立后经过"一段时间"才成立平台的 P2P 网络借贷非法集资犯罪行为也存在差别。例如，有的可能是平台成立后公司即以通过平台吸收资金为主要业务，有的可能是平台成立后经过一定时间公司才以通过平台吸收资金为主要业务；有的可能以通过平台非法吸收资金为主要业务，有的可能以通过平台非法吸收资金为次要业务；有的可能是违法所得经由个人账户为个人控制，有的可能是违法所得由公司控制等。但是根据 2017 年《最高检互金犯罪座谈纪要》的规定，认定 P2P 网络借贷单位犯罪的实质标准是符合"犯罪活动经单位决策实施""单位的员工主要按照单位的决策实施具体犯罪活动""违法所得归单位所有，经单位决策使用，收益亦归单位所有"等三个条件。按此规定，单位犯罪的认定根据是决策模式、行为模式、资金归属，而不是平台的成立时间，也不是平台实施非法集资犯罪的时间。按此推论，排除单位犯罪而认定个人犯罪的标准则是行为出于"个人意志"而不

---

〔1〕 此乃 1999 年 6 月 25 日最高人民法院《关于审理单位犯罪案件具体应用法律有关问题的解释》的简称，后同。截至 2017 年 9 月 22 日，最高人民法院已经废除 12 批司法解释和司法解释性质文件，但是《99 解释》未在其中，目前仍然具有执行效力。

是单位意志、行为结果"归属个人"而不是归属单位。

但是,细心考察不难发现,在单位犯罪与个人犯罪区分的问题上,2017年《最高检互金犯罪座谈纪要》与最高人民法院《99解释》规定的侧重点有所不同。前者重在规定单位犯罪,规定了认定为单位犯罪的三个标准,对于个人犯罪认定只是规定了一种情况;[1]后者重在规定个人犯罪,规定了认定为个人犯罪的三种情形,但是对于单位犯罪的认定则没有提及。可以认为,这两个解释对于单位犯罪与个人犯罪的区分具有互补性。因此,在对公司设立后经过"一段时间"才成立平台的P2P网络借贷非法集资犯罪行为是否构成单位犯罪的认定,需要将2017年《最高检互金犯罪座谈纪要》与最高人民法院《99解释》的规定结合起来。据此,我们对于在对公司设立后经过"一段时间"才成立平台的P2P网络借贷非法集资犯罪行为是否构成单位犯罪的认定可以分别以下不同情形分别认定。

(1)平台成立后不论何时,公司以通过平台非法吸收资金为专门或者主要业务的(这意味着从事信息中介服务少于非法吸收资金活动),根据《99解释》单位成立后"以实施犯罪为主要活动的"的标准认定为个人犯罪;公司以通过平台非法吸收资金为次要业务的(这意味着从事信息中介服务多于非法吸收资金活动),而且符合2017年《最高检互金犯罪座谈纪要》规定的成立单位犯罪的三个标准,认定为单位犯罪。

(2)平台成立后不论是否以单位名义,违法所得经由个人账户为个人控制的,根据《99解释》"盗用单位名义实施犯罪"的标准认定为个人犯罪;违法所得由公司控制的,根据2017年《最高检互金犯罪座谈纪要》规定的成立单位犯罪的三个标准,认定为单位犯罪。

总之,P2P网络借贷中单位非法集资犯罪的认定标准在于对"犯罪活动经单位决策实施""单位的员工主要按照单位的决策实施具体犯罪活动""违法所得归单位所有,经单位决策使用,收益亦归单位所有"等三个条件的符合性判断,并且不具有最高人民法院《99解释》中否定单位犯罪的三种情形之一。如果符合上述三个条件,并且不具有最高人民法院《99解释》中否定单位犯罪的三种情形之一的,则可以认定为单位犯罪;反之,则认定为个人犯罪。前述司法实践中,对于貌似相同的P2P网络借贷中的非法集资犯罪没有作绝对相同的单位犯罪或者个人犯罪的认定,具有合理性。

---

[1] 即"单位设立后专门从事违法犯罪活动的,应当以自然人犯罪追究刑事责任"(见第21条)。

（二）平台方内部人员非法集资犯罪共犯的认定

司法实践中，在认定平台方构成非法集资犯罪的前提下，不管是认定为单位犯罪，还是认定为平台方自然人共同犯罪，都存在平台方内部人员是否成立非法集资犯罪共犯的认定问题。这是对于平台方非法集资犯罪认定中的延伸性问题，也是其中的深度问题。平台方内部共同非法集资犯罪认定的症结问题在于身份对于共同非法集资犯罪成立是否具有决定意义。如果是普通员工是否都不成立共同非法集资犯罪，如果是“高层管理人员”是否都成立共同非法集资犯罪。例如，在深圳明悦达公司案中，刘某甲和冯某是普通员工（客服），法院认定其构成非法吸收公众存款罪的共犯。[1] 但是在深圳市富达亚公司案中，朱某与杨某同样是普通员工（客服），法院不以非法吸收公众存款罪的共犯认定，只是作为证人。[2] 又如，在前述广东黄建辉案件中，刘某乙是公司法人代表，法院将其排除在非法吸收公众存款共同犯罪之外。[3] 但浙江徐芳等案中，被告人叶某甲也是公司法人代表，法院认定叶某甲与徐芳等构成非法吸收公众存款罪的共犯。[4]

应当说，分析 P2P 网络借贷平台方的人员组成，对于认定涉案行为人是否成立非法集资犯罪共犯具有一般性参考意义。目前已有学者对 P2P 网络借贷平台方的人员组成进行解剖。如金善达的“二分法”将平台方人员分为普通员工与非普通员工两类。[5] 李永升教授等的“三分法”根据身份将平台方人员分为企业高级管理人员、一般中层管理人员和普通公司员工三类。[6] 张佩如的“四分法”将平台方人员分为“高层”人员、“中层”人员、“一般”人员和“普通”人员四个层次。[7] 本文

[1] 参见广东省深圳市南山区人民法院（2016）粤 0305 刑初 117 号刑事判决书。

[2] 参见广东省深圳市宝安区人民法院（2016）粤 0306 刑初 2342 号刑事判决书。

[3] 参见广东省惠州市惠城区人民法院（2015）惠城法刑二初字第 515 号刑事判决书。

[4] 参见浙江省瑞安市人民法院（2015）温瑞刑初字第 247 号刑事判决书。

[5] 普通员工包括负责技术维护、活动筹办、账目记录、项目宣传、员工工资发放等人员，非普通员工包括公司法定代表人、实际负责人、股东等人员。参见金善达：《网络非法集资的刑法治理：误区、困境与矫正》，载《福建警察学院学报》2017 年第 3 期。

[6] 企业高级管理人员包括企业负责人、法定代表、股东，一般中层管理人员即部门经理，普通公司员工即普通业务人员。参见李永升、胡冬阳：《P2P 网络借贷的刑法规制问题研究——以近三年的裁判文书为研究样本》，载《政治与法律》2016 年第 5 期。

[7] “高层”人员是属于建立平台、控制并支配资金使用的人员，“中层”人员是属于领取酬劳并具有事务管理权的人员，“一般”人员是属于领取酬劳并具体执行主要事务的人员，“普通”人员是属于领取酬劳并执行其他事务的人员。其中“一般”人员与“普通”人员的区分主要在于执行的是制发假标、财务管理等核心事务，还是执行客服、记账等纯粹性事务。参见张佩如：《P2P 网路借贷犯罪实证分析》，载《中国检察官》2016 年第 11 期。

在参考这些分类的基础上,根据不同人员在 P2P 网络借贷平台中职务角色与权力功能的不同,将平台方人员划分为 2 个类别 4 个层次,如表 4 所示。

表 4　平台方人员组成类型

类型		划分依据	具体职务表述
管理类	高层管理人员	职务角色与权力功能	主要包括平台实际控制人、实际经营人、实际出资人、临时交接负责人、法人代表、公司负责人、股东、董事长、总经理、执行董事、执行总裁、董事长助理等
	中层管理人员	职务角色与权力功能	包括运营主管、客服主管、财务主管、技术主管、行政主管、业务主管、风控主管等
员工类	核心员工	权力功能	主要包括出纳人员、会计人员、发标人员、制标人员等
	普通员工	权力功能	主要包括从事后勤、客服、记账等纯粹事务性工作人员

上述对平台方人员构造的类型划分,对于认定涉案行为人是否成立非法集资犯罪共犯的一般性参考意义在于:管理类人员一般可能成立非法集资犯罪的共犯,而普通员工则一般可能不成立非法集资犯罪的共犯。但是在具体案件中,不能唯身份论。根据刑法的规定,涉案人员是否成立共犯应当根据其主客观情况判断,尤其是根据其在参与 P2P 网络借贷非法集资中所起到的实际作用来确定。因此可能存在在平台中的身份与其在 P2P 网路借贷平台犯罪中的实际作用不符的情况。例如,在浙江"全民贷"案中,被告孙炯权的职务是客服,只是属于普通员工,但是由于被"授予一定的管理权限",协助"管理全民贷公司及工作人员",[1]则其在"全民贷"非法集资中所起的实际作用当然不能以普通员工身份来衡量。又如,前述广东黄建辉案中,挂名股东刘某甲和挂名法人代表刘某乙虽然名义上是"高层管理人员",但是并没有参与对平台的实质管理,也未参与实际控制人黄建辉的非法集资活动,法院将其排除在非法吸收公众存款共同犯罪之外,只认定实际控制人构成非法吸收公众存款罪。[2]

那么平台方共同非法集资犯罪中的共犯具体应当如何确定呢?可以从行为人类型分别考虑。

〔1〕 具体参见浙江省杭州中级人民法院(2016)浙 01 杭初 36 号刑事判决书。

〔2〕 参见广东省惠州市惠城区人民法院(2015)惠城法刑二初字第 515 号刑事判决书。

1. 对于管理类人员的确定

这应当根据其是否实际参与 P2P 网络借贷非法集资确定。如果实际参与 P2P 网络借贷非法集资,他们一般是非法集资的筹划、组织者,在参与 P2P 网络借贷非法集资中所起到的实际作用是主要作用,理应构成共同犯罪。但是如果只是徒有其名,没有实际参与 P2P 网络借贷非法集资,那么就应当排除在共同非法集资犯罪之外。如上述广东黄建辉案中的刘某乙就是后一种情况,法院没有认定其构成非法吸收公众存款共同犯罪,这是应当肯定的。但是上述浙江徐芳等案中,被告人叶某甲虽然是公司法人代表,但其仅仅是名义上的法人代表,并没有参与对平台的实质管理,也没有资金处理权限,也是后一种情况,但是,法院认定叶某甲与徐芳等构成非法吸收公众存款罪的共犯。我们认为这是以身份定共犯,不可取。

2. 对于员工类人员的确定

司法实践中,共犯认定难问题主要存在于员工类人员。这类人员是非法集资的筹划、组织人员以外的人员,即具体执行人员。对于非法集资的筹划、组织人员而言,不存在共犯认定难问题。因为如果构成共同犯罪,这种人员应当首先是共犯,而且是主犯。因此,应当把目光聚焦于非法集资的筹划、组织人员以外的具体执行人员,即员工类人员。对于这些人员我们可以从行为人的主观方面和客观方面两个方面去把握,认定是否成立共犯。

(1) 主观方面,应当考虑 P2P 网络借贷平台相关执行人员是否具有共同非法集资的主观故意。根据刑法关于共同犯罪的规定,认定行为人是否成立非法集资的共犯,需要首先看其是否具有非法集资的共同故意。对于具体执行人员而言,由于只是做局部工作,完成个别任务,对于行为未必具有全局性认识,即未必知道是非法集资。因此,认定其是否成立非法集资犯罪的共犯需要考虑其是否具有共同非法集资的主观故意。如果具体执行人员明知平台实际控制人从事非法集资活动而为之,可以认为具备认定为共犯的主观条件,否则不能认定为共犯。例如,执行人员明知平台进行非法集资而制作虚假标的的发标人员,就具备认定为共犯的主观条件,具有认定为共犯的可能性。如果执行人员不明知系非法集资,就不能对其认定为共犯。同时严格限定通过推定认定主观故意。例如,对于不存在故意编造、伪造行为内容或者不明知真伪、仅执行职责内事务而事实上参与了 P2P 网络借贷平台非法集资活动的人员,不能推定具有非法集资的共同故意。

(2) 客观方面,如果认定具体执行人员具有共同非法集资的主观故意,那么应当进一步考虑其在参与 P2P 网络借贷非法集资中所起到的实际作用据实认定。对于共犯的认定来讲,在理论上无论是持行为共同说、犯罪共同说还是部分犯罪共同说,共犯的成立均以具有共同行为为前提。在 P2P 网络借贷非法集资犯罪案件中,对于共同犯罪的范围认定应当根据不同情形,区别对待。对那些与高层相勾结或者主观明知平台进行非法集资,同时实施虚假宣传、制作虚假标的、转移集资资金、掩盖资金去向等非法集资行为的执行人员,由于在非法集资中起到了重要作用,可以认定构成共犯。但是对纯粹负责客服、技术维护、记账、接待等纯粹事务性行为的普通员工,由于在非法集资中起到的作用有限,不宜认定构成共同犯罪。[1]

根据《刑法》第 13 条的规定,对于情节显著轻微危害不大的行为人,可以不作为犯罪处理,也就不作为共犯认定。其中的普通员工,虽然在客观上参与了非法集资中某个环节或某个层面的活动,但其意志和行为在一定程度上具有“不由自主”的特性,客观上起到的作用较小,主观上的恶性也较小。如果不加区别,将大量普通员工认定为共犯,就与宽严相济的刑事政策不符。尤其是 P2P 网络借贷是一个新兴事物,一般普通员工对其中的非法集资行为认识不够清晰,其反社会心理并不明显。对其认定为共犯与刑法的谦抑原则不符,相反有刑法过苛之嫌。因此,在 P2P 网络借贷非法集资共同犯罪的认定中,应当尽量缩小打击面,把打击重点放在那些客观上起到的作用较大、主观上恶性也较大的行为人。相应地,对于客观上起到的作用较小、主观上的恶性也较小的普通员工,保持司法克制,不作为共犯认定。

据上,前述浙江“全民贷”案中,被告孙炯权的职务是客服,虽然只是属于普通员工,但是,由于被“授予一定的管理权限”,协助“管理全民贷公司及工作人员”,其在“全民贷”非法集资中所起的实际作用已经超过了一个普通员工应有的作用,法院认定其构成非法吸收公众存款罪的共犯是恰当的。前述深圳市富达亚公司案中,朱某与杨某只是普通员工(客服),在参与 P2P 网络借贷非法集资中所起到的实际作用非常有限,法院对其只是作为证人,而不以非法吸收公众存款罪的共犯认定也是恰当的。但是,在深圳明悦达公司案中,刘某甲和冯某是普通员工(客服),在参与 P2P 网络借贷非法集资中所起到的实际作用又没有超过一个普通员工应有的作用,法院认定其构成非法吸收公众存款罪的共犯,则是值得商榷的。

---

〔1〕 参见张佩如:《P2P 网络借贷犯罪实证分析》,载《中国检察官》2016 年第 11 期。

互联网金融的回应型监管：以 P2P 网贷行业为例[*]

肖　宇[**]

内容提要　P2P 网贷行业在我国经历了爆发式增长、鱼龙混杂和频繁爆雷几个阶段，对部分地区的金融安全和甚至社会稳定造成了影响。监管要给金融创新发展的空间，但并不意味着监管缺位，P2P 行业的发展就是教训。金融市场是必须被监管的市场，监管不能做消极的守夜人，而是需要回应市场的新变化，动态监管，审慎作为。回应型监管理论可以为 P2P 等金融创新行业的监管提供参考。大监管的理念，政府作为监管主体，应明确监管部门，同时重视政府与行业协会监管的合作，以及强化企业的自我监管。监管措施的多元化，分级监管，正面支持与负面处罚并用。另外，对监管主体也应分类监管，将监管的重点集中于不良主体，对表现良好的主体提供激励机制。

关键词　P2P 网贷行业　回应型监管　大监管　双重金字塔　分类监管

近年来，P2P 网贷行业在我国经历了爆发式增长、鱼

---

[*] 本文已发表于《探索与争鸣》杂志 2018 年第 10 期，特此声明。

[**] 华东政法大学国际金融法律学院 副教授，硕士生导师。

龙混杂和频繁爆雷几个阶段。网贷平台有助于借款人和出借人在平台上直接成交,无需金融中介机构,是互联网金融脱媒化的典型代表,在我国网贷平台部分是由民间融资机构转换而来,降低了信息传播成本,触及了大量原无法接触贷款的人群,借助网络平台迅速发展起来。但近期部分平台的控制人跑路,涉及的投资金额动辄上百亿元,让部分投资人血本无归,甚至对部分地区的金融安全和社会稳定造成了影响。

P2P 的商业逻辑是有缺陷的,它没有解决信息不对称的问题,很多情况下,投资人投的是次级贷款,却是没有风险承受能力的普通投资者,很多平台只能用更高的利率,去覆盖可能的违约风险,这是不可持续的商业逻辑。[1] 在经济下行和金融市场整治的背景下,发生展期、逾期、停业清盘、提现困难、实际控制人跑路等现象,不可避免。在监管方面,从 2007 年我国有第一家网贷公司拍拍贷,到 2016 年银监会等四部委出台了《网络借贷信息中介机构业务活动管理暂行办法》,近十年间网贷行业基本属于无准入门槛、无行业标准、无监管机构的三无行业,平台公司几千余家,金额上万亿,如此庞大的行业不受监管约束,积累到一定的时期出现行业系统性风险,也是必然的。而后在整治中,运动式执法"一刀切"整顿,平台合法性的长时间不能确认,也带来了很多问题,部分资质较好的平台在黎明前的黑暗中挣扎,盼望尽快得到合法性确认以度过寒冬。那么,对于层出不穷的互联网金融创新,监管该如何应对?本文拟借鉴回应型监管的理论框架,为互联网金融行业的监管构建提供参考。

回应型监管理论由伊恩·艾尔斯和约翰·布雷斯维特两位学者在《回应型监管:超越放松监管的争论》[2]一书中提出,经过 20 多年已发展成为国际上监管治理领域颇有影响力的理论。该理论以构建政府与非政府合作型监管模式,构建"大监管"的理念,提出多方合作机制、行业和企业自我监管、分类监管等监管策略。本文结合 P2P 行业的特点和发展中存在的问题,从监管的介入时点、监管的主体、监管措施的策略等方面提出以下的建议。

---

〔1〕 许小年:《我为什么这么不看好 P2P》,载财新网,http://opinion.caixin.com/2015-09-24/100855827.html,2018 年 10 月 6 日访问。

〔2〕 See Ian Ayres, John Braithwaite, *Responsive Regulation: Transcending the Deregulation* Debate. Oxford University Press,1992.

一、金融创新发展中监管不能缺位

创新是发展的动力，监管要给金融创新发展的空间，但并不意味着在其发展中就要缺位。当星星之火已经燎原，行业带病发展到"太多连接而不能倒""太快速而不能倒"[1]的时候，再去处理危机成本就更高。罔顾国情而盲目追求所谓的"金融民主化"，可能导致投资者保护问题，甚至引发金融系统性风险和社会稳定问题。[2] 需要动态监管，回应监管。

以 P2P 行业为例，在 2016 年的风险整治的工作中，对全国的 4000 多家平台，进行风险排查，银监会先会同工信部、公安部、工商总局、国家网信办，以及第三方统计机构、行业自律组织，利用行业信息库、大数据检索、工商注册信息、接受举报等方式，汇总形成网贷机构基本数据统计。然后，将这些数据发送给各省政府。各省政府再以此为基础，综合采用公告确认、电话联系、现场勘查、高管约谈等方式，对统计的内容逐一核实，并要求机构法定代表人或高级管理人员等对核实后的信息进行签字确认，做到"一户一档"。工商登记为网贷机构的，或实践中以网贷名义开展经营活动的，都会被纳入排查范围。[3] 工作量巨大且繁杂，处置难度也很大，且已经出现了大量的投资人利益受损，无法补救。无论对遭受损失的投资人、行业的声誉，还是监管成本，都是成本巨大。金融风险是有传导性的，金融市场是必须被监管的市场，监管不能做消极的"守夜人"，而是需要回应市场的新变化，动态监管，审慎行为。因此，对于金融创新，监管需要及时介入。

在行业刚开始发展阶段，备案登记，是监管介入的适当抓手。P2P 行业在美国的发展中，没有监管真空阶段。在联邦层面，P2P 受到美国证券交易委员会（SEC）的监管，有严格的信要求；在州的层面，平台还要遵守各州不同的监管法规，美国的网贷发展也出现过一些问题，但不像中国那么严重。通过登记备案，监管部门可以对行业的规模和状况有比较全面和准确的了解，可以形成行业大数据。但数据仅是监管的基础，还需要适当的监管措施。

为了解决创新突破与监管滞后的矛盾，沙盒监管提供了可探索的中间道路。英国金融行为管理局（FCA）提出的监管沙盒是指在一个相对可控

[1] 参见许多奇：《互联网金融风险的社会特性与监管创新》，载《法学研究》2018 年第 5 期。
[2] 参见黄辉：《中国股权众筹的规制逻辑和模式选择》，载《现代法学》2018 年第 4 期。
[3] 参见彭冰：《P2P 网贷长效监管机制亟待建立》，载《经济参考报》2016 年 10 月 25 日，第 8 版。

的空间内,企业测试其产品、服务、商业模式和支付机制,而不会遭到违反现有法规的处罚。FCA 对测试过程进行监控并评估,判定是否授权其合法性,并决定是否在沙盒之外推广。[1] 我国实践中的自贸试验区等可以看作"沙盒监管"的表现。不少网贷平台的操作方式是可能适用我国刑法中非法吸收公众存款罪和非法经营罪等相关规定的,在调研中发现,整治之前,就有平台的创立者也对正常的网贷行为是否合法产生怀疑,但实践中法律的执行,在市场火热的阶段,和整治阶段的标准是不同的,创业者对自己行为的法律后果不能确定,甚至有些身陷囹圄,这会严重损害创业者的积极性,也损害法律的可预期性与稳定性。因此,在一定的范围内给予市场主体的法律责任豁免,对监管主体监管责任的豁免,对鼓励市场创新、监管主体及时出台回应型监管政策都有重要的意义,是突破创新与监管悖论的可行路径。

二、构建"大监管"的主体:政府、自律组织和企业自身

回应型监管理论的核心在于构建政府与非政府合作的监管模式,形成"大监管"。大监管的主体不仅是政府,还将行业协会等社会组织和被监管对象也作为监管主体。把他们视为监管主体,可以促使他们更积极主动地承担社会责任,实现良好的监管效果。[2]

首先,政府作为监管主体,应明确监管部门。我国采用分业监管的模式,在金融创新出现时,对其模式的认知程度有限,很难准确地判断行业归属,容易形成监管真空。调研中发现,P2P 行业相当长的阶段处于监管机构无人认领的状态,不愿扼杀创新也不愿承担责任,而自 2016 年整顿以来,一些互金机构的负责人,每天的工作就是应对人民银行、金融办、银监会和证监会等各监管机构的轮番检查,很多是重复工作,耗用了大量的监管资源和市场资源。当前成立的金融稳定委员会统一协调各部委间的金融监管事宜,建议下设立金融创新监管专业委员会,对层出不穷的金融创新进行监管分工,并进行沙盒监管的试点。

其次,重视政府与行业协会监管的合作,以及强化企业的自我监管。在回

---

〔1〕 参见张红:《监管沙盒及与我国行政法体系的兼容》,载《浙江学刊》2018 年第 1 期。

〔2〕 参见杨炳霖:《监管治理体系建设理论范式与实施路径研究:回应性监管理论的启示》,载《中国行政管理》2014 年第 6 期。

应型监管理论中，提出要将部分监管权，如规则制定、监督处罚权让渡给企业，然后政府再对企业的规则和自我监督行为进行监督。有学者认为，需要在立法机构、监管机构和被监管机构之间合理分配规则的制定权。[1] 市场的自治能力越强，政府需要做的就越少。当前互联网金融的领头企业，如蚂蚁金服、腾讯金融等，其内部治理能力非常强，他们对一些行业规则和监管标准的形成提供了重要参考。当然，也要防止领头企业对标准制定的垄断，侵害其他竞争企业和广大消费者投资者的利益。行业协会可以发挥重要的协同监管的作用，以自律监管为主，以政府监管为辅，政府负责重大风险，行业协会负责一般风险。私募股权基金业曾与 P2P 行业发展的路径类似，二十多年的监管权不明晰，导致市场混乱，直到 2014 年确立了证监会的管辖权，并授权基金业协会备案和自律监管。自登记备案制度实施以来，从统计的数据来看，行业规模持续增长、集中度有所提高，市场认同度得到显著提升，[2] 虽然市场也还存在问题，整体而言行业协会对市场的规范与有序起到了重要的积极作用。网贷的行业协会也可以在登记备案和自律管理中发挥重要作用。

三、监管措施的多元化，分级监管，正面支持与负面处罚并用

回应型监管反对“一刀切”，把监管对象根据风险大小进行分级，对不同类型的企业采取不同的监管强度和手段，即针锋相对法（tit-for-tat），注重监管措施的多元化。这些措施可以由政府和行业组织共同适用。

首先，监管措施由软到硬，先使用软措施，再逐步提高监管强度，警告、民事处罚，最后再上升到严厉的刑事处罚和市场禁入。政府的劝说警告是温和的大炮（the benign big gun），因为背后有大炮即政府威权，温和的说话也会很有威慑力，柔性的手段效果可能更好。以中国证监会为例，当前的实践中使用了不少“非行政处罚性监管措施”，责令改正、监管谈话、出具警示函、公开谴责等，这些监管措施强化了声誉约束，更有针对性和及时性，有良好的实施效果。

其次，监管措施不仅是负面的处罚，也可以是正面的支持与鼓励，如表扬、奖励和提供培训等。激励措施可能比负面处罚更为有效，布雷斯维特等

[1] 参见周仲飞、李敬伟：《金融科技背景下金融监管范式的转变》，载《法学研究》2018 年第 5 期。

[2] 参见宋佳儒、肖宇：《我国私募基金登记备案制度施行实证研究》，载郭锋、邢会强主编：《金融服务法评论》（第 9 卷），法律出版社 2018 年版。

提出用“支持性金字塔”(pyramid of support)补充“惩罚性金字塔”(pyramid of sanction),遇到问题时政府先采用积极手段,当都不起作用过后再转向惩罚性手段,从弱到强,依级提高强度。[1] 另外,监管主体也需要保护和激励,当有所作为可能犯错,而不作为无需承责时,就容易出现懒政的现象,需要一定的豁免来保护履行监管行为的人士,并提供激励机制,让监管者愿意为金融创新跟进和调整监管措施。这样,监管机构与市场主体之间的紧张关系得到缓解,可以激发出市场主体的自我纠正意识,形成与监管合作的更好的网状治理效果,如图1所示。

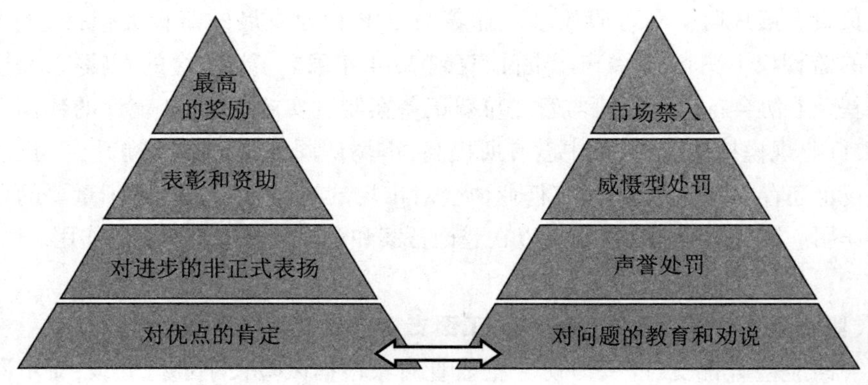

图1　双重金字塔

除了监管措施的多元化,对监管主体也应分类监管,将监管的重点集中于不良主体,对表现良好的主体提供激励机制。在调研中发现,一些资质较好的网贷平台由于备案时间被多次拖延,影响合法地位的认定,在当前整体平台名声不好、经济下行的背景下,投资人急于撤资,员工也不断流失,合法性得不到及时承认,甚至可能让大多数平台熬不过黎明前的黑暗。他们认为,对表现良好的平台,应与违法平台区别对待,尽快给予备案认可,这是对他们的监管激励。这样,优质的网贷平台才能在大浪淘沙中存活下来,为今后该行业的持续健康发展提供优质的基因。金融创新总是有成本的,P2P行业市场和监管都已付出巨大的成本,希望该行业能重塑监管体系,浴火重生,实现持续与健康的发展,并为金融领域的其他创新的监管提供参考。

---

〔1〕 J. Braithwaite, V. Braithwaite, M. Cookson, L. Dunn, *Anomie and Vilence: Non-truth and Reconciliation in Indonesian Peace Building*, Canberra: ANU Press, 2010.

新常态下金融风险防控法律机制问题研究

杨欣荣*

内容提要 习近平在谈经济与金融的辩证关系时认为,经济是肌体,金融是血脉,两者共生共荣。随着我国社会主义市场经济进入发展的新常态,金融领域也受其影响,金融模式发生变化,新类型金融产品和融资形式相继涌现,金融行业陆续出现债权资金回收困难等问题,如不有效地防控,会带来严重的后果乃至引发金融危机。

习近平总书记在党的十九大报告中提出要坚决打好三大攻坚战,其首战就是要防范化解金融风险。在经济新常态下,建立协调统一、持续可行的法律机制,遏制金融乱象,有效地防控金融风险,是本文主要讨论的内容。通过对金融风险防控法律机制的建立和完善,以进一步约束和规范我国金融秩序,为我国市场经济的良性发展提供保障。

本文共四个部分:第一部分重点解析在经济新常态背景下的金融风险的定义及其特征;第二部分从法律机制角度,分析了现有的金融风险防控现状及问题成因;第三部分对完善金融风险防控法律机制提出建议;第四部分为结语。

---

* 四川省达州市大竹县人民法院民一庭法官助理。

建立健全金融风险防控法律机制:首先,要坚持与时俱进原则,不断完善金融立法。在上下级、部门间要做到立法的协调、统一。其次,建立一套行之有效的金融监管机制势在必行,杜绝权责乱用,严厉打击失职渎职行为。最后,人民法院要加强金融审判工作,防范金融风险,维护金融市场良好秩序。

本文的创新之处在于:大多数研究金融风险防控措施、对策方面的调研和论文均停留在加强立法和监管层次,本文重点从人民法院加强金融审判,延伸司法审判职能角度论述了新常态下金融风险防控法律机制的建立完善。一是提升金融审判队伍水平,建立专业审判团队和专门的金融法院,促进金融审判事业持续发展;二是建立专项审判、执行联动机制,进一步统筹协调;三是完善类案文书平台,弥补因地域不同、法官理解不同,法律适用方面存在的偏差;四是完善金融审判与金融监管联动协作机制,为金融行业提供有力的司法帮助;五是加强金融知识普及和金融审判司法宣传,努力营造良好的社会法治环境和诚信环境。

关键词 金融审判 金融风险 防范化解 法治体系

近年来,中国经济发展进入了新常态时期,经济增速放缓,从高速转为中高速,增长趋势平稳向好,经济增长方式发生转变,但总体尚需要进一步提质增效,实现转型升级。金融作为我国市场经济的核心,也是国家实现宏观调控的重要手段和杠杆。由于国内外经济整体形势下滑,给国内实体经济带来冲击,加之我国金融监管体系及金融法治体系仍处于不断完善阶段,故此,我国金融现状背后潜藏着的金融风险必须引起注意,其最终可能波及实体经济乃至整个社会,因而具有极大的破坏力。在经济新常态下,要建立协调统一、持续可行的法律机制,务求实效地防控金融风险,拿下三大攻坚战首战,促进我国社会市场经济新秩序的健康发展,这在当前是一项战略性、首要性、根本性任务。

一、新常态下的金融风险

金融风险顾名思义,意为与金融有关的风险,是指在经济运行过程中,由于经济主体的策略失误等原因,使金融行为的最终收益较期待收益存在一定的落差而带来的经济损失。金融风险又包括金融市场风险、金融产品风险、金融借贷风险等。而金融风险的发生也随之带来金融行业的混乱,严重的甚至可能影响到整个国民经济的稳定性，引发金融危机，因此必须重视控制与防范金融风险。

（一）金融风险的类型

金融风险根据构成层次分为宏观金融风险和微观金融风险。宏观金融风险具有系统性，如汇率波动、财政赤字；微观金融风险，主要指金融主体实际活动中承担的各类风险，比如行业内部管理纰漏、资金周转不利、资金链断裂等问题。

（二）金融风险的特点

金融风险具有不确定性、可测性、可传染性、高杠杆性、可控性和相关性等特点。由于早些年我国市场经济一味地追求高增长，使金融行业违规违纪现象丛生，潜藏着诸多的不确定性风险隐患，一旦得不到有力控制，必然引发系统性金融风险，波及市场经济各个行业。

（三）金融风险的防控

金融风险的防控是指金融主体运用一定的方式合理地预防、控制风险发生或规避风险以达到预期目标的行为。积极有效地防范化解金融风险成为金融工作的重点，尤其如何防范系统性金融风险是关键。党的十九大报告中强调要“健全金融监管体系，守住不发生系统性金融风险的底线”。2017 年召开的全国金融工作会议更是指出，要保障国家金融安全才能更好地维护国家安全，要务必保证金融工作为实体经济服务，严格防范控制金融风险，不断深化金融体制机制改革，创新和完善金融调控，建立健全金融法治和现代金融企业制度，完善巩固金融市场体系，加快建设现代化金融监管体系，适时转变金融发展方式，促进社会主义市场经济和国家金融体系良性循环、健康发展。防范系统性金融风险需要中央和地方齐抓共管，建设科学、有效的防控法律机制尤为重要。

二、我国金融风险防控法律机制现状及问题

（一）金融风险防控相关法律制度有待完善

党中央一直高度重视金融工作，“金融强，经济强”，金融无疑是一个国

家的重要核心竞争力。经济的可持续发展需要健康、安全、高效的金融。我国社会主义市场经济是法治经济,所以防范化解金融风险需要建立科学、系统、有序的法律体系。虽然我国已经制定了很多关于金融行业的法律规定,但是防范化解金融企业风险方面的法律法规体系仍处于不完善状态,且由于一些法律法规过时,早应被淘汰,有的则属于硬性规定,实际操作起来较为困难,效果也并不好,部分法律、法规缺乏合理性,不能满足当前金融企业实际发展需求。因此,需要加快推进金融机构在防范金融风险、审慎监督管理方面的法律法规及相关制度的立法进程。

(二)金融监管机制不够健全

金融监管是规范金融行业行为的重要手段。我国金融监管部门主要包括"一行两会",即中国人民银行、银监会、证监会。我国在20世纪90年代开始实行的金融分业监管体制,在一定程度上推动了金融业的发展和国民经济的前进。但在经济新常态的今天,其存在的缺陷,如监管空白、监管职责不清、重复交叉监管、监管成本较高等问题越来越明显。部分金融监管的法律法规不健全,存在一定的滞后性,已经不适应当前金融发展趋势。在金融行业监管法律中,针对监管者也并没有明确的职责定位。在实际操作中,由于金融行业相互竞争,弱化了金融监管作用,为了追求自身利益,一些银行等信贷部门降低放贷门槛或者违规经营,导致贷款逾期后追债困难,形成不少不良债权。近年来,人民法院金融案件数量的逐年增多也足以说明这一点。党的十九大要求深化体制、机制改革,金融行业需要在金融监管体制改革上狠下工夫,变分业监管为综合监管,全面系统地统筹金融机构监管,才能更好地防控金融风险,保障国家金融安全。

(三)人民法院金融审判职能需要进一步加强

建立健全金融风险防控法律机制,需要行政、法律、经济手段的密切配合和共同发力。作为化解金融矛盾纠纷的最终途径,人民法院的司法审判对于确保金融市场主体的自由参与,增强金融市场主体的活力,预防和化解金融风险,具有重要意义。最高人民法院院长周强说,人民法院要加强金融审判专业化建设,持续提升金融审判能力,严格防范金融不良债权、房地产交易、地方政府债务、企业破产等特定类型案件可能引发的金融风险。

1. 案件类型

金融案件主要涉及金融借款合同纠纷、融资租赁合同纠纷、保险合同纠纷、信用卡纠纷、小额贷款合同纠纷、担保合同纠纷等,以及近年来涌现的新类型案件,如涉及私募股权投资、委托理财、资产管理等新类型金融交易纠纷案件。

2. 现状

通过对笔者所在法院近年来受理的金融案件进行的分析对比发现,主要有以下几方面特点:一是金融案件数量显著增加,案件类型主要集中在金融借款合同纠纷及民间借贷纠纷;二是案件起诉标的额明显上升,尤其以金融借款合同纠纷的案件,标的额多达上千万元;三是融资担保公司和企业抵押担保贷款现象较多,且风险较高。

2012 年 2 月,最高人民法院就公布了《关于人民法院为防范化解金融风险和推进金融改革发展提供司法保障的指导意见》,要求促进能动司法理念,全面提升金融审判水平,加大力度制裁金融违法犯罪行为,依法规范金融市场秩序,保障金融债权和金融改革,助力金融自主创新,防范化解金融风险,保障国家金融安全。2017 年 8 月,最高人民法院又公布《关于进一步加强金融审判工作的若干意见》,针对依法加强金融审判,保障经济、金融良性循环健康发展提出了 30 条意见。对合法合规的金融交易模式,依法予以保护,对金融违规行为,以实际构成的法律关系确定其效力和各方的权利义务,加大打击高利贷,对名为金融创新实为非法吸收公众存款或集资诈骗的,构成犯罪的,追究其刑事责任。人民法院作为国家司法机关,在审理涉金融纠纷案件中,加强专项审判、执行力度,不断延伸审判职能,对防控金融风险,健全防控法律机制发挥着举足轻重的作用。

3. 存在的问题

一是新类型案件涌现,相应法律并没有跟上,导致各地裁判标准、结果不一,影响了司法的公平、公正;二是借款人、担保人缺少法律意识,签订的借款合同不规范,导致起诉后当事人合法维权困难;三是经起诉后被告下落不明的情况较多,不仅影响法院办案质效,且由于债权人迟迟收不回资金,诱发一连串的资金链问题,容易导致系列金融风险。

三、建立健全金融风险防控法律机制,切实维护金融安全

(一)加强金融立法,依法服务和保障金融改革

金融风险防控首先必须立足于完善法律法规,确保金融立法的公平公正和确实可行。只有坚持统筹兼顾的原则,做好金融立法工作,不断完善金融法律规则体系,才可能保证金融风险防控“有法可依”。一是在金融立法中,既要以保障金融市场正规运行为前提,又要注意保持平行的各个法律之间,上位法与下位法之间的完整、统一。杜绝各自为政的“部门立法”,避免在立法过程中过度地偏袒个别部门。各部门细则也应提前协商交流,避免出现法律适用混乱。二是要跟随金融业的发展进程需要,与时俱进地推进科学立法。对于金融行业出现的新情况、新问题,应主动积极规划,及时修订或淘汰不适应形势的金融法律法规制度,以适应时代发展需求。三是要提高民众和监督管理者的法律意识,遇到金融问题要善于运用法律手段维护自身权益,化解金融风险在萌芽状态,促进金融业发展走上法治化道路。

(二)加强金融监管,构建金融监管体系

一是增强金融监管的联合协调性。构建金融监管体系,应当注重以行业自律为主,政府监管为辅。由于我国金融业的监管涉及很多部门,如中央银行,财政、税务、审计部门,证监、银监、银保监会,各级监督管理部门必须增强主动监管意识,承担监管责任,完善监管制度,提升金融风险监管的高度自觉性和灵敏度,将监管与自律有机结合起来,最大限度降低金融风险。

二是杜绝不当的金融创新,提高金融监管的水平。金融机构作为金融业的经营主体,必须强化风险防范责任,必须始终坚持服务实体经济的根本原则。金融创新对于促进经济持续发展具有重要作用,但是,部分不当的过度的创新,往往隐藏着风险,特别是前些年兴起的小额信贷公司以及各种网络借贷平台,因对其监管体制的不健全,导致监管失控,其规范性、合法性存疑,甚至是否涉嫌犯罪活动,这些都成为隐藏的金融风险。

三是金融行业内部要严格依法遵守行纪行规。要加强对个别金融违规现象、违规从业人员的监管查处力度,实行严格的问责和处罚,引导金融企业进一步规范投、融资行为,使资金真正投入实体经济中。在处理信用卡申请时,要保证严格符合条件、程序,预防不法分子盗取信息利用信用卡实施犯罪。

（三）加强司法能力建设，不断提升金融审判的专业化水平

1. 推动金融审判队伍的专业化

随着我国经济的快速发展和国民财富的增加，人民群众从事融投资、财富管理、股权交易等金融活动也日益频繁，金融纠纷随之增加，越来越多的金融纠纷涌入法院，给法院办案带来的压力也越来越大。由于金融纠纷案件往往涉及的标的额大、法律关系复杂，造成办案难度大，这就要求人民法院必须加快建设专业化金融审判队伍，提升金融审判的质量和效率，以进一步适应新形势要求。人民法院要按照司法规律、职业特点、队伍素质的要求，建立结构合理、权责明晰、管理规范、保障有力的合议庭办案机制，加强金融审判队伍的正规化、专业化。经常开展金融审判培训，提升法官司法能力。提倡法官深入金融机构调研，让法官“走出去”。发挥法官以老带新作用，鼓励青年法官快速成长为金融专业审判法官。建立金融专业人民陪审员制度，增加金融业从业人员或金融专业学者为人民陪审员，把金融专业人员“请进来”。

2. 建立专项审判机制

一是在诉讼服务中心设立金融案件专门的诉讼服务窗口，由专人负责金融案件的立案审查工作，实现法院快立、快审、快执。针对近年来金融案件增多、标的增大的情况，对金融案件进行分类管理，做到简案快审、新案精审、难案专审，节约审判成本，提高办案质效。在刑事审判中，严厉查处集资诈骗、非法吸收公众存款等经济犯罪案件，维护金融秩序和人民群众的合法财产安全。在民事审判中，妥善审理民间借贷、金融借款合同、小额贷款合同等纠纷案件，一旦发现有可能涉及金融犯罪或引发金融风险可能的情形，要及时向上级有关部门报告。对于系列案、集团案、可能引发社会群体性矛盾纠纷的案件，通过提请专业法官会议、审委会集中进行专题研究讨论，统一裁判尺度，避免引发负面社会效果。

二是成立专门的金融案件合议庭，由资深的专业法官担任审判长；在金融案件集中的法院可以探索设立金融审判庭或者金融审判团队；在经济发达地区设立专门的金融法院，主动适应金融法治改革，有效处理金融纠纷，破除“司法地方化”，维护金融审判的公平公正。我国首个金融审判法院于2018 年 8 月在上海挂牌成立。

3. 建立涉金融执行专项行动机制

进一步加大涉金融案件的执行力度,对于拒不执行金融案件生效判决的当事人,通过将其列为失信被执行人,限制其高消费,并在广播电视、互联网、人口集中区域进行曝光。通过开展集中执行、互联网抓老赖等专项执行活动,保障金融债权执行到位。在审理企业破产案件中,协助有抵押的金融机构优先行使受偿权。

4. 完善类案文书平台

加强对新类型金融案件的调研,通过对《合同法》《公司法》及相关司法解释等法律规范的准确适用,来明确当事人的权利和义务,做到有法必依。上级法院通过发布指导性案例对本地域同类型案件进行规范指导,统一裁量标准。

5. 建立完善多部门协调联动机制

在服务大局、能动司法的工作中,突出法院的审判职能优势,将司法建议工作与实际经济生活相结合,更好地服务区域经济社会发展。例如,人民法院深入金融信贷机构、房地产等企业,对可能引发的金融风险进行提醒,对企业的困惑和疑问提供法律咨询、建议。通过邀请金融机构召开涉金融案件座谈会,通过分析相关金融纠纷案例,提高其风险防范意识,对金融机构排查出的问题逐一进行梳理研究,把握风险点。进一步规范《当事人送达地址确认书》的适用,引导金融机构在签订贷款合同时明确借款人的有效送达地址,便于金融纠纷诉讼中的司法推进。

6. 加强金融审判司法宣传工作

开展涉金融专项法治宣传,充分利用微博、微信、广播电视等媒体宣传,并在广场、集市上发放宣传册、宣传挂历,进一步提升全民金融风险防范法律意识,引导老百姓正确认识借贷,理性对待民间借贷和投资,严格管控民间融资中的高利贷和投机倾向,规范、引导民间借贷朝健康有序的方向发展。

四、结　语

当前,我国经济、金融发展均已进入一个崭新的历史阶段,完善金融风险防控法律机制任务艰巨,金融司法改革任重道远。在进一步完善金融立法的同时,要加强对金融行业的政府宏观监督和行业内部的微观自律监督,保障金融行业的稳定健康发展。与此同时,人民法院也要进一步增强大局观念和风险意识,充分履行好司法审判、执行职能,维护好社会金融秩序,推动好金融市场发展,保障国家金融安全。一是要高度认识金融审判工作的重要性,深刻把握金融审判态势和原则,认真贯彻落实加强金融审判工作的目的要求。二是要注重能力的锻炼和提升,打造业务素质精神、理论水平高的专业化金融审判队伍,健全金融审判队伍的专业化制度。三是要妥善审理各类金融纠纷案件,充分利用破产审判,促进实体经济的优胜劣汰,引导金融服务于实体经济。四是要依法严厉打击涉金融违法犯罪行为,保障金融行业有序健康发展。五是要健全金融监管与金融审判联动协调机制,延伸金融审判职能。六是要充分利用融媒体时代舆论宣传平台,加强金融知识普及和金融审判司法宣传,发挥好主流媒体的舆论引导作用,努力营造良好的法治环境和社会诚信环境,提升全民法律维权意识和金融风险防范意识。

我国 P2P 网贷行业的法律规制*

陈香宇　滕　腾**

内容提要　从 2007 年 P2P 网络借贷行业开始在我国兴起，就以其便捷高效、降低交易成本的优势迅速发展起来。但因 P2P 网贷行业风险防范法律制度的不完善，平台主动关闭、提现困难、失联跑路的现象层出不穷。本文通过分析 P2P 网贷行业依然存在的问题，提出推动 P2P 网贷平台去担保化、加强数据保护与行业监管、完善配套法律法规与健全纠纷处理机制的建议，以期促进我国 P2P 行业的良性发展。

关键词　P2P 网贷　大数据　风险防范　法律监管

P2P 网贷模式借互联网金融自身优势、在短时间内可召集民众大量闲散资金开展借贷活动的优点吸引了大量投资人的目光，在小微金融领域发挥了重要作用并改变着金融发展趋势，在一定程度上填补了传统金融覆盖面不足的空白。[1] 但在我国，依然存在相当一部分 P2P 平台特意在自身定位的宣传中混淆网贷平台与银行的区

---

* 中国法学会 2017 年青年课题《信息工具视角下 P2P 网络借贷平台的法律治理研究》（项目编号 CLS2017D111）阶段性成果。

** 陈香宇，电子科技大学公共管理学院 2016 级法学班；滕腾，经济法博士，四川省委党校四川行政学院法学部。

〔1〕 彭冰：《P2P 网贷监管模式研究》，载《金融法苑》2014 年第 2 期。

别,往往使没有投资知识的民众亏得血本无归,不仅严重违反了相关法规,还极大地损害了公民的财产权益。鉴于上述问题,P2P 网贷行业在早期阶段曾通过引入担保制度以期保障资金流的安全,来达到稳定投资群体、实现投融资规模效应的目的。但在实际运行层面该机制的引入不仅不符合将 P2P 网贷平台设定为信息中介的定位,还增大了 P2P 网贷平台运营风险,给交易埋下了极大的安全隐患。针对该问题,在 2018 年 8 月全国 P2P 网络借贷风险专项整治工作领导小组办公室正式下发了《关于开展网贷机构合规检查工作的通知》以期促进 P2P 网贷行业的改革创新,而同时相关的立法体系与金融监管政策也要与之配套,才能更好地推动我国 P2P 网贷行业良性发展。

一、中国 P2P 网贷行业的实践与发展历程

从 2005 年开始,英国兴起了以 Zopa 为典型例子的 P2P 网贷模式并在国内金融市场取得了较大轰动,P2P 网贷模式以其高收益的特点在全球迅速崛起并于 2007 年登陆中国。从 2007 ~ 2011 年,P2P 网贷模式作为金融界里的新生事物,在国内并没有取得爆炸式效应,其被接受的范围与认可度还相当有限。表 1 是 2007 ~ 2011 年 P2P 网贷模式在我国发展状况的具体数据。

表 1　2007 ~ 2011 年网贷平台数量(较上年增长)〔1〕

年　度	2007	2008	2009	2010	2011
数量(家)	1	1	5	15	50
增长率(%)	0	0	400	200	233

2012 ~ 2014 年被称为 P2P 网贷平台扩张与风险爆发并存期,在该阶段处在互联网风口上的 P2P 网贷平台获得飞速发展——特别是 2013 年被称为"互联网金融元年",是互联网金融得到迅猛发展占领市场份额的一年。从这一时期开始,P2P 网贷平台快速发展一方面是因为政策层面对普惠金融的支持,另一方面是国家在立法层面上还未对 P2P 网贷行业设立有效的准入门槛。在 P2P 网贷行业发展的黄金时期,呈现出以下几个特点:P2P 平台数量增长迅猛、注册资金没有明确的法律要求、网贷平台交易活跃、成交额

〔1〕 数据来自第一网贷平台。

地域分布集中、网贷平均期限短,如表2、表3所示。

表2　2012～2014年网贷平台数量(较上年增长)[1]

年　度	2012	2013	2014
数量(家)	148	523	1575
增长率(%)	196	253	201

表3　部分省市网贷平台注册资本情况[2]

省　份	浙　江	广　东	山　东	北　京	上　海	江　苏
数量(家)	81	98	40	35	30	29
注册资本总额(万元)	70,615	177,401	26,020	63,641	75,533	32,260
单位平均注册资本(万元)	871.79	1810.21	650.50	1818.31	2517.77	1112.41

与2012～2014年"野蛮发展"的趋势相对比,2015～2018年P2P网贷行业发展热度有所降低,广大民众对P2P网贷的投资也逐渐恢复理性。根据《2016年中国网络借贷行业年报》的数据显示:与2015年P2P网贷平台数量大幅增加相比,2016年呈现截然不同的趋势——截至2016年底,P2P网贷平台为2448家,与去年相比减少了985家,正常运营的平台数量呈现递减的下降走向。鉴于2012～2014年P2P网贷平台"野蛮发展"所带来的行业畸形发展问题,从2016年开始国家就出台了一系列行业法规以促进行业良性发展。例如,2016年8月,由银监会、公安部、工信部、国家互联网信息办公室联合出台的《网络借贷信息中介机构业务活动管理暂行办法》中第10条第8项就明确规定,P2P网贷平台不能变相发展成为信用中介,禁止从事或者越位接受委托开展类资产证券化业务或实现以打包资产、基金份额等形式的债权转让行为"。[3] 尽管立法部门已加快立法脚步,但在实施层面仍有待完善,仍须国家正确引导公众对P2P网贷的定位。

2018年5月,全国P2P网贷成交额、网贷综合年利率从环比与同比两个维度分析比较均有所下降:P2P网贷成交额在2018年5月降至1895.88亿

[1] 数据来自第一网贷平台。

[2] 数据来自第一网贷平台。

[3] 李爱婧:《大数据时代下P2P网络借贷的风险及监管研究》,载《时代金融》2018年第1期。

元,跟 2018 年 4 月的 2176.60 亿元相比减少了 12.9%,与 2017 年 5 月的 3550.64 亿元相比减少了 46.6%;P2P 网贷平均综合年利率在 2018 年 5 月虽升至 9.57%,与 2018 年 4 月的 9.56% 相比已经上升了 0.01 个百分点,但与处于"黄金时期"末期的 2015 年的 12.05% 年利率相比还是少了 2.48 个百分点。[1] 与之相对应的是问题网贷平台数量的增长,截至 2018 年 8 月份全国主动关闭、提现困难、失联跑路问题平台数量仍在增长,特别是在 2018 年 7 月出现了集中式爆发,但总体来看增长速度已有所放缓。

表 4　2018 年 6 ~ 8 月问题网贷平台增加数量[2]

单位:家

时　间	2018 年 6 月	2018 年 7 月	2018 年 8 月
新增问题平台量	63	174	62
累计问题平台量	2142	2316	2378

二、P2P 网贷平台运行中的问题与风险

互联网技术的发展一方面促成了 P2P 网贷在中国占领了相当大的市场份额,另一方面也反映出民众对投融资的需求极为迫切。我国长期处于以传统金融理财与贷款业务为主导的金融压抑局面,投资者感到理财手段单一又无多种投资渠道,而以中小微企业主为代表的主体有旺盛的融资需求,却因多种客观外界因素如银行可信贷额度受吸储能力、宏观政策等原因贷不到款,且民间贷款放款量也相当有限,进一步加大了资金高效流通的难度,[3] 这就使借款方不得不求助于其他融资渠道。在这种情况下 P2P 网贷平台作为实现融资需求高效匹配的一个工具,充分发挥了网络的便利,在全国范围内实现了高效借贷匹配。但由于机构法律定位不明、有关立法没有跟进,暴露出诸多问题并导致 2018 年 6 月至 8 月倒闭的平台数量急剧上升。接下来就是对主要问题的阐述。

(一)制度因素下 P2P 网贷行业的先天缺陷与错误定位

我国在互联网金融市场上采取规避信用风险与解决信息不对称这一总

[1] 数据来自第一网贷平台。

[2] 数据来自网贷之家平台。

[3] 杨东:《互联网金融的法律规制——基于信息工具的视角》,载《中国社会科学》2015 年第 4 期。

体思路。由于个人征信体系、信用评级尚未完备,尽管金融脱媒促使资金供需双方进行直接交易实现了集中支付系统和个体移动支付的统一,但信息不对称问题依然存在。P2P网贷平台主要是以互联网为媒介使投资方和融资方发生关联,而投资方对于平台真实情况、融资方发布的信息是否真实可靠、融资方的经济实力、所在产业发展的客观情况等考量信息知道得很少。在这种情况下投资方往往处于弱势地位,非常容易受虚假信息的错误诱导而使投资失误。而P2P网贷平台即使想规避此类风险也多束手无策,因目前P2P网贷平台尚未接入人民银行征信系统,使其对借款人提供的材料信息的真实性与合法性难以查证,平台间也没有实现信息资源共享,极易出现同一借款人在不同平台或在同一平台申请注册不同账号来多次申请贷款的情况,这种信息不对称不透明所引发的一系列问题给P2P网贷平台的安全发展造成了巨大的风险。

针对2015~2018年整个网贷行业增速放缓的现状,一些P2P网贷平台为了提高平台总成交额,通常会进行一些不合常理的"保本宣传"甚至在签订合同中欺骗性地加入具有"担保性"外表的条款——平台承诺以平台自有资金来对投资方的本金和利息进行担保,[1]保证其收益。这样一来,P2P网贷平台就变相成为担保公司,以第三方身份参与到投融资双方具体借贷过程之中,背离了其作为中立的信息平台原则。平台推出"保本保息"的虚假保障,使借贷的交易风险被转移到P2P网贷平台身上,[2]一旦出现大规模的融资方违约情况,很大程度上会导致网贷平台资金链断裂引发网贷信用危机,"保本保息"的手段使投资方没有办法通过利率高低来对贷款的风险程度进行判断,不利于我国P2P网贷市场良性发展。并且很多平台在运营中无视融资方信用状况与财产状况,对各行各业不同融资方实行一样的利率标准,这样"一刀切"的运营模式忽视了不同项目背后存在的风险差异,也使投资人因不注重评估判断融资方信用状况而让自己位于高度危险处境。

(二)技术不完备致使P2P网贷平台运营风险产生

P2P网络借贷是借助互联网而产生的借贷运营模式,但由于我国互联网

---

〔1〕 参见温小霓、武小娟:《P2P网络借贷成功率影响因素分析——以拍拍贷为例》,载《金融论坛》2014年第3期。

〔2〕 参见刘宇梅:《P2P网络借贷法律问题探讨》,载《法治论坛》2013年第1期。

与国际接轨时间不长，顶尖信息技术水平与发达国家相比仍有差距，这就导致一方面 P2P 网贷平台规模急剧扩大，另一方面其使用的操作系统存在技术漏洞，产生的技术风险导致投融资双方在达成合意下却无法进行交易和取现。甚至有些 P2P 网贷平台明知自身使用的系统存在技术漏洞极易引发交易风险，却出于侥幸心理与成本考量仍然使用该系统，就给交易埋下了极大的安全隐患。以上为整个行业监管敲响了警钟，在用户定位、筛选，风险定价、需求审核、逾期催收等整个高风险的流程中，任何一个环节的技术存在漏洞或监管缺失，都有可能产生极高的泄露风险。正因 P2P 网贷平台系统存在技术漏洞，若不法分子恶意攻击问题平台，这不仅会使投资方的投资信息被非法盗取，还会导致 P2P 网贷平台的资金流动信息被恶意泄露与非法利用，整个 P2P 网贷行业的运行都会受到严峻挑战。[1]

(三)外部环境——繁荣泡沫背后的危机

截至 2018 年 8 月底，北京、上海、广东、浙江、山东、江苏网贷贷款交易额位于前六位，占领全国的大部分市场；红岭创投、团贷网、麻袋财富三大巨头贷款交易额位居前三位，与之形成鲜明对比的是地区与地区之间、行业与行业之间巨大的“贫富差异”。由于整个 P2P 网贷行业收益率的持续走低导致一些中小平台单方面追求贷款余额攀升速度，无视高兑付压力、无视不断涌现的待收风险，在出现资金链断裂的情况下就以诈骗或跑路等方式来逃避法律制裁。此外，随着问题平台越来越多地暴露在公众视野，风险偏好较低的投资者在转移资金时就会考虑把安全性放在第一位而主动选择安全性更好但收益率较低的平台，这样一来也使行业整体收益率出现下滑。

随着多元化背景的新平台不断上线，行业监管与相关立法规定却存在相当大的灰色地带。以 2014 年下半年四川和河南为例，上述地区集中涌现担保公司与 P2P 网贷平台集体跑路潮，这从背后也反映出以行政命令无法完全规制 P2P 网贷平台变相吸收公众存款的畸形行业现象，在防止不法市场主体融资欺诈等方面的效果上仍十分薄弱。现行立法虽以擅自公开发行证券罪与变相吸收公众存款罪为民间债权融资设定了法律红线，但并无与之配套的法律制度，就有引发资金池风险的隐患。资金池模式大致上可分为三类：一是由借贷交易产生的一部分利润划入风险资金池，作为本金保障

〔1〕 参见郑迎飞、陈晓静：《P2P 网贷平台本息保障与投资者反应》，载《金融论坛》2018 年第 1 期。

可先行赔付逾期贷款，这种模式下有利于保障投资方的资金安全；[1]二是向借款人收取“风险储备金”，风险储备金的安全指数较本金保障更高，规定必须在借款人清偿债务后才能返还给借款人；三是投资者向平台缴纳“保护基金”，其服务效果类似于金融保险业务。总体来说，首先，在我国经济处于结构调整升级阵痛期的大背景下“风险资金池”模式存在较大的金融隐患，一旦投资人的损失金额大于风险资金池中的资金总额，平台将会爆发信用危机；其次，冻结在网络平台账户中的保证金和保护基金若被部分平台非法利用，[2]即使坏账大规模爆发或现金流出现问题，平台仍可通过掩盖真实财务状况等作假行为吸收新的资金进行代偿，一旦资金链断裂将使投资者血本无归。

（四）管制型立法弊端渐显

尽管我国在2018年8月下发的《关于开展网贷机构合规检查工作的通知》为P2P网贷行业监管提供了新思路，但面对互联网金融见缝插针式的监管套利行为并没有实施统一的处罚标准。自2013年出台的《关于规范商业银行理财业务投资运作有关问题的通知》限制P2P网贷平台直接经营资产证券化业务后，相应配套法律与司法解释并无跟进，直至2017年8月国务院法制办公室才就《处置非法集资条例（征求意见稿）》向社会民众征求建议。在2015～2018年P2P网贷行业过渡到“规范发展”阶段内，资产证券化立法漏洞为P2P行业留下较大的监管套利空间。尽管P2P网贷平台可以第三方身份解决投融资双方的信任问题，但整个P2P网贷行业并没有按照规定沿着规范市场准入制度、建立征信体系以及依靠信息工具来规制信用风险的路径展开，上述问题就使在我国现行管制型立法格局下以P2P网贷业务为代表的互联网金融的合法性遭到质疑。尽管相关立法已规定用非金融机构来定位第三方支付机构，但由于“支付清算组织管理办法”以及相应法律法规和司法解释的缺位，使支付结算型机构在内控、沉淀资金管理、市场准入以及客户权益保护等方面乱象丛生造成互联网金融市场秩序

---

〔1〕 参见何欣奕：《民商法视域下P2P网络借贷平台法律问题思考——以涉及到的主要法律风险与合同类型为中心的观察》，载《法律适用》2015年第5期。

〔2〕 参见陈思源：《P2P网络借贷金融消费者的保护问题研究》，载《法制与社会》2018年第4期（下）。

的混乱。[1] 此外,P2P 网贷行业急需相应法律法规来规范其发展,但以债权和股权非法集资罪为代表的管制型立法却将互联网金融交易主体生存空间不断压缩,不仅不利于投融资交易的活跃,也使现有规定在互联网金融交易主体的监管套利中趋于无效,纵容了不良融资者和平台利用管制型立法欺骗投资者的行为,威胁到互联网金融交易安全和行业信誉。

三、对 P2P 网贷行业良性发展的建议

(一)推动 P2P 网贷平台去担保化

要推动 P2P 网贷平台重回信息中介的正确定位,需要以强有力的信息披露措施为基础条件,不能轻易变更资金流向,也不能操控投融资的收付,更不能利用资金池形成金额错配和期限错配。[2] 为使 P2P 网贷平台去担保化不再成为空谈,必须加强社会信用体系建设,为 P2P 网贷行业良性发展打好基础。由于 P2P 网贷平台并不是银行类金融机构有查询央行的个人征信系统的权限,并且因缺乏有效的信息共享机制使 P2P 网贷平台与平台之间、平台与用户之间信息不对称问题依然严重,因此 P2P 网贷行业信用评级在对融资方的信用鉴定上就存在相当大的漏洞。为解决以上问题,有关部门应加强 P2P 网贷行业征信体系建设,[3] 同时鼓励民营机构建立网贷征信系统强化平台之间有效信息的共享,加大对信用评级行业的政策扶持力度,为完善 P2P 网贷行业第三方信用评级机制提供正确引导。

互联网金融投资者普遍欠缺线下审核融资项目的能力,平台显示的融资方信息的可信度很大一部分取决于社会征信系统的完善程度。虽然央行征信中心提供的个人和企业征信服务处于优化中,并且央行也开始引导民间资本建立针对个人和企业的征信系统,信息源接入机构逐渐从银行扩展到了小微金融机构,但与完善的社会征信系统仍相去甚远。[4] 需明确的是,与 P2P 网贷行业的征信需求相匹配的信息源还包括社交媒体、电商平台等

---

〔1〕 参见彭冰:《非法集资行为的界定——评最高人民法院关于非法集资的司法解释》,载《法学家》2011 年第 12 期。

〔2〕 参见张超宇、陈飞:《P2P 网络借贷平台模式异化及去担保化问题研究》,载《南方金融》2018 年第 1 期。

〔3〕 参见沈蓉:《我国 P2P 网络借贷平台风险与对策研究》,载《经贸实践》2018 年第 1 期。

〔4〕 参见巴曙松、侯鑫彧、张帅:《基于生存模型的 P2P 平台生存规律与政策模拟研究》,载《当代财经》2018 年第 1 期。

机构产生的一些非传统金融信息,若是组织这些非传统金融机构建立统一的信息数据标准,产生的非官方征信体系将是对官方的有益补充,使征信体系更加高效完善。可以个人为单位将其在社会中进行的所有信用活动做一个综合性评级,这些信用活动除了包含银行传统金融业务以外,还应包含从社交媒体到电商平台的个人信用数据比如京东白条与支付宝中的蚂蚁花呗。最后应把整个征信系统整合起来,向银行这类传统金融行业开放的同时还要向其他融资租赁平台开放。

(二)加强数据保护与P2P网贷行业的监管

因P2P网贷行业以互联网为依托,所以,用户的数据安全和信息保护显得尤为重要。P2P网贷企业应加强信息加密技术建设,修补显性技术漏洞的同时进行隐性技术漏洞的防范,采取多种方式进行身份验证,实现对个人信息数据和投融资交易合同的安全保护。在做好数据保密措施的情况下,深度分析用户交易行为,运用云计算、人工智能等科学技术尽力减少潜在的金融风险,争取在互联网金融领域取得反欺诈的成效。[1]

目前,国内大部分P2P网贷平台都建立了"黑名单"用来公示恶意拖欠资金的融资方,并且规定在其拖欠款项还清以前,禁止其再注册账号发布融资信息。但目前的"黑名单"系统是各P2P网贷平台分别建立的,缺乏与其他民间融资租赁渠道的信息交流,这就导致信息不流通从而降低了信息的可利用性。为实现多方联手抵制恶意融资行为,共同防范融资风险,各P2P网贷平台应联合建立"黑名单"数据库实现信息共享,将恶意拖欠贷款的融资者信息输入征信系统,实现诚信记录的交换,避免对列入"黑名单"的不法融资者再次提供信贷服务。目前类似的制度已得到初步实施——以支付宝为例,支付宝作为第三方平台的代表凭借其巨大的交易量和安全的数据库可以与传统金融机构建立"黑名单"互换机制,并通过政府出台的《非金融机构支付服务管理办法》进入了正规金融机构的序列。[2] 而P2P网贷平台要实现与商业银行等传统金融机构的合作,首先应得到监管部门对其地位的认可并加之以政策规范其发展。相关部门可在坚持"底线思维"的基础上辅之以分类监管,鼓励P2P网贷平台对自身的业务模式继续创新。由于大部

---

〔1〕 参见杨帆:《我国P2P网络借贷平台的风险控制与监管转型》,载《现代商业》2018年第1期。

〔2〕 参见昝白雪:《浅析P2P网贷平台的风险及防范》,载《法制博览》2018年第2期。

分 P2P 网贷平台对投资者承诺本息保障,大大地弱化了群众的风险意识,使得部分投资者损失惨重,所以有关部门应对 P2P 网贷平台信息披露机制进行监管,要求平台严格按照中国银监会印发的《融资性担保公司信息披露指引》提供融资方或者担保方的真实信息;对于使用备付金进行本息保障承诺的平台要求其及时向公众公开偿付覆盖率和备付金余额;对于通过保险方式提供本息保障的平台,应严格监管其承保能力与保障范围。

(三)完善 P2P 行业风险防范法律与健全纠纷处理机制

完善的法律体系是投资者维权的有力依据,有关部门应根据 P2P 行业发展情况建立起体系完备的保护投资者权益的条款。虽在 2018 年 8 月正式下发的《关于开展网贷机构合规检查工作的通知》中明确规定要严格按照网贷“1 + 3”制度框架并进行查改结合、正本清源,但在配套立法上仍有较大进步空间。其一,要制定 P2P 网贷行业的准入标准与自律公约——通过对融资方资质的逐一审查把关,尽量排除坏账的可能因素,并要对融资用途的合法性与合理性进行判断,加强贷前审核,一旦触及违规上线就立即采取强退措施;其二,要明文规定 P2P 网贷平台交易双方的权利和义务,设立最高贷款额度——对于融资中经常出现的小微企业贷款,可参照《消费金融公司试点管理办法》的规定,对小微企业贷款设立与其月营业额相挂钩的最高额限制,从而达到减少 P2P 网贷平台金融风险的目的。

在纠纷调解层面,应在现行投资者权利救济体系的基础上建立多元化的 P2P 网贷金融纠纷解决机制,把司法救济机制、金融消费纠纷调解机制和 FOS 机制结合起来形成多元网贷纠纷解决体系,推动金融机构与金融监管部门合力构建投资者权益保护的最后救济屏障。首先,从网贷平台角度出发,应进一步优化投诉处理流程,尤其是在受理投诉环节,应让有金融纠纷的投资者按照网贷平台、P2P 网贷行业协会、互联网金融监管部门的顺序依次进行投诉维权,最后申请仲裁或提起诉讼。[1] 其次,在互联网金融监管部门层面上,要通过进行合理有效的网贷监管指引将投诉处理机制纳入相关部门的日常监管范畴。最后,在司法解决层面,提高解决纠纷效率的同时应优化诉讼程序,在 P2P 网贷纠纷举证责任设定上对投资者这一处于劣势地位的群体应给予特别照顾。

---

〔1〕 参见雷舰:《我国 P2P 网贷行业发展现状、问题及监管对策》,载《国际金融》2014 年第 8 期。

校园“套路贷”治理刍议*

胡启忠　齐　琪**

内容提要　校园“套路贷”是指“校园贷”中的“套路贷”,校园“套路贷”给大学生带来了严重的心理和财产损害,有的还酿成了悲剧。校园“套路贷”的治理需要“双轮齐动”,一是对于已经发生的校园“套路贷”案件依法追究刑事或行政法律责任;二是加强校园“套路贷”的源头治理。后者的具体措施是:(1)加强心理辅导,抑制学生不合理需求。(2)加强金融知识辅导,引导学生正确选择适合自己的金融产品。(3)加强法制辅导,增强学生法律意识。(4)建立正规助贷机构,满足大学生的正常贷款需要。(5)强化监管,防范于未然。

关键词　套路贷　校园贷　案件处理　源头治理

“套路贷”是指放贷人以“放贷”为名,设置套路(陷阱),非法获取借款人财物的放贷行为。校园“套路贷”是“套路贷”在“校园贷”中的表现形式。近年来,随着校园“套路贷”现象的出现,陆续发生了大学生因陷“校园贷”而自杀、暴力催款等恶性事件,不但严重破坏了校园的教

---

* 此文已发表于《人民法治》2018 年 7 月号。

** 胡启忠,西南财经大学法学院教授,博士生导师;齐琪,西南财经大学法学院 2016 级刑法专业硕士研究生。

学与科研秩序,而且严重侵害了涉事大学生的人身和财产安全。本文探讨校园“套路贷”的治理问题。

一、校园“套路贷”乱象及其治理必要

校园“套路贷”是“套路贷”在“校园贷”中的表现形式,对于校园“套路贷”的把握需要从“套路贷”特点入手。目前的“套路贷”主要渗透于车贷、房贷和民间借贷三种类型,而校园“套路贷”属于民间借贷类型,因此,本文围绕民间借贷展开。

所谓“套路”,即圈套的路径。民间借贷中“套路贷”的通常“套路”是:制造民间借贷——虚增债务——制造资金走账流水——肆意认定违约——转单平账——索债(包括软硬兼施索要或者通过虚假诉讼索要),达到非法占有借款人或其近亲属财产的目的。也就是说,民间借贷中的“套路贷”是放贷人设计的、具有环环相扣套路的民间借贷,放贷人最终实现的目的是侵占借款人或其近亲属财产。在这些套路中,所谓制造民间借贷,是指放贷人引诱借款人签订民间借款合同,制造民间借贷事实;所谓虚增债务,是指放贷人以“违约金”“保证金”等各种名目骗取借贷人签订“虚高借款合同”(通常是“阴阳合同”及房产抵押合同等明显不利于借款人的合同);制造资金走账流水,即放贷人刻意制造借款人已经取得合同所借全部款项的“证据”;单方面肆意认定借款人违约,即放贷人利用合同陷阱条款肆意解释、认定借款人违约,增高债务数额;所谓转单平账,是指在借款人无力支付虚高借款的情况下,放贷人介绍其他假冒的“小额贷款公司”或个人,或者“扮演”其他公司,与借款人签订新的借款合同,从而将无力支付的“虚高借款”转到新的合同(“转单”),消除前面欠账(“平账”),这就进一步垒高了借款金额。根据《最高人民法院关于审理民间借贷案件适用法律若干问题的规定》(2015年),民间借贷中双方约定的年利率超过36%的部分无效。“套路贷”不但明显超过规定利息标准,而且是以“放贷”为名行非法占有借款人财物之实,是严重的违法行为。

校园“套路贷”是指校园贷中的“套路贷”,而校园贷是指各类借贷平台或者个人向在校大学生放贷的行为。2009 年之前,我国传统银行以信用卡形式开发高校信贷市场。其后由于产生的高违约率、高坏账率,导致银行损失惨重。在此情况下,中国银监会于 2009 年下发通知,明确要求不得向未满 18 周岁的学生发放信用卡,对已满 18 周岁但无固定工作、无稳定收入来源

的学生发放信用卡时,须落实第二还款来源。新的大学生信用卡制度由于银行借款额度低、违约风险高、门槛高,致使信用卡逐步退出大学生金融借贷市场。随着金融互联网+时代的到来和金融改革不断深入,面向大学生的校园贷在2014年应运而生。

主流校园贷基本可以分为三类:一是专门针对大学生的分期购物平台,如趣分期、任分期等等。二是P2P贷款平台,用于大学生助学或者创业,如投投贷、名校贷等网贷平台。三是阿里、京东、淘宝等传统电商平台提供的信贷服务,如京东白条、淘宝蚂蚁花呗等。另外,也存在一些非法的、"暗箱操作"的校园贷平台,或者个人以校园贷名义向大学校园学生发放高利贷、裸条借贷[1]。2015年校园贷爆发式增长,同时乱象丛生。

大学生没有独立的经济来源,亟需金钱时较难快速地从正规银行机构获取贷款。校园贷满足了大学生日益增长的金钱需求,有利于缓解大学生金钱需求压力,但由于其曾处于无准入门槛、无行业标准、无监管机构的"三无"境地[2],致使许多不正规的网贷平台和线下放贷人打着"零抵押""零首付""五秒放款"等标语吸引大学生。他们往往只宣传与夸大了其分期产品的低门槛,却隐瞒了所谓"行规"名义下的高利息及高额违约金、服务费等附加费用,导致大学生无法还款。校园贷因此而逐渐衍生出校园"套路贷",深圳某高校学生李林(化名)借款遭遇的"套路贷"案就是校园"套路贷"。2017年12月,读大一的李林向"欧文"学长借款6000元,每日12点前还2000元,分6日还清,逾期利息每超过一小时加500元。李林还款不顺利,"欧文"提出李林可向"总统"借款偿还对自己的债务。"总统"让李林写下3.6万元人民币的借条和签订4万元人民币的网络借款合同,李林的借款从最初的6000元变为7.6万元,因不能及时还款,利息还在不断增加,最终债务达到12万余元。李林还不上钱,催债人找到其家属索债,威胁其将房屋作为抵押还债。[3] 重庆市永川区某高校学生文娇(化名)借款同样遭遇了校园"套路贷"。2018年1月,文娇为了创业通过网络向一家贷款公司借款。合同约定文娇借款3000元,在一个月内还清。但文娇实际只拿到2000元,并

---

〔1〕 裸条借贷即女大学生用裸照获得贷款,当发生违约不还款时,放贷人以公开裸体照片和与借款人父母联系的手段作为要挟逼迫借款人还款。

〔2〕 黄震、方圆:《校园贷的新格局与监管》,载《中国金融》2017年第23期。

〔3〕 佚名:《校园套路贷诈骗案 揭秘贷款套路》,载法律法规网,http://www.lc123.net/xw/rd/2018-04-28/921668.html。

且对方要求要在7天内还清贷款3000元。文娇到时还不起借款,贷款公司就经常打电话、发信息催文娇还款。见文娇实在不能及时还款,对方提出"借新债还旧债",让文娇从另外的贷款公司借款,来填平之前的债。文娇一共找了13家公司贷款,可债务不仅没有结清,反倒垒到高达10万余元。面对如此高的债务,文娇无力偿还,对方的催款方式逐渐升级。他们开始向文娇发送一些不雅观的信息,再之后威胁、骚扰文娇的亲朋好友。[1] 上述李林、文娇由于被校园"套路贷"债务压得喘不过气来,只好报警求助。警方破案后认定两案均为校园"套路贷"诈骗案,李林、文娇因此而避免了"套路贷"陷阱。

李林、文娇算是幸运的,大多数大学生却没有这种幸运。校园"套路贷"给大学生带来了严重的心理和财产损害,不断有相关案例见诸媒体,其中有的还酿成了悲剧。例如,2016年3月,河南某高校的一名在校大学生从不同的校园金融平台获得无抵押信用贷款,债务垒高达数十万元,因无力偿还而跳楼自杀。[2] 2017年4月11日,厦门华厦学院一名大二女生因陷校园"套路贷"在泉州一宾馆自杀。其家人曾多次帮她还钱,期间曾收到过"催款裸照"。[3] 2017年9月2日,陕西一21岁的大二学生朱毓迪因校园"套路贷"欠款20多万元,又因无力偿还而跳江自杀。[4] 2018年5月17日,西安大学生小森(化名)因不能偿还校园"套路贷"而在保定市政府附近一个废品收购站服毒自杀。[5] 这些都说明,校园"套路贷"给校园安全和学生合法权益带来严重损害,造成了不良社会影响,急需对其治理。

二、校园"套路贷"的案件治理

对校园"套路贷"的治理需要"双轮齐动",一是对于已经发生的校园"套路贷"案件依法追究行政或者刑事法律责任;二是加强校园"套路贷"的源头

---

〔1〕 佚名:《大学生陷"套路贷" 贷3000元被骗累计负债10多万》,载新华网,http://www.cq.xinhuanet.com/2018-06/11/c_1122965560.htm。

〔2〕 佚名:《校园贷"乱象不止于校园 隐秘信息链诱导学生涉险》,载人民网,http://money.people.com.cn/n1/2016/0601/c42877-28400012.html。

〔3〕 佚名:《校园贷现状:违规经营、新变种与泛滥的中介》,载凤凰网,http://tech.ifeng.com/a/20170827/44668710_0.shtml。

〔4〕 周金柱:《借贷校园贷20余万 21岁大学生溺亡汉江》,载《华商报》2017年9月7日,第F1版。

〔5〕 佚名:《25岁大学生服毒身亡后 手机频频接到网贷催款电话》,载凤凰网,http://finance.ifeng.com/a/20180604/16331372_0.shtml。

治理。这里讨论前者。

(一)校园“套路贷”的刑法治理

在校园“套路贷”中,放贷人的“套路”通常是先制造逾期陷阱,致使借款学生不能顺利还款,然后采用各种办法催债,达到非法占有借款学生及其亲属价值更大财产的目的。例如,打电话骚扰其家人、同学、辅导员,贴大字报,甚至对借款人跟踪尾随、暴力殴打、非法拘禁、公开裸照、强迫其“肉偿”等,有的还进行虚假诉讼。对于放贷人的这些行为,可以分别行为特点,符合刑法规定的犯罪的,应依法追究放贷人的刑事责任。

1. 对于放贷人企图获得的违法债务部分,以诈骗论。数额达到诈骗罪成立标准的,以诈骗罪追究刑事责任。如前述李林、文娇借款案,深圳市南山区和重庆市永川区司法机关对于放贷人均以诈骗罪追究刑事责任。[1]

2. 对于以侵害名誉、公开裸照等威胁方法催债情节严重的,可以敲诈勒索罪追究刑事责任。如前述厦门华厦学院大二女生因陷“校园贷”自杀案,放贷人向女生家人发“催款裸照”,对于放贷人就可以敲诈勒索罪追究刑事责任。

3. 对于放贷人强迫借款女大学生“肉偿”的,可以强奸罪追究放贷人刑事责任。因为这里的“肉偿”不是出自女大学生的真实自愿,而是受到放贷人以还债为由进行威胁、胁迫的结果。

4. 放贷人裸条放款,通过网络平台发布借款人裸照及不雅视频,则可以传播淫秽物品罪追究刑事责任。

5. 对于放贷人或放贷人所雇佣的催债人采取暴力方式索债的,如对借款学生进行殴打、非法拘禁,情节严重的,可以故意伤害罪、非法拘禁罪追究刑事责任。

6. 放贷人对于校园“套路贷”债务提起民事诉讼的,可以虚假诉讼罪追究刑事责任。

此外,如果放贷人通过他人网络贷款平台实施校园“套路贷”行为,而网贷平台明知放贷人实施校园“套路贷”犯罪行为仍然为其提供平台支持或者

---

[1] 佚名:《校园套路贷诈骗案 揭秘贷款套路》,载法律法规网,http://www.lc123.net/xw/rd/2018-04-28/921668.html;佚名:《大学生陷“套路贷” 贷3000元被骗累计负债10多万》,载新华网,http://www.cq.xinhuanet.com/2018-06/11/c_1122965560.htm。

没有及时采取相应的措施阻止危害结果的进一步扩大，在主观上希望或放任危害结果的发生，那么网贷平台则与放贷人构成共同犯罪。

（二）校园"套路贷"的行政法治理

1. 对放贷人的行政法治理

对于校园"套路贷"，如果放贷人是个人，而且是职业放贷人，虽然目前刑法上还不能单就这种行为治罪，[1]但可以给予行政处罚。因为这种行为即使不是"套路贷"，只要是职业性校园贷，就是国务院《非法金融机构和非法金融业务活动取缔办法》（1998 年发布、2011 年修订，以下简称《取缔办法》）第四条规定的"非法发放贷款"的行为，亦即"非法金融业务活动"。[2]根据《取缔办法》第 22 条的规定[3]，对于放贷人的非法放贷行为，可以没收其非法所得，并处以罚款。如果放贷人是没有发放贷款资格的机构，对于校园"套路贷"行为本身，同样可以根据《取缔办法》第 22 条的规定进行行政处罚。

除了上述行政处罚之外，无论放贷人是个人还是没有发放贷款资格的机构，对于校园"套路贷"中的非法催债行为没有构成犯罪的，可以对个人或者机构的责任人员进行治安处罚。

2. 对网络贷款平台的行政法治理

网络贷款平台作为民间借贷的居间人，是借款人与放贷人签订借款合同的重要纽带。根据 2016 年 8 月 17 日中国银监会、工业和信息化部、公安部、国家互联网信息办公室四部门发布的《网络借贷信息中介机构业务活动

---

〔1〕 2018 年 3 月全国"两会"上，已有代表向全国"两会"提交增设"非法放贷罪"的议案。参见李卓谦、汤瑜、厉莉：《把基层的问题和声音准确地传递出去》，载《民主与法制时报》2018 年 3 月 11 日，第 4 版。

〔2〕《非法金融机构和非法金融业务活动取缔办法》第四条　本办法所称非法金融业务活动，是指未经中国人民银行批准，擅自从事的下列活动：

（一）非法吸收公众存款或者变相吸收公众存款；

（二）未经依法批准，以任何名义向社会不特定对象进行的非法集资；

（三）非法发放贷款、办理结算、票据贴现、资金拆借、信托投资、金融租赁、融资担保、外汇买卖；

（四）中国人民银行认定的其他非法金融业务活动。

前款所称非法吸收公众存款，是指未经中国人民银行批准，向社会不特定对象吸收资金，出具凭证，承诺在一定期限内还本付息的活动；所称变相吸收公众存款，是指未经中国人民银行批准，不以吸收公众存款的名义，向社会不特定对象吸收资金，但承诺履行的义务与吸收公众存款性质相同的活动。

〔3〕《非法金融机构和非法金融业务活动取缔办法》第二十二条　设立非法金融机构或者从事非法金融业务活动，构成犯罪的，依法追究刑事责任；尚不构成犯罪的，由中国人民银行没收非法所得，并处非法所得 1 倍以上 5 倍以下的罚款；没有非法所得的，处 10 万元以上 50 万元以下的罚款。

管理暂行办法》(以下简称《暂行办法》)第 9 条规定[1],一方面,网贷平台对放款人与借款人的资格、借贷过程中形成的电子借贷合同的合法性与合理性具有审核义务。另一方面,网贷平台应采取措施防范欺诈等不利于借款人利益的行为发生,并有义务及时公告并中止网络贷款服务。若网贷平台违反了法律法规或相关监管规定,可以根据该《暂定办法》第 40 条规定[2],依法给予行政处罚。

三、校园“套路贷”的源头治理

2017 年 5 月 27 日,中国银监会、教育部、人力资源社会保障部下发了《关于进一步加强校园贷规范管理工作的通知》(以下简称《通知》)。该《通知》要求从源头治理校园贷乱象,防治校园“套路贷”。为落实这一要求,校园“套路贷”的源头治理可以从五个方面入手。

(一)加强心理辅导,抑制大学生不合理需求

大学生没有独立的经济来源,涉世不深,具有冲动消费、超前消费、自控力较低等问题,不法分子正是利用了大学生的需求心理和行为特点,将其拉入校园“套路贷”的陷阱。学校应当加强心理辅导,培养学生“量入为出,合理适度”的理性消费习惯,抑制不合理的金钱需求,从源头上防治校园“套路贷”的发生。

(二)加强金融知识辅导,引导大学生正确选择合适的金融产品

《中国青年财商认知与行为调查报告》显示:在参与调查的 30 万大学生中,将近一半的大学生无法识破校园“套路贷”陷阱,23% 的学生容易被“快

---

[1] 《非法金融机构和非法金融业务活动取缔办法》第九条规定:(二)对出借人与借款人的资格条件、信息的真实性、融资项目的真实性、合法性进行必要审核(三)采取措施防范欺诈行为,发现欺诈行为或其他损害出借人利益的情形,及时公告并终止相关网络借贷活动。

[2] 《网络借贷信息中介机构业务活动管理暂行办法》第四十条　网络借贷信息中介机构违反法律法规和网络借贷有关监管规定,有关法律法规有处罚规定的,依照其规定给予处罚;有关法律法规未作处罚规定的,工商登记注册地地方金融监管部门可以采取监管谈话、出具警示函、责令改正、通报批评、将其违法违规和不履行公开承诺等情况记入诚信档案并公布等监管措施,以及给予警告、人民币 3 万元以下罚款和依法可以采取的其他处罚措施;构成犯罪的,依法追究刑事责任。网络借贷信息中介机构违反法律规定从事非法集资活动或欺诈的,按照相关法律法规和工作机制处理;构成犯罪的,依法追究刑事责任。

速放贷”“无担保,零抵押”的标语所吸引[1],相信存在低风险与高收益并存的理财产品。正是因为大学生金融理财知识匮乏,不法分子才能乘虚而入。很多大学普遍没有设置金融理财类的通识课程,理科院校更是如此。学校应当加强金融知识辅导,普及金融和安全理财知识,如开设财商类通识课程和选修课、开展金融理财讲座等,帮助学生了解和辨别市面上种类繁多的理财产品,引导学生通过正规渠道获得贷款,并选择与自身经济能力相适应的金融产品。

(三)加强法制辅导,增强法律意识

大学生缺少社会经验和自我防范意识是导致校园“套路贷”如此猖狂的原因之一。如大三学生郑某看到“专业办理大学生贷款,最快 48 小时放款……”的广告动了心,联系到了王某。王某告诉郑某公司是通过“名校贷”和“优分期”两个平台贷款,由于“内部有人”,所以不用还款。郑某贷款之后又发展了 20 多个线下,共获 5 万余元的提成。不久,郑某及其发展的线下都收到了催款通知。郑某报警后,公安机关认定这是一起借助“校园贷”平台,并利用传销方式进行逐级敛财的特大诈骗案[2]。本案中,郑某法律意识、风险防范意识淡薄,对“套路贷”的套路不了解,存在“借款不用还款”的侥幸心理,并积极发展线下获取“提成”,导致犯罪分子用简单的伎俩便可以蒙蔽上百个大学生。因此,学校应当加强学生的法制辅导,增强法律意识,加强学生辨别是非的能力;定期开展校园“套路贷”专题讲座,介绍校园“套路贷”的套路及危害后果,教导学生一旦遇上校园“套路贷”案件,应及时向公安机关报警,向老师反映情况,用法律手段保护自身合法权益。

(四)建立正规助贷机构,满足大学生的正常贷款需要

上述《通知》一方面要求未经银行业监管部门批准设立的机构禁止提供校园贷服务,且现阶段一律暂停网贷机构开展校园贷业务。另一方面鼓励商业银行和政策性银行走进校园信贷市场,疏堵结合,维护校园贷的正常秩序。这是目前校园“套路贷”源头治理的重要措施,应当坚决贯彻执行。

---

[1] 佚名:《理财金融知识缺失　48% 大学生无法识破校园贷骗局》,载凤凰财经频道,http://finance.ifeng.com/a/20161009/14923737_0.shtml。

[2] 佚名:《校园贷成校园害:吉林长春警方破获特大“校园贷”诈骗案　150 多名大学生参与诈骗》,载中国网,http://henan.china.com.cn/news/2017/0225/4305969.shtml。

(五)强化监管,防范于未然

以往校园"套路贷"的发生与校园贷的"三无"(无准入门槛、无行业标准、无监管机构)境地有重要关系。如今,尽管《通知》明确要求网贷机构暂停提供校园贷服务,但以合法形式掩盖的违法从事校园贷业务的情形仍然可能存在或者发生。因此,今后对于校园贷需要加强学校与金融监管部门的分工与合作监管。对学校而言,应当完善管理机制,畅通校园贷信息反馈渠道。具体而言,学校建立排查整治机制,未经学校批准,禁止任何机构、任何人进入校内宣传校园贷和提供校园贷服务。一是学校的学生工作部门应当一是审核学生的贷款需求,避免超前消费、冲动消费;二是全面了解办理校园贷同学的具体情况,同时强化与学生家长的联系与沟通;三是发现倾向性、苗头性问题,及时向金融监管部门报告,并且与助贷机构沟通,协同应急处置。对于金融监管部门而言,应当加强对助贷机构的监管与审查,发现问题,及时督促整改,保证助贷机构在法律的轨道上开展业务。这样,就能将危害消灭在初始状态。

金融消费者：制度本源与法律取向*

林越坚**

内容提要 金融消费者保护既不能简单理解为普通消费者保护在金融领域的延伸，也不能狭隘理解为金融监管目标的扩张。从历史渊源的考察出发，金融消费者与普通消费者在制度起源上存在差异，进而分别从三个维度确立金融消费者的概念结构（时空间离、信用授受和人性需求），为金融消费者概念的统合与重新定位提供了一个新的解释框架。相关的法律建构亦应当以结构特性为主导，并以人本取向的社会目标为依归。

关键词 金融消费者 结构特性 时空间离 信用授受 需求层次 立法模式

2008年全球金融危机之后，金融消费者保护的必要性在金融层面与法律层面皆已取得广泛共识。在我国，《消费者权益保护法》2013年的修改中亦已纳入金融消费活动的相关内容，金融消费者保护的法制化进程已然起步。但金融消费者从概念界定到制度范式等各个层面

---

* 基金项目：本论文研究由中央高校基本科研业务费专项资金资助（Supported by the Fundamental Research Funds for the central Universities），项目编号：JBK1407003。

** 法学博士，西南财经大学中国金融法研究中心研究员。

依然存有巨大的分歧,因而进一步的制度演绎困难重重。

作为制度演绎的起点,金融消费者的概念本身不仅在各国立法例上缺乏统一定义,理论上亦莫衷一是。[1] 因统一界定的困难,金融消费者的概念目前权作广狭二义的区分,即狭义的金融消费者可理解为为了生活需要而购买金融产品或金融服务的人,而广义的金融消费者则涵盖了投资者。[2] 广狭二义的区分,实质上反映了不同的认知视角和逻辑路径。“狭义”的理解乃是因循法律层面普通消费者权益保护的逻辑路径,认同金融消费者系普通消费者概念在金融领域的自然延伸而展开;而“广义”的认识则是秉持金融层面金融服务对象利益保护涵摄口径的现实需要,基于同为金融服务对象的投资者与消费者信息弱势地位并无二致的现实景况而展开。在笔者看来,广狭二义的区分不仅仅是表象层面的认识龃龉,而是深层投射了概念结构层面内在的固有张力——系属定位的两难。尽管从语义与逻辑上说,金融消费者属于消费者的子概念,是消费者群体的一部分,但既然消费者权益保护的法律并未将金融领域排除在外,为何还要专门讨论金融消费者权益的保护?[3] 而如果金融投资者亦可归属于消费者范畴,那么消费概念外延扩张的根据何在?可见,金融消费者概念很可能并非“金融”与“消费者”两概念的简单交并。

从制度建构及保护绩效来看,尽管英美等国的金融消费者保护的理论被广泛引介,“但比较英国和美国的相关立法可以看出,金融消费者的具体概念和范围并非理论推演的结果,而是实践‘生长’的产物”。[4] 易言之,先行实践的国家对金融消费者的理论认识也并不充分。正因如此,国外相关制度的建构也难以取得预期的效果。比如,来自美国的实证研究揭示,金融消费者保护在实际操作层面缺乏力度。Wilmarth(2004)在报告中指出,1994 年到

---

〔1〕 甚至具有比较系统的金融消费者保护内容的外国立法也没有对“金融消费者”概念明确作出定义。比如,2000 年英国《金融服务与市场法》也是自始至终都没有出现“金融消费者”这样的表述和明确定义,而只有对“消费者”的描述与限定。

〔2〕 参见田亨华:《〈消费者权益保护法〉20 年首修公益诉讼或入修正案》,载《第一财经日报》2013 年 4 月 17 日,第 A2 版。

〔3〕 有学者认为,原因在于金融消费的特殊性,并总结了六大特殊性,即交易标的的无形性、交易内容的信息化、交易意思表示的格式化、交易方式的电子化、销售方式的高度劝诱性以及金融行业所具有的天然垄断性和高度的行业利益认同。参见李健男:《金融消费者法律界定新论——以中国金融消费者特别保护机制的构建为视角》,载《浙江社会科学》2011 年第 6 期。但笔者认为,这些特征的归纳似囿于具象层面,难以真正把金融消费与一些特定行业的消费特性(如电信)作有效区分。

〔4〕 廖凡:《金融消费者的概念和范围:一个比较法的视角》,载《环球法律评论》2012 年第 4 期。

2004年十年间,OCC(美国货币监理署)没有发生一起针对主要银行关于违反金融消费者保护相关法律的诉讼,Levitin(2009)也在其报告中指出,2000年至2008年其间,OCC征收的所有69起罚款之中,只有六起与消费者保护有关。[1]

对于金融消费者这样一个深具统合意味的新金融法主体,一个本源性的理论认知显得尤为重要。加之我国正处于金融转型的宏大进程中,试图通过单纯的规则借鉴进行囫囵吞枣式的建构难免“淮橘为枳”。所以,本文的进路乃是先就金融消费者这一概念的认知,再据以确立相关的立法取向,从而为进一步的建构奠定基础。

一、金融消费者保护与普通消费者保护的非同源性

我们暂且超越语义与逻辑,从历史维度回溯金融消费者保护与普通消费者保护的渊源。历史起点的考察清晰地揭示了两者的非同源性。

(一)消费者保护起源于20世纪30年代对市场失灵的国家干预

众所周知,现代消费者保护制度导源于声势浩大的“消费者运动”(consumerism)。早期资本主义的经济哲学主要秉承亚当·斯密的自由放任、市场调节的思想,其在法律领域的延伸自然发展了契约自由、“买者自负”的资本主义契约伦理。但随着资本主义社会化生产方式和资本规模化集聚趋势的发展,消费者越来越处于弱势地位,侵害消费者利益的现象越来越普遍。生产与消费的严重失衡导致了1929年资本主义世界的经济大危机的爆发。1933年美国的“罗斯福新政”在挽救经济危机的努力中使用了国家干预的力量。1936年凯恩斯发表《就业、利息和货币通论》,认为资本主义不可能通过市场机制的自动调节达到充分就业,提出加强国家对经济的干预。凯恩斯的经济思想开启了国家干预主义的先河。而消费者运动的星星之火,是由美国1936年成立的消费者同盟(CU)点燃的。[2] 在它的影响下世界各国的消费者运动愈演愈烈,纷纷呼吁消费者保护行政。消费者保护的制度化正是在国家干预的思潮中得以“落地”——各国不同程度地制定了有关保护消费者利益的法律。美国历史上较有影响的消费者保护法令,如

---

〔1〕 参见赵煊:《金融消费者保护文献综述》,载《西部金融》2011年第3期。

〔2〕 参见梁慧星:《消费者运动与消费者权利》,载《法律科学》1991年第5期。

1938 年的食品、药品和化妆品法令、1966 年的儿童保护法令及继而颁布的玩具安全法等,都是消费者斗争的结果。到 20 世纪 60 年代,消费者主权思想的普及以及消费者权利的正式提出,标志着消费者保护进入"成就时期"。从消费者权益保护的历史来看,消费者保护的渊源在于纠正市场失灵的困境,是对以传统的契约伦理为基础的产权界定模式在加入社会公平价值考量后的再界定,契约的形式正义按照实质正义的要求进行相应的调整。倾斜保护和产权约束是普通消费者权益保护的基础性手段。

(二)金融消费者保护起源于 20 世纪六七十年代对监管失灵的社会矫治

金融消费者保护主要是从克服金融监管失灵的过程中发展起来。金融消费者保护的历史应可回溯到 1968 年美国制订《诚实贷款法案》及其后 60 年代末到 80 年代初的一系列牵涉消费信贷领域的金融立法时期。[1] 自 1929 年危机之后的大萧条以来,基于国家干预的思想,美国金融业在 30 年代建立了严格的监管制度,而且其所建立的管制运行得相当良好,直到高利率与 20 世纪 70 年代末和 80 年代早期的通货膨胀相结合,导致了美国存贷业界的第二次危机。[2] 越南战争与世界经济事件导致 20 世纪 60 年代日益增长的通货膨胀,1933 年《银行法案》规定的利率最高限额阻碍了银行吸收存款的能力,并有大量资金从存款账户中流出而转为直接投资,即发生"脱媒"现象(disintermediation)。这在 1966 年、1969 年、1974 ~ 1975 年和 1979 ~ 1980 年,当市场利率高于定期和储蓄存款利率的最高限时尤其严重,形成信用危机。在通货膨胀推动的"脱媒"压力下,银行等金融机构突破或规避金融管制的所谓金融"创新"(innovation)冲动强烈。市场的"创新"实际上已经造成了规避管制和管制失效的现象。比如,在消费信贷领域,20 世纪 60 年代晚期,信贷机构在信贷安排方面给消费者提供的信息差别很大,实际上掩盖了具有可比性的利率。1967 年 1 月 1 日,马萨诸塞州成为要求在消费信贷交易中以统一方式公开利率的第一个州。1969 年 7 月 1 日,国会通过《诚实贷款法案》并立即生效。《诚实贷款法案》实质上只是一种关于在信贷

〔1〕 包括 1968 年的《诚实贷款法》及其到 1980 年的系列修正,同年的《公平住房法》,1970 年《公平信贷报告法》、1974 年《公平信贷结账法》和《平等信贷机会法》、1975 年《住宅贷款信息披露法》、1977 年《社区再投资法》,1978 年《财务隐私法》等。

〔2〕 参见[美]莉莎·布鲁姆等:《银行金融服务业务的管制案例与资料》(第二版),李杏杏等译,法律出版社 2006 年版,第 83 页。

交易中公开信息的法律,它本身对信贷交易中的债务人并没有提供更多的实质性保护,例如,信贷交易中的债权人可以随意规定州法准许的任何信贷收费。[1] 这里值得注意的是,不像普通消费者保护法律一般是从对经营者产权约束的方式入手,《诚实贷款法案》作为各信用管理专业法律中最早建立的法律对金融消费者的保护一开始就是从标准化的信息披露的方式切入。从金融消费者权益保护的历史来看,金融消费者保护的渊源则在于克服金融监管失灵的困境,因而并不倚重倾斜保护和产权约束之类的刚性干预,而侧重于在规范信息披露基础上引导交易双方自主选择及展开互动与博弈。

从经济史的角度考察,现代消费者运动滥觞于以大萧条为背景,从自由放任哲学向国家干预思潮过渡的20世纪30年代混沌期;而金融消费者保护立法则缘自以滞胀为背景、金融“脱媒”与“创新”浪潮冲击金融监管向放松监管倾向过渡的六七十年代混沌期。历史回顾深刻地投射了普通消费者保护与金融消费者保护不同的时空印记。时空印记的差异,一方面,从历史沿革揭示了金融消费者与普通消费者的非同源性,即金融消费者并非普通消费者概念在金融领域的自然延伸;另一方面,在思想根源层面也提醒我们质疑被很多学者奉为金融消费者保护理论基础的英国经济学家泰勒的“双峰理论”[2](主张把金融消费者保护与传统的审慎监管目标并列同置于金融监管目标之下),对金融消费者保护制度的定位是否过于狭隘——金融消费者保护作为放松监管思潮时代的产物,不应当被认为是强化或扩张监管的手段。

二、“金融消费者”的三个结构特性

金融消费者具有不同于普通消费者的独立起源,这属于历史层面的本源性认知。在历史进程中,尽管具体的金融消费活动与人类其他社会活动一样随其所处特定时空而演化,但一些与生俱来的根本特性却被始终秉持,形成所谓的结构特性。对结构特性的探寻属于禀赋层面的本源性认知。我们从社会系统、微观行为和心理意志三个不同的维度探寻金融消费者概念赖以成形的结构特性。

---

[1] 参见张为华著:《美国消费者保护法》,中国法制出版社2000年版,第41页。

[2] Michael Taylor. *Twin Peaks. A Regulatory Structure for the New Century*, Center for the Study of Financial Innovation London(1995).

(一)社会系统维度的结构特性:内化的时空间离与信息不完全

金融消费从宏观社会系统维度考察的一个重要特性是金融消费处于一个高度"时空间离"的社会系统背景中。"时空间离"是英国社会学家安东尼·吉登斯的现代性理论中的重要概念之一。在传统社会,人们的时空观念都是同特定的时空点联系在一起,是一种有自身或他物"在场"的具体的时空观念。在大多数情况下,人们的社会活动和生存状态受到特定时空的支配。但由于集权化、强化形式的监管和有效的传播技术之类的制度与技术手段的进化,现代社会的空间—时间特征已根本不同于"传统社会"的那些特征,时间与空间变成独立的、抽象的、标准的尺度,从而产生"时空间离"的特征,即社会互动日益摆脱时空的桎梏,社会系统得以跨时空延续。在现代社会,人们不仅极大地扩大了自己存在的时空范围,而且遇到了越来越广阔的自我和他物的相脱离,时间和空间无限伸延和分离,"脱域"现象产生了。吉登斯认为"脱域"指的是从相互作用的地域性的关联和从对时间和空间的无限的跨越而被重建的关系之中把社会关系提取出来。[1] 吉登斯进而区分了两种摆脱(脱域)机制:"符号系统"与"专家系统"。人们倾向于认识货币之类的符号系统,却不曾在认知上认识它的流通运作过程;人们倾向于信任专家系统,却不曾实际上理解其所指涉的知识。正是这种时空间离的特性和摆脱使信任越来越成为弥合社会互动中时空裂隙的必要条件,正如吉登斯所指出那样,信任是现代性的主要特征。[2]

尽管我们无法排除普通消费活动也存在一定时空间离,例如,赊销消费与网络购物。但普通消费根本无法像金融消费那样将时空间离深深内化成为其本质特性。金融交易的一个显著特征在于面向未来的本质,而未来是不确定的且难以逆料。因此,其风险裸露的程度是普通消费无法比拟的。这样,信用和信息对于弥合时空间离所起作用的份量较之普通消费情形当然更加显著。第一,就信息而言,普通消费领域主要是信息不对称的问题,这也成为普通消费领域设置知情权和倾斜保护的主要论据。而在金融消费领域,比信息不对称远为突出的信息缺陷更在于信息不完全。信息的不对

---

〔1〕 参见[英]安东尼·吉登斯著:《现代性的后果》,田禾译,译林出版社2000年版,第18页。

〔2〕 参见[英]帕特里克·贝尔特著:《二十世纪的社会理论》,瞿铁鹏译,上海译文出版社2002年版,第137页。

称问题关注的是信息在市场参与者之间分布的状态是否均衡,信息的不完全问题则更关注市场信息本身是否真实、充分等涉及信息质量效用方面的要求。[1] 金融产品的信息远较普通产品质量和市场价格信息更具有专业性,即使参与者双方在博弈进行前的信息交流中获取了公共知识或事前同意的规则,如双方通过市场观察获取的利率、汇率、本国和外国的政策等信息大致相同且是真实的信息,即信息处于对称状态,但市场参与者并非都是能理性进行投资决策的经济人,并非都能进行诸如复利计算、贝叶斯概率计算和回归分析等数学计算,对自己的风险偏好及效用函数等有关个人属性的参数了如指掌,市场参与者仍会因他出身背景、经历、环境、性格、财富等不同在计算能力、信息分析能力、风险预测能力、认知能力上存在差异,导致市场参与者仅掌握公共知识整体中的片段,对某一现象或信息进行片面解释,发生信息对称状态下的信息不完全性,使有限理性主体自然而然进行一些非理性的交易行为。第二,金融交易通常随着时间维度的张开而成为一个交互的序贯博弈过程,普通消费则多数情况下是一次性的交易。相较之下,金融消费的博弈格局与博弈类型更加复杂。普通消费的保护通常是致力于降低交易费用达致局部均衡,因此,普通消费者保护法律中的惩罚性赔偿之类的事后产权保护方法是可行的;但金融消费者的保护显然要进一步加入博弈思维侧重机制设计,寻求博弈均衡。第三,在信息不完全凸显的情境下,公共知识的作用对于博弈过程的展开和均衡的结果都至关重要。[2] 在这些方面,可以说,金融消费已足可游离出普通消费概念的管驭而自在化了。

(二)微观行为维度的结构特性:信用授受

从金融学角度考察,金融消费不仅以信用为外在媒介,而且以信用授受为内在实质。历史上,以货币为媒介的商品交换打破了直接的物物交换中买卖双方在时空上的限制,随后信用的发展又令货币与商品的交换在时空上的限制进一步被打破,货币本身也逐渐作为一种可有偿转让的特殊商品成为市场交易对象之一,最后从低级的商业信用发展到高级的现代金融信用。在西方经济学中,信用被解释为"一种交易媒介"。金融活动以信用为

---

[1] 参见沈伯平:《信息不完全、信息不对称与资本市场规制》,载《上海经济研究》2005 年第 11 期。

[2] 参见汪丁丁:《从"交易费用"到博弈均衡》,载《经济研究》1995 年第 9 期。

基础。以信用为交易媒介,降低金融交易成本;以信用为行为规则,维护金融交易秩序。金融运行可以解释为信用交易。以信用为媒介进行交易是基于对对方未来支付能力与意愿的信任,它有别于以货币为媒介的商品交易。[1] 传统消费一般是以货币为媒介的商品交易,虽然在时空间离的现代社会中也面临信用对消费结构的调整和消费领域的扩大,例如,网上购物、分期付款、商家提供的赊销、商品租赁等时空延伸下的消费形态,广义上也属于信用消费的范畴,但它基本上还只是信用因素的有限界入,而且多数表现为商业信用,其消费的需求对象是某种具体的商品和服务,货币仍是主要的交易媒介;而金融消费,是信用全面介入并成为主导因素的交易,不仅在表象上以信用工具作为媒介,而且信用授受本身就是交易的本质,这才真正具有金融性。陈观烈先生认为,"购买力在其余缺单位之间的有偿让渡,称为信用授受或资金融通,又简称金融。"[2] 易言之,金融消费概念里金融性的本质内涵应理解为信用授受,而不仅仅是一个简单的行业指称。

(三)心理意志维度的结构特性:信用授受的消费本质

消费是社会主体满足自身需求的活动。信用授受本身就是人作为社会主体的内在需求之并可归属于自我实现需求的范畴。美国心理学家马斯洛著名的"需求层次理论"论述了人需求的多层面性,其1943年发表的《人类激励理论》论文提出,需求分为五种,像阶梯一样从低到高,按层次逐级递升,分别为:生理上的需求、安全上的需求、情感和归属的需求、尊重的需求、自我实现的需求。不同于鲁宾逊·克鲁索那样的生存境遇,作为社会意义的人,其生存本身依赖于复杂的社会网络时空,其不可避免要在社会交往中实现自身。马斯洛把自我实现看做是人成为自己的本性和潜力所能达到的一种需要或愿望"一个人能成为什么,他就必须成为什么。"[3] 马斯洛的自我实现概念实质上就是充分发挥自己的潜力所能达到的境界,这种境界是人的本性所决定的东西,是人性中的必然,而不是外在的力量强加于人的。既然"信"为人的本质需求之信用授受过程本身就是在经由社会互动的实践中满足人的内在需求,无疑具有消费性。这种消费性不同于普通消费是对物

---

[1] 参见曾康霖著:《金融学教程》,中国金融出版社2006年版,第83页。

[2] 陈观烈:《金融的意义——"金融理论与实践丛书"序》,载《上海金融》1991年第8期。

[3] [美]马斯洛著:《动机与人格》,许金声等译,华夏出版社1987年版。

质产品和服务的消耗和使用以满足人们的需要和欲望,它是鲍德里亚所说的"重新构造社会关系的过程",[1]是业经符号化和升华的消费性。金融消费通过信用授受满足人自我实现的需要,并且随着时空间离的加剧和社会思想观念的转变,人们对金融的需求随着自我实现需求的推进而具有不同内容。如果一定要从需求角度对金融消费者概念做出界定,笔者倒是赞同将金融消费者定义为"为实现金融需求,购买金融公共品和享有或占有金融服务的社会主体"。[2]

三、"金融消费者"与"投资者"的概念统合

在把握金融消费者历史起源的独立性以及三大结构特性的基础上,我们可以从本源层面重新探讨金融消费者概念界定中的主要难题——金融消费者与投资者的关系如何定位。我们将会获得一个统合性的认识,从而消解金融消费者概念固有的内在张力。

首先,金融投资者是否纳入金融消费者是金融消费者概念的核心争议,也是广、狭二义区分的根本分歧所在。持"狭义说"的认识将投资者与金融消费者相区别,认为金融消费者实际上是指为生活需要购买、使用金融产品或接受金融服务的个体社会成员,投资股票、基金、债券等这些行为的直接目的是获得资金增值或资本收益,是传统意义上的典型投资行为,而非为了"生活消费"的消费行为。但沿着心理意志需求维度展开,我们会认识到,伴随金融市场的发展,资产证券化程度越来越高,不仅仅是专业投资机构,普通家庭资产中以有价证券为代表的金融资产所占比例逐年增加,很多家庭购买基金、股票等金融产品,其直接目的虽为获取资产保值升值的利益,但其最终目的还是用于家庭的生活消费。这种寻求价值最大化的投资行为正是人成为自己的本性和潜力自我实现的需要。从这个意义上说,投资是延迟了的消费,投资者保护与消费者保护实际上是一个硬币的两面,试图在投资者与消费者之间划出界线是不适当的。[3]

在宏观经济概念上,投资与消费概念统合的本质也是"时间","投资是把时间引入的消费,所谓投资决定,就是在当下消费还是未来消费之间做抉

[1] 徐琴:《鲍德里亚消费社会理论的意义与局限》,载《哲学研究》2009 年第 5 期。

[2] 曾康霖著:《金融学教程》,中国金融出版社 2006 年版,第 8 页。

[3] Caterwright Peter, *Consumer Protection in Financial Services*, Hague: Kluwer, p. 3(1999).

择。在今天的消费与明天的消费之间,要有恰当的比例。这种发挥作用的'相对价格机制'正是经济中那只'看不见的手'"。[1] 而在立法实践上,英国、日本的金融消费者保护立法也早已把投资者纳入金融消费者领域加以保护。[2]

更进一步,从微观行为维度来看,一旦认同信用授受为金融消费的本质特性,则所谓"广义"理解下的投资者的系属定位的难题就迎刃而解。因为金融投资者也根本无法脱开"信用授受"本质的涵盖。王振栋等学者主张以"资信授予"作为界定金融消费者与金融投资者的具体标准,主张如果自然人在金融契约关系中作为资信授予方,即交付资金并按合同获取收益,则该自然人个体应认定为投资者;而如果自然人在金融契约关系中接受资金并支付资本使用的价格,则将其认定为金融消费者。[3] 其实,这一区分性的认识在"信用授受"的概念下根本没有必要,因为"信用授受"的应有之义就是行为的交互性,不管是信用授受的哪一方,无须区分方向,都归属于金融消费者范畴。基于信用授受双向性的认识,投资者在系属上应已成为金融消费者的下位概念。

于春敏等学者主张不能将投资者无分别地纳入金融消费者的概念中,认为尽管绝大多数具有投资性质的金融产品都可纳入金融消费范畴,但对高风险的投资产品,特别是那些需要市场准入门槛的产品不能纳入金融消费的范畴。[4] 杨东则基于行为金融学理论对投资者分化的路径考察,将专业投资机构和符合一定财力和专业能力的投资者排除在外。[5] 显然,基于产品类型的分化准则所主张"高风险、高收益、风险自负"的观点实质是在向着"买者自负"基本法则回归;而基于投资者能力类型的分化准则则是坚持消费者弱势的认知根源。但我们不要忘记金融消费者社会系统维度的特性是时空间离与信息的不完全。从某种意义上而言,高风险的投资产品较普

---

〔1〕 刘煜辉:《三论货币之谜》,载 http://liuyuhuiblog. blog. hexun. com/84133925d. html。

〔2〕 2000 年《金融服务与市场法》第 1G 条,消费者是指具有下列情形之一的人员:(1)使用、曾经使用或者可能使用受监管金融服务;(2)对受监管的金融服务拥有相关权利或利益;(3)已经或可能投资于金融工具;(4)对金融工具拥有相关权利或利益。可见,英国《金融服务与市场法》上的消费者概念非常广泛,基本上覆盖了整个金融服务领域的非专业交易者和投资者。2006 年日本《金融商品交易法》又通过扩大"有价证券"的定义,将调整范围扩大至所有投资类金融商品。

〔3〕 参见王振栋:《论金融消费者与投资者的识别标准》,载《上海金融》2011 年第 6 期。

〔4〕 参见于春敏:《金融消费者的法律界定》,载《上海财经大学学报》2010 年第 4 期。

〔5〕 参见杨东:《论金融法的重构》,载《清华法学》2013 年第 4 期。

通投资产品,投资者适当性程度更低,信息不完全度更高,监管更容易缺失。被称为"富翁杀手"的 KODA 金融衍生产品就是有力的佐证。[1] 在时空间离与信息的不完全的境况下,高风险金融产品的中小投资者也应当同样纳入金融消费者保护。即使专业的投资者在面对时空间离与信息的不完全时往往也是在劫难逃,而在市场实践中,这些由金融专家千方百计设计出来的特殊商品也绝非投资者凭借有限的理性和有限的公共知识即能全面掌握。更何况,投资专业能力的识别显然是一个"罗生门",对金融市场人士而言判断起来已是千难万难,更不要说司法机构这些"外部视角"的判断。笔者认为,基于信用授受消费本质的涵摄度,只要"非出于贸易、商业或职业目的"的投资者应都可纳入金融消费者的范围。

四、金融消费者保护的法律取向

因为金融消费者保护往往牵涉各国的金融监管构架和金融发展的现实状况,全面建构金融消费者保护法律制度通常将是复杂而艰巨的。但是,基于前述本源性问题的探索,我们应当能够对金融消费者保护的规范化取得一些方向性的认识。

(一)主体规定性

关于金融消费者的主体规定性是存在争议的。英国和欧盟的金融消费者相关立法确立了金融消费者的两大主体规定性:一是非出于贸易、商业或职业目的行事,二是限于自然人。[2] 但日本《金融商品销售法》则规定该法适用对象不仅限于自然人,即使是法人,只要不具备金融专业知识,均属于该法的保护范围。从金融消费心理需求维度来看,无疑应当坚持英国和欧盟对主体规定性的立场。尽管普通消费者和金融消费者保护的缘起皆有深刻的经济背景,也要完成其经济立法的社会调节功能。但如果在更深层面考虑消费与人性需求的连接,消费者保护不应仅仅止步于其经济功能,而要

---

〔1〕 KODA 的全称是 Knock Out Discount Accumulator,也被称为 Accumulator,国内翻译为累计期权。这是一种风险很高、极其复杂的金融衍生品。美国政府认为 Accumulator 对金融的破坏极大,因此禁止在美国出售此种金融衍生品。不少内地投资者因购买该金融衍生品而濒临破产。

〔2〕 2000 年英国《金融服务与市场法》本身没有规定消费者必须是自然人,但金融服务局根据该法授权制定的《FSA 监管手册》(FSA Handbook)明确了这一限定。根据监管手册,消费者必须是"并非出于贸易、商业或职业目的行事的自然人";2002 年《消费者金融服务远程营销指令》第 2 条规定,消费者指"在本指令所涵盖的任何远程合同中并非出于贸易、商业或职业目的的行事的任何自然人"。

对消费者保护的社会面向及作为经济法的社会本位宗旨有更深刻的体认。笔者认为,金融消费者保护的立法意旨应当更加高远,应当在时空间离日益严重的社会系统中着力于保全人性的完整和自我实现的心理需求,坚持消费者立法与社会生活工具化的原则分野。心理意志维度的分析表明金融消费者与普通消费者的概念存有在主体规定性方面的共性,即出于非贸易、商业或职业目的行事以满足自身需求的自然人,这充分表明了两者共同的社会性本质,对两者进行保护的共同使命应当是人本主义取向的,就是在社会生活日益工具化的背景下抵御人的"生活世界的殖民地化"。[1] 两大主体规定性固守了消费的本质属性。笔者并不认同日本的立法思路,一是日本定名《金融商品销售法》,是从金融行业或金融交易工具的角度去看待金融消费者保护,忽略了消费者概念中的心理意志维度的特性,忽略了消费者保护制度的社会法本质,忽略了消费者保护的使命是保护人的主体性。二是单纯以信息弱势的特征识别金融消费者仍然沿袭了普通消费者保护的倾斜弱者的思维,而没有认识到社会系统层面时空间离背景下更为凸显的信息不完全问题,在金融消费领域,信息分布的不均衡与信息的整体不完备是共同交织的,所谓的弱者识别的标准是片面的。三是法人和组织等主体的纳入淡化了消费者保护的人性关怀的主旨。正如梁定邦先生在《公司伦理》一文中指出的那样,公司的概念无非是一种法律拟制。它是一个允许便利地限定法律关系的法律结构,但最终仍然是那些藏在公司背后的人和他们的行为决定了公司的未来和其他人的未来。[2] 公司等社会组织是工具理性层面的拟制结构,而消费则是价值理性层面的人性需求。

(二)立法模式的选择

立法模式的选择是金融消费者立法层面的另一重大争论焦点。一论主张如陕西保监局提出在修改的《消费者权益保护法》中设专章保护金融消费

---

〔1〕"生活世界的殖民地化"系德国哲学家哲尔根·哈贝马斯交往行动理论中的重要概念,是基于他对于社会由系统和生活世界的双层结构的构思提出,系统指一个社会的政治组织和经济组织,它是以权力和货币为中介、媒体组织起来的。而生活世界指交往行为的背景假设,是相互理解的信念储存库。"生活世界的殖民地化"指的是系统侵入生活世界的各种关系中,使生活世界越来越商品化、金钱化和官僚体制化。通俗地说,生活世界的殖民化指的就是现代社会的市场机制和官僚制的权力侵蚀了原本属于私人领域和公共领域的非市场和非商品化的行为领域。参见阳海音:《论哈贝马斯的生活世界殖民化理论》,载《经济研究导刊》2011年第30期。

〔2〕参见梁定邦:《公司伦理》,载《金融法苑》1999年第1期。

者权益;另一论则如华东政法大学吴弘教授主张成立专门的金融消费者保护委员会,并出台《金融服务法》。[1] 笔者认为,金融消费者保护的立法模式与金融消费者保护的法律性质以及系属定位息息相关。

一方面,立法模式的选择首先关涉金融消费者与普通消费者的关系定位。历史渊源与时空禀赋的分析已阐明,金融消费者概念并非是消费者概念在金融领域的自然延伸,金融消费者与消费者联系着不同的社会系统和不同的微观行为本质,甚至心理意志需求的层次也差别很大,两者并非种属关系。易言之,金融消费者的概念已经从消费者的概念框架下游离出来而蜕变为一个独立的概念体系,有着独特的价值和规范。正因如此,笔者认为金融消费者需要建立独立的法律结构,并依照自身的逻辑展开去构造相关的制度,在《消费者权益保护法》下安排专章设置金融消费者保护制度并不可取——将难以体现金融消费者的特性,而且其与普通消费者保护在权利设置与保护方法上也将差异很大,很难保持立法的体系完整性。

另一方面,立法模式的选择也关涉金融消费者与金融行业及金融监管的关系定位。行为维度结构特性的分析已表明,金融消费者中"金融"的指称应当从信用授受的本质来理解,不应当简单理解为一个特定行业或者领域。我们在历史渊源的回顾中就已经质疑英国经济学家泰勒的"双峰理论"把金融消费者保护与传统的审慎监管目标并列同置于金融监管目标之下的定位过于狭隘。金融消费者观念的缘起本于监管失灵和金融"创新"和"脱媒"浪潮冲击监管的背景之下,其核心思想应当是严格监管让位于社会治理,而不是"双峰理论"所主张的监管目标的扩张或监管手段的革新。2008年金融危机之后,虽然主张强化监管的呼声甚嚣直上,但如果在一个经济环境日益复杂化和金融本位思想盛行的时代让金融消费者保护重回监管的老路,伏于刚性监管体制之下,是难以真正发挥金融消费者保护的制度功能。金融消费者保护应当冲破金融监管的桎梏和行业樊篱,走向它的"信用授受"和"人性需求"的本质,维持其观念的完整性,在社会法的功能和使命主导下进行系统建构。在这一认知角度下,如日本以金融工具和交易标的为主线立法或者学者主张的以金融服务为主线单独立法的模式选择也并不可取。

---

〔1〕 参见田亨华:《〈消费者权益保护法〉20 年首修公益诉讼或入修正案》,载《第一财报》2013 年 4 月 17 日,第 A2 版。

(三)法律制度建构的基本取向

在金融消费者法律结构上,应当秉承三大结构特性的主导与限定。在与普通消费者保护理念和制度的比较化阐释中,揭示出金融消费者在制度设置层面的独具特色的基本取向。

第一,在保护方法上,实现从单边倾斜到双边促进的更新。尽管各国在制定消费者保护法规时不一定宣称单边倾斜保护消费者的立场,但单边倾斜保护的精神仍然是消费者保护立法的重要传统。单边倾斜保护的精神是对消费者处于契约弱势和信息弱势地位的一种补偿。这是法律"强力界定权利"[1]的体现。但是,正如巴泽尔所说:"法律权利会增强经济权利,但是对于后者的存在来说,前者既非必要条件,也非充分条件。人们对于资产的权利不是永久不变的,它们是他们自己直接努力加以保护,他人企图夺取和政府予以保护的函数。最后这点主要通过警察和法庭奏效。"[2]因此,单纯的市场配置、政府监管或法律的强力界定都可能未必是最有效的办法,特别是在金融消费这样一个信息的状态和分布以及外部性很强的领域。鉴于金融消费时空间离和信息不完全的系统特性,金融消费者立法应当致力于提供引导参与者展开博弈的空间或边界条件,而不是直接倾斜保护表面上的弱势方。因为金融消费不同于普通消费的一个重要特点是具有序贯的过程性与面向未来的特性,产权和信息分布的状态是随时间维展开的博弈过程而具有动态性的,先入为主地直接确定倾斜保护的一方将可能更加背离均衡而不是引致均衡。比如,消费信贷的借款方对于自己的信用类型与嗣后的使用反而拥有更多的私人信息,如果秉承消费者保护法的传统认识(倾斜保护消费者,对消费者的失信行为交由契约法规制),那么将增大道德风险,市场也将面临逆向选择的趋向。金融消费者的保护应当摒弃单边倾斜的思路,而代之以双边促进的新理念。笔者认为,双边促进需要两个基本配置,一是强化金融消费者的教育,实际上是增进金融服务双方交流所需的信息与公共知识,便于博弈的展开;二是在具体金融消费者法律制度层面植入信托法上的信义义务。信义义务作为英美衡平法上的概念,是很好地适应信托这样一种移转和管理财产设计的弹性机制,受托人的识别可以根据动态

---

[1] 参见汪丁丁:《产权博弈》,载《经济研究》1996 年第 10 期。

[2] [美]巴泽尔著:《产权的经济分析》,费方域等译,上海三联书店、上海人民出版社 1997 年版。

过程中的实际过程状态确定而保障予以保护的正确方向,这也给参与双方提供了一个对等的激励和约束机制,实现了双边促进的宗旨。英国的金融消费者立法已有此义务设置的趋向。[1]

第二,在权利设置上,实现从知情权到犹豫权(cooling - off)的双重强化。知情权是消费者权益保护立法上的传统设置。作为一种基础性的设计,其旨在降低交易双方的信息不对称的状况在方向上是可行的。但是,单单知情权不仅存在约束过于柔化的问题,更大的问题在于要求披露信息的针对性问题。特别对于有信用因素介入的消费,商家可能披露了信息,但因为没有针对性,仍然无法消解消费者的风险。修改后的《消费者权益保护法》第28条已增设有信用因素介入的消费在知情权内容方面的设置,“采用网络、电视、电话、邮购等方式提供商品或者服务的经营者,以及提供证券、保险、银行等金融服务的经营者,应当向消费者提供经营地址、联系方式、商品或者服务的数量和质量、价款或者费用、履行期限和方式、安全注意事项和风险警示、售后服务、民事责任等信息”。但这显然是不够的。

在金融消费领域,知情权针对性的问题则显得更加凸显。因为在复杂的动态的金融消费领域,消费者缺乏金融知识,无法知道哪些信息是具有重要价值的,而金融服务的提供者可能会按要求披露和提供相关信息,但却不一定有针对性,而且从金融消费的信息不完全角度来看,更加难以确定信息的真实性与充分性。作为金融消费者保护制度的初始建构,1968年美国的《诚实贷款法案》就是从这里切入的,它的一大贡献就是要求格式化的信息披露——所有与信贷有关的费用都要归入百分制年利率和授信所产生的总财务费用的计算中。这些披露试图使得借款人掌握信息,对不同的选择进行比较。[2]

对于金融消费而言,不仅应当完善知情权的设置并标准化披露,而且还要在此基础上辅以犹豫权的强化。犹豫权也是金融消费者初始立法时期1968年美国的《诚实贷款法案》的原创,赋予借款人可以在信贷提供的3天

---

〔1〕《2000年金融服务与市场法》要求被授权人必须尽合理注意义务,确保代其行使职能的人符合相关资格要求。该法特别对集合投资计划应该遵守的以信托义务为典型代表的职业诚信义务单设第17部分作出规定,把普通法上的注意义务提高到谨慎管理人管理自己财产应尽注意的水平,对有关违法责任可以提出已完成所有尽职调查义务抗辩。参见汪其昌:《信义义务:英美金融消费者保护的一个独特制度》,载《国际金融》2011年第2期。

〔2〕参见[美]莉萨·布鲁姆等著:《银行金融服务业务的管制案例与资料》(第二版),李杏杏等译,法律出版社2006年版,第268~269页。

内撤销任何交易,而且如果没有遵守该法规定进行要求的披露,这种撤销权延长到3年。[1] 修改后的《消费者权益保护法》第25条也已增设有信用因素介入的消费在犹豫权内容方面的设置,“经营者采用网络、电视、电话、邮购等方式销售商品,消费者有权自收到商品之日起7日内退货,且无需说明理由,但下列商品除外:……消费者退货的商品应当完好。经营者应当自收到退回商品之日起7日内返还消费者支付的商品价款”。显然,对于金融消费者立法,不仅应完善格式化披露机制,而且应当更加周密地设计犹豫权条款并增加不合格披露延长犹豫期的设置。

第三,在法律措施上,实现从惩罚性赔偿到信用遏制的机制转向。传统民法的损害赔偿原则一向是补偿性,但我国1993年《消费者权益保护法》第49条(根据2014年修订,现应为第55条)例外地设置了惩罚性赔偿的条款。设置惩罚性赔偿机制的立法意图,一是强化对消费者的保护,二是打击、制止生产和销售假冒伪劣产品的行为。[2] 易言之,一为体现倾斜保护的思想,二为发挥阻遏功能。但在金融消费者保护领域,笔者认为,应当摒弃惩罚性赔偿,甚至从整体上摒弃法律设置个别的物质化惩戒机制的思维。除了前已述及的金融消费者保护不提倡倾斜保护的原因外,还在于金融领域特殊的倍利特性,可以使物质赔偿设置惩罚性赔偿相较从事不法所获的利益微不足道,不仅不能起到阻遏作用,反而可能被参与市场的不端者利用。另外,从法律原理上讲,惩罚性赔偿一般都是针对那些故意的、具有严重过错的行为,而对一般的过失行为并不适用。[3] 也就是说,主观故意的认定是关键的,但是金融领域的复杂性、动态性和专业性显然容易造成主观认定方面的困难。笔者认为,金融消费者在法律措施的设置上,应当侧重更加长效的、整体性的信用手段。信用手段的阻遏功能将是更加实质性的,因为在金融消费领域,信用授受是其微观行为的本质,一旦信用授受的能力受到可预期的负面影响,理性的市场参与者必然会倾向于自律,这种约束不像惩罚性赔偿那样属于事后的惩戒,而是能起到过程中实时约束甚至是事前约束,这更加符合金融领域动态化的特点。在具体制度设置层面,一是建立社会化的征信平台系统,损害金融消费者权益的行为一旦被认定,规定做出相应的

---

〔1〕 参见[美]莉莎·布鲁姆等著:《银行金融服务业务的管制案例与资料》(第二版),李杏杏等译,法律出版社2006年版,第277页。

〔2〕 参见王利明著:《违约责任论》,中国政法大学出版社2000年版,第550~556页。

〔3〕 参见王利明著:《违约责任论》,中国政法大学出版社2000年版,第545页。

负面记录的法律后果;二是规定金融消费者损害行为在信用评级方面的后果,一旦损害行为被认定,规定产生相应的信用等级减损后果,这尤其对专业的金融服务商起到远比惩罚性赔偿更强的阻遏效应;三是规定具有侵害金融消费者行为不良记录者在特定领域和业务的资格禁入后果,等等。当然,这些信用设施的建设与运作还有赖于民法上对信用权的基础性建构。

第四,在总体理念上,实现从行业管制到社会治理的提升。由于金融消费者保护的观念日益强化,2012 年我国在"一行三会"的消费者保护机构也已全部落地。但是,这样的设置显然使金融消费者保护伏于纵向分割的监管体制之下,而不利于超越行业管制进入到更加一体化的社会保护层级。因为金融消费者的时空特性决定其最适应的社会方式应当是治理,而不是管制。金融消费者保护的体制应当越来越超越监管模式的桎梏,趋向于统一的机制。在美国,2008 年金融危机后金融消费者保护局(CFPA)的独立设置虽然仍未超越银证分业的樊篱,但至少体现了趋势。走向统一的、社会化治理的进路可能是漫长而困难的,这需要我们有意识地、渐进地引入相关的社会化建构——如金融消费者协会和行业协会功能的发挥、社会征信系统和社会信用评级机构的建设、金融消费者仲裁和其他 ADR 方式的推广、金融消费者集团诉讼和公益诉讼机制等。

五、结语:金融主义的社会掣肘

我们再次回到历史。20 世纪初,世界资本主义的发展进入了一个新的历史时期,其标志就是由银行资本同工业资本融合而形成的金融资本,取代了产业资本在资本主义经济中的中心地位。鲁道夫·希法亭在其巨著《金融资本》中,强调了在产业资本与金融资本融合的过程中金融资本的统治作用。[1] 20 世纪中叶到六七十年代,金融资本的迅速壮大更是冲破了货币体制和金融监管的重重桎梏,使金融日益服务于金融市场的自身交易而非为产业融资,这被称为金融主义。[2] 金融主义的兴起完成了资本主义在金融资本主导下自身的异化过程,金融倾向于为自身服务而不再致力于为产业服务,金融作为弥合时空间离专家机制之一背离了其本然使命,社会生活的

〔1〕 参见徐以升:《欢迎来到金融资本时代》,载《第一财经日报》2013 年 4 月 15 日,第 A7 版。

〔2〕 参见[美]米切尔:《反思金融主义:一个历史的视角》,施天涛等译,载《清华法学》2012 年第 6 期。

经济分系统迅速走向工具化。金融消费者保护的思想肇因和制度雏形在时空上几乎紧随金融主义的步伐,随后在社会意识层面演绎了与金融主义背离与回归、工具化和人性化的制衡力量。在消费者保护的历史和金融危机的历史中,我们看到了监管失灵,监管可能会有帮助但不可能真正实现金融的潜能,尤其是金融的社会功能。国家运用公众资源监管金融是有边界的,还必须寻求不用付出昂贵代价的社会方式。在这个认知层面,金融消费者保护制度的功能和意义可谓广阔而深远。

金融科技的监管创新研究

徐文博　李西臣*

内容提要　随着互联网、云计算、大数据和区块链等现代科技与金融业的结合，以电子支付、网络融资、智能投顾、区块链为主要形式的金融科技新业态不断涌现。与传统的金融模式相比，金融科技能够极大地提高效率，降低交易成本，更好地为社会发展服务。但金融科技在迅猛发展的同时也给监管者带来了一系列的挑战，监管者在鼓励金融科技发展的同时，更要防止系统性金融风险的出现。面对金融科技迅猛的发展态势，监管者需要转变监管思路，学习国际先进经验。英国等国家推出的监管沙盒制度对我国金融科技监管具有借鉴意义。监管沙盒以鼓励金融科技创新，降低金融风险为目标，对我国的金融科技的监管有很强的借鉴意义。监管沙盒与我国的试点制度在逻辑上一致，在风险可控的情况下推动创新的发展，让创新更好地为社会服务。除了对监管沙盒机制进行探索，还应发展监管科技、加强对数据信息安全的立法、建立金融监管协调机制。

关键词　金融科技　金融风险　监管沙盒　监管创新

---

* 徐文博，西华大学经济学院；李西臣，西华大学法学院，经济法学博士，副教授。

一、引言

随着经济社会持续发展,科技水平不断提高,技术创新与现有产业联合,使各个行业发展出新业态。金融科技就是新技术推动金融业发展的产物。金融科技通过人工智能、大数据、区块链等技术,以快捷、高效、低成本的优势,提高金融服务效率,降低交易成本,为消费者带来便利。金融科技是现代金融业不容忽视的重要力量,代表金融业未来的发展方向。

金融科技是创新驱动经济发展的重要组成部分,金融科技的发展不断得到国家的重视。2017 年 6 月,央行印发了《中国金融业信息技术“十三五”发展规划》。[1] 规划中提到,“十三五”时期将推动金融科技的发展,包括加强金融科技和监管科技研究和应用;规范及普及互联网金融相关技术应用;积极推动区块链、人工智能等新技术的应用研究等。

创新推动发展的同时也会带来风险。近年来,中央多次召开金融安全工作会议,旨在强调金融安全的重要性,防范系统性金融风险的发生。由于法律定位模糊、监管滞后、信息披露混乱、行业自律缺失等原因,金融科技给市场带来了巨大的风险。面对金融科技的爆炸式增长、混业经营的趋势,我国传统的金融分业监管模式暴露出许多的问题,使监管不力,风险频发。并且,已有的政策法规对金融科技做了过多的限制,未能有效推动金融科技的发展。

二、金融科技及其监管的现状和特点

(一)金融科技的概念

“金融科技”(FinTech)一词为 financial technology 的合并缩写,金融科技涉及多个方面,发展程度各不相同,目前没有对金融科技严格的定义。2016 年 3 月,金融稳定理事会(FSB)在关于金融科技的专题报告中对金融科技做出了初步的定义,[2]即金融科技是指通过技术手段带来的金融创新,能够创造新的业务模式、应用、流程或产品,从而对金融市场、金融机构或金

---

〔1〕 参见中国人民银行关于印发《中国金融业信息技术“十三五”发展规划》的通知,载 http://coi.mofcom.gov.cn/article/ckts/ckzcfg/201706/20170602601485.shtml,2018 年 4 月 15 日访问。

〔2〕 参见朱太辉、陈璐:《Fintech 的潜在风险与监管应对研究》,载《金融监管研究》2016 年第 7 期。

融服务的提供方式造成重大的影响。现阶段,金融科技主要是指由大数据、区块链、云计算人工智能等新兴技术推动,作用于金融市场的新型业务模式。根据具体的应用领域,金融科技分为以下几类:[1]在支付清算领域,主要是互联网支付和移动支付等;在网络融资领域,包括网络众筹、P2P网络借贷;在投资领域以智能投顾为主;在区块链技术领域,以数字货币为主要形式。

(二)金融科技的监管

金融科技监管属于金融监管的一部分,金融科技的监管制度被囊括在传统金融监管制度中。金融科技同时具有金融和科技两大属性使其长期游走于金融监管的边缘,各个监管主体对金融科技监管责任不明确,出现监管空白,使不法的行为有了可乘之机。互联网金融是金融科技的组成部分。在2015年7月18日,由央行牵头相关部门起草制定的《关于促进互联网金融健康发展的指导意见》(以下简称《指导意见》)[2]对外发布。《指导意见》明确指出要鼓励金融创新,推动互联网金融的发展,并规定了互联网金融几个领域的监管责任划分,加强对互联网金融的监管。《指导意见》规定:电子支付业务由中国人民银行负责监管,股权众筹融资业务、基金销售业务由证监会负责监管,互联网保险业务由保监会负责监管,互联网信托业务、互联网消费金融业务由银监会负责监管。但《指导意见》对金融科技监管职权的划分局限在互联网金融领域,未对金融科技整体出台监管方案。虽然没有明确对金融科技具体的监管措施,但在2017年新成立的两个机构体现了国家对金融科技创新与监管的重视。2017年5月,中国人民银行金融科技委员会成立,[3]旨在建立金融科技创新管理机制,引导金融科技的健康发展并加强对金融科技的监管。

(三)金融科技监管的现状

虽然金融科技给金融业带来了创新,但金融科技的本质仍是金融中介,其风险属性不会被改变。在科技含量更高、涉及参与主体更多的情况下,金

[1] 参见廖岷等著:《金融科技的发展的国际经验和中国的政策取向》,中国金融出版社2017年版。

[2] 人民银行等十部门发布《关于促进互联网金融健康发展的指导意见》,载http://www.gov.cn/xinwen/2015-07/18/content_2899360.htm,2018年4月16日访问。

[3] 参见人民银行成立金融科技(FinTech)委员会官网,http://www.gov.cn/xinwen/2017-05/15/content_5193919.htm,2018年4月15日访问。

融科技的发展使金融风险更为复杂,监管的难度也不断加大。金融科技监管现状并不乐观,其风险体现在以下几个方面:

1. 操作风险和信息安全风险显著

金融科技的发展建立在信息技术之上,无论是在金融科技的运营上,还是后台在的网络维护上,出现任何的管理疏漏、技术缺陷或是人为因素,都会使金融业务系统处于极大的风险下,极易引发市场波动。例如,2013 年发生的"光大乌龙指"事件就曾造成了整个 A 股市场的震动。[1] 因为光大证券策略交易系统存在设计上的缺陷,导致大量市价委托订单直接发送至上交所,当时光大证券累积申报买入 234 亿元,实际成交额 72.7 亿元,造成整个上证指数突然上升 5.96%,使中石油等众多大盘股涨停板。大数据技术延展了金融科技的业务基础,但大量的数据难以被监管,还会出现数据泄露、数据库被攻击等一系列问题。

2. 信息披露缺失[2]

金融机构作为金融中介,掌握资金供需双方的信息,是信息传递的载体。金融科技的发展使资金供求双方直接交易,从而实现金融脱媒,但在减少信息不对称、利用和控制信用风险的问题上并未发生实质性变化。而缺少信息披露则有可能发生金融诈骗、非法集资。2015 年的"e 租宝"非法集资案就是利用 P2P 网贷平台进行金融诈骗、非法集资的典型案例,[3]"e 租宝"是钰诚集团及其关联公司下属的金易融网络科技有限公司运营的网络融资平台,"钰诚系"以高额利息为诱饵,虚构融资租赁项目,利用自己的信息优势地位,持续采用借新还旧、自我担保的方式非法吸收大量公众资金,累计交易发生额达 700 多亿元,涉及投资人约 90 万人。由于缺少信息披露导致的信用风险比比皆是,给投资者带来了不少的损失。

3. 金融科技创新与传统法律规章相冲突

法律的制定是迟于新事物的产生的,难以用先行的法律法规对层出不穷的新型金融业态和交易模式进行规制,从而存在合规性风险。在一定程度上,网络融资、电子支付、智能投顾、区块链技术等金融科技主要应用领域

---

[1] 证监会:《光大内控缺陷明显,未发现人为操作差错》,载 http://money.163.com/13/0818/15/96IQ7CRS00251LIE.html,2018 年 4 月 16 日访问。

[2] 参见杨东:《防范金融科技带来的金融风险》,载《红旗文稿》2017 年第 8 期。

[3] 参见"e 租宝"案,载 https://baike.baidu.com/item/e 租宝案/19424279?fr=aladdin,2018 年 4 月 16 日访问。

是对传统法律的挑战,它们的发展超出了传统的法律边界,甚至在一些方面与现行法律规定相冲突。例如,智能投顾为投资者提供投资咨询和代理交易的服务,但根据《证券法》第171条的规定,[1]投资咨询机构及其从业人员从事证券服务业务不得代理委托人从事证券投资。再者,股权众筹的发展受到我国《刑法》对"非法集资"[2]以及《证券法》对公开发行规定[3]的种种限制。金融科技的创新冲击了传统法律、法规,使创新发展与监管产生了矛盾,由此带来的合规性风险。

三、金融科技风险的特殊性

与传统金融发展相比,金融科技发展的特殊性体现为显著的科技性、金融民主化与混业经营。金融科技以信息技术为基础,依托科技进步,金融科技才能有发展。金融科技是推动普惠金融的重要力量,金融科技公司利用大数据技术,将金融服务带入"寻常百姓家"。金融科技公司还呈现出混业经营的发展趋势,一家金融科技公司往往涉及多个金融领域的业务。

金融科技这三大特殊性使其风险也与传统金融风险相比具有特殊性,在具有传统金融风险的基础上,金融科技有更为显著的风险特征。

1. 风险扩散速度更快

信息技术的进步使金融科技引发的风险比传统金融风险在全球范围内传播速度更快,有更强的溢出效应。依赖于高效的交易平台,全球的金融交易实现了即时性交易,这使市场对风险的反应时间被大大地压缩。并且,货币也摆脱了实物的限制,货币电子化、数字货币使资金流动的速度得到了极大的提高,这无异使市场对风险的反应程度更为强烈。一旦由于市场失灵或操作失误引发风险在小范围内突然爆发,在其他区域的市场对其防范的效果会被大大削弱的情况下,风险会以极快的速度蔓延到更大范围的市场,甚至引发全球性的金融风险。

---

[1] 参见《证券法》第171条规定:"投资咨询机构及其从业人员从事证券服务业务不得有下列行为:(一)代理委托人从事证券投资……"

[2] 参见《刑法》第176条规定:"非法吸收公众存款或者变相吸收公众存款,扰乱金融秩序的,处三年以下有期徒刑或者拘役,并处或者单处二万元以上二十万元以下罚金……"

[3] 参见《证券法》第10条第1款规定:"公开发行证券,必须符合法律、行政法规规定的条件,并依法报经国务院证券监督管理机构或者国务院授权的部门核准;未经依法核准,任何单位和个人不得公开发行证券。"

2. 风险扩散范围更广

金融科技对普惠金融的推动作用是毋庸置疑的,金融科技使金融服务的范围扩大、让更多人受惠的同时,金融风险的范围也随之扩大,尤其是扩散到风险承受能力差的小微企业中。此外,金融业务的全球化开展,资本在全球范围内流动的速度加快,使金融风险能够由点及面地跨领域扩散开来,风险的相关性不断加强。2017 年,金融科技明星公司—蚂蚁金服的客户数量已超过 5 亿人。[1] 如果发生较大范围的债务违约,会涉及众多市场主体。

3. 风险复杂程度更高

金融科技推动了金融业混业经营的趋势。当下,金融科技各个部门相互交织、相互交易,其数据安全、信息安全也绑定在一起,一方发生风险很容易把另一方拖入风险的漩涡。例如,蚂蚁金服已经拥有包括银行、保险、基金、支付等金融各领域的牌照,[2] 一家金融科技公司进入如此多的金融领域,其各板块的金融业务会相互渗透,也带来了更为复杂的金融风险。

4. 信息科技风险更为突出

相较于传统金融业,金融科技的创新使信息科技风险更为突出,这也是金融科技自身所固有的风险。全球网络要全事故频频发生,时常有金融数据资源被攻击、被盗窃的事情发生,造成了严重的经济隐患。而目前,金融科技处于发展的初期阶段,行业标准尚未建立,没有完善的信息数据保护制度,这就导致无法保证金融数据资源的安全性,信息科技风险难以避免。

四、金融科技监管的创新思路

进行金融科技监管的根本目的是为了促进金融科技的健康发展,从而使消费者受益。监管机构的监管思路需要从推动这个底层逻辑出发,对金融科技进行包容性监管。

(一)金融科技的发展需要包容性监管

金融科技的发展具有不确定性,甚至一些金融创新业务与现行法律法

---

〔1〕 参见《携 5 亿用户叫板银行,蚂蚁金服"自断一臂"还敢这么嚣张?》,载 http://www.sohu.com/a/225552684_376360,2018 年 4 月 16 日访问。

〔2〕 参见《蚂蚁金服拥有的金融牌照盘点:支付、基金、保险、银行牌照全有》,载 http://www.askci.com/news/finance/20160823/11151856214.shtml,2018 年 4 月 16 日访问。

规相冲突,在这种情况下,对金融科技的发展加以严格的监管,又会降低创新活力,使我国金融科技的发展落后于其他国家,而完全放任金融科技的发展,就会像我国互联网金融发展的早期那样,野蛮生长,风险频发。

金融业关系国计民生,在我国受到严格监管。金融业准入门槛高,一个金融牌照就限制了很多企业的金融梦,使很多民营资本对金融业望而却步。金融业监管严格,金融监管机构对金融机构出台了十分详尽的管理措施,经常对金融市场做出干预。而鼓励金融科技的发展需要放宽对金融科技的监管,在整体风险可控的情况下,让金融科技企业大胆创新。但在面对互联网金融发展时,金融监管机制却又完全放任自流。从 2007 年国内第一家网贷公司"拍拍贷"成立,一直到 2015 年央行才联合十部委出台《关于促进互联网金融健康发展的指导意见》,在这八年期间,几乎互联网金融几乎处于"监管真空"状态。这使金融风险频发,如"e 租宝"、泛亚、融资城等事件,许多公司打着互联网金融的名义进行非法集资。金融监管机构要允许金融科技企业创新试错,允许其突破部分监管规则,但也不能放任其发展,要做到"有所为,有所不为"。

对金融科技进行包容性监管则是一种良好的监管模式,包容性监管着眼于包容与监管,包容的是金融科技的创新,监管的是金融科技带来的风险。在建立起金融科技容错监管规则的情况下,这两者并不矛盾,创新才能迎来发展,而控制风险才能让创新持续进行,由此来推动金融科技的健康发展。包容性监管也正所谓是让金融科技"带着镣铐跳舞",在推动金融科技创新的同时又将金融科技的风险控制在一定范围内。

(二)国际金融科技监管创新思路—监管沙盒[1]

监管沙盒是对金融消费者保护与进行包容性监管相结合的体现。为了通过支持金融创新来提升竞争力,保持其在欧洲的金融科技中心和世界金融中心的地位,英国政府在 2015 年 3 月提出监管沙盒制度(Regulatory Sandbox)的概念。[2] 英国的金融科技产业发展相对迅速,英国金融科技产

---

〔1〕 Lev Bromberg, Andrew Godwin and Ian Ramsay. Fintech sandboxes: Achieving a Balance between Regulation and Innovation. *Published in the Journal of Banking and Finance Law and Practice*, Vol. 28, No. 4, 2017, pp. 314 – 336.

〔2〕 Financial Conduct Authority Regulatory sandbox, see http://docplayer.net/24049530 – Financial-conduct-authority-regulatory-sandbox.html, 2018 年 4 月 17 日访问。

业规模已达200亿欧元,对推动经济增长具有重要作用。英国金融行为监管局(FCA)推出的监管沙盒制度通过实验的方式创造出一个“安全区域”(safe place),[1]为金融科技企业的新产品、新模式提供一个监管试验区,用以支持本国的金融科技产业的发展,激发创新活力。监管沙盒是一种能在有效控制风险的情况下还能促进金融科技创新的监管机制。

作为新金融时代政府鼓励创新和规制风险的产物,“监管沙盒”机制推出后在国际上受到广泛的好评。澳大利亚和新加坡的金融监管机构在2016年初就与英国金融行为监管局订立了合作协议,并根据本国的情况创新了监管机制。随后,中国香港、马来西亚、加拿大和阿布扎比等地的金融监管部门也研究并推出了自己的监管沙盒计划,[2]在政府可控的范围内,开展多种形式的金融创新,推动当地金融发展,提升竞争力。

监管沙盒是监管者为履行其促进金融创新、保护金融消费者、减少金融风险的职能而开创的一项监管制度。“监管沙盒”类似改革试验田,在可控的测试环境中,允许金融科技公司对其新产品或新服务进行真实或虚拟的测试。在被限定的模式范围内,监管沙盒简化了市场准入标准和流程,允许在沙盒中注册的金融科技公司在事先报备的条件下从事与现有法律法规相冲突的业务,在保护消费者权益的前提下,允许创新业务快速实施运营,并根据其在沙盒内的测试情况给予市场推广。一方面,监管沙盒模式有利于金融科技企业的发展,为金融科技的新兴业态提供创新试验区,支持初创金融或金融科技类企业发展。另一方面,监管沙盒模式有利于金融监管部门进行监管,以实验的方式创造出一个安全区域,适当放松对新兴金融产品和服务的约束,降低了创新引发的金融风险的可能性。概括来讲,金融科技是监管者在保护消费者权益、严防风险外溢的前提下,主动合理地放宽监管规定,减少对金融科技创新法律规章限制,鼓励更多的金融创新理念由想法变为现实。在此过程中,能够实现金融科技创新与有效金融监管双赢。

五、对我国金融科技监管创新的建议

我国的金融科技监管的创新要从我国国情出发,与国内外金融科技监

---

[1] Regulatory sandbox lessons learned report, see https://www.fca.org.uk/publications/research/regulatory-sandbox-lessons-learned-report,2018年4月17日访问。

[2] 参见胡滨:《监管沙盒的应用与启示》,载 http://www.nifd.cn/paper/details/274,2018年4月16日访问。

管制度相结合，发展出适应我国金融科技创新的监管体系。对金融科技的监管要既能促进我国金融科技的创新，又能有效控制风险。

（一）发展监管科技，[1]推动监管创新

当前，金融业已经实现信息化、自动化，而监管在这方面却显得十分落后。随着数据科学和区块链等技术的进步，监管也将实现数字化，这将大幅降低合规成本，提升监管的效率。在监管科技的支撑下，建立起金融科技风险监测和预警机制，实现对金融科技风险的即时识别。

监管部门要从我国现实国情出发，加快监管科技的研究与运用。技术进步不仅可以提高金融服务效率，降低交易成本，也为提高监管效率，促使监管更为有效。一方面，要推动新技术在金融监管中的应用。监管机构要积极开发与利用信息科技，提高金融监管的技术水平。监管部门把区块链、大数据、云计算、人工智能等新兴信息技术应用在监管领域，丰富监管的工具和方法提升监管的效率。例如，监管部门可以利用大数据技术对交易数据进行全方位存储；利用区块链技术对每一笔交易进行追踪，防止篡改交易记录；利用人工智能技术对各个金融机构进行监督，及时发现风险。或向第三方信息技术公司外包技术监管工作，从而减少监管上的压力。此外，中央银行可以将区块链技术和分布式账本技术利用于改进电子货币和货币政策。另一方面，要提高监管人员的信息科技技能培训。监管机构要强化对监管人员的信息科技技术培训。金融科技是未来金融业发展的趋势，这就要求监管人员不仅要懂金融监管，也要懂信息技术。随着金融科技不断涌现新业态，监管人员也应有足够的信息科技知识，才能够更好地发现金融科技潜在的风险，利用信息技术改进监管方法，提升监管的效率。金融监管机构与高校或科技公司展开合作，来提高金融监管人员的信息科技知识水平。

（二）建立中国版的监管沙盒

建立中国版的监管沙盒，对金融科技进行包容性监管。目前，英国的“监管沙盒”是根据英国金融科技的发展业态采取的包容性监管举措，但还尚未形成成熟的金融科技监管模式。英国的“监管沙盒”与我国常用的改革试点在思路上异曲同工，都是在控制风险的情况下推动创新的发展。我国

---

〔1〕 参见蔚赵春、徐剑刚：《监管科技 RegTech 的理论框架及发展应对》，载《上海金融》2017 年第 10 期。

应参照英国“监管沙盒”机制,结合我国国情,对监管沙盒机制进行优化,使之与我国的金融监管框架相匹配,建立起中国版的“监管沙盒”,从而达到金融科技创新与有效监管风险相平衡的目的。

监管沙盒对伪劣金融创新进行甄别,形成准入限制。我国金融科技企业目前发展情况良莠不齐,甚至有部分企业违规违法,侵害消费者利益。所以如何快速辨别金融科技创新项目是否有真实的技术与产品创新就显得十分重要,是监管沙盒对金融科技企业准入约束的关键。面对众多金融科技公司的申请,金融监管部门要对其创新项目及产品进行穿透式识别。金融监管部门要透过金融产品创新的外在表面,识别出其产品的实质,将不合格、没有创新实质的项目和产品排除在监管沙盒之外,形成准入限制。

监管沙盒进行包容性监管,为创新留出更大的空间。我国在改革开放的过程中开展了大量的改革试点,这些试点鼓励创新、包容错误,为探索适应我国经济发展的新制度作用重大。而监管沙盒作为促进金融科技发展的创新监管机制,要融入包容创新的理念,为金融科技企业提供宽松、稳定、可预测的监管环境。在这种监管环境下,监管机构稳定的监管政策、明确的监管态度能够增强企业行为的可预见性,从而激发金融科技企业的创新活力。此外,在包容的监管环境下,监管机构能与金融企业相互沟通,适当调整监管沙盒的具体政策,减少监管机构与金融科技企业之间由于信息不对称而引发的监管真空与监管重叠。

(三)完善金融数据监管立法

完善金融数据监管立法,降低信息安全风险。在金融科技时代,金融数据成为金融机构竞争的核心领域之一,各大金融科技公司和传统金融机构纷纷抢占数据市场。然而,任何技术都是一把“双刃剑”,金融大数据能推动金融业发展,也造成了信息安全问题,尤其消费者的个人数据和金融机构的数据库,都是信息安全问题高发的领域。部分金融机构会滥用用户的个人数据,众多的 P2P 网贷平台会相互倒卖用户数据。不仅是金融领域,在互联网科技领域数据安全问题也是频发。2018 年,美国的著名社交媒体 Facebook 的用户数据泄露问题在全球范围内引起了极高的关注。[1] 为了更

〔1〕 Stocks-Facebook Data Leak, Political Uncertainty Weighs on Markets, see https://finance.yahoo.com/news/stocks-facebook-data-leak-political-164600727.html? guccounter=1,2018 年 4 月 17 日访问。

好地保护用户的数据安全、扩大用户对数据的控制权，加大对数据盗窃行为的惩处力度，2016 年 4 月，欧盟通过了《数据保护监管总规》。[1] 而我国尚未对数据安全进行立法，没有建立起消费者个人信息保护的有效机制。

建立个人数据保护的法律制度体系。通过完善对个人信息的保护，使在采集、使用金融数据时能够依法依规。在现有的法律法规的基础上，考虑我国金融科技发展的实际情况，扩展现有法律法规对于金融数据监管的适用范围，并尽快出台新的个人数据保护法，明确监管机构的权责边界和金融机构的权利义务，让个人就数据在合法合规的前提下得到使用，从而加强对消费者信息的保护，防范金融科技风险的发生，促进金融科技产业健康发展。

(四)建立金融科技监管的协调机制

金融科技的发展跨越了金融各行业和地域的限制，金融风险的复杂度和关联度显著提高，混业经营的趋势显著，建立跨行业跨地域金融科技监管协调机制尤为重要。以蚂蚁金服为代表的新兴金融科技公司已经获得了金融全行业的经营牌照，混业趋势明显，各个金融领域的关联度日益加强。蚂蚁金服不仅取得了众多的行业牌照，其金融业务也已扩展到全球，蚂蚁金服在海外有超过三千万的用户，并且蚂蚁金服已经入股印度最大的在线支付公司 Paytm，成为其最大股东。而作为传统华尔街老牌投行的高盛，其服务客户更是遍布全球。对于金融科技的监管而言，我国的金融科技监管要建立起跨行业、跨国的监管合作协调机制。

在跨行业监管方面，要改变过去“各管一块”、各家自扫门前雪的传统金融分业监管模式，建立起能够协调各方的监管机制。2017 年，中央人民银行成立的金融科技委员会就是一个很好的开端，旨在加强金融科技工作的研究规划和统筹协调，使各类监管机构能够协调开展保持监管政策的一致性，有效控制金融风险。跨部门的监管协调机制有助于提高监管的效率、保护市场参与者的利益和有效控制金融风险，也是促进金融科技发展的重要举措。

要建立在不同国家和地区的金融监管机构之间的协调机制。各国经济

---

[1] 参见欧盟《通用数据保护条例》，载 http://www.sohu.com/a/110154040_353595，2018 年 4 月 17 日访问。

发展情况不同,金融科技在不同国家和地区发展差异很大,并且不同国家和地区的监管政策与标准的差异显著。深入开展国际金融监管的交流合作,会有助于各国金融监管部门更好地认识金融科技所能引发的风险,预测未来风险发生的趋势。利用现有的国际金融组织,如世界银行、国际货币基金组织,构建国际性的金融科技风险预测监管平台,加强信息共享,协调各国的监管立场与监管政策,减少监管套利。

六、结　语

对于金融科技的监管制度的改进,监管机构要肩负起主要责任,在控制风险的前提下,推动金融科技的创新。而金融科技企业作为市场的主要参与者,要做到行业自律。金融监管机构要根据我国金融科技发展的现实状况,针对金融科技风险的特点,对监管规则进行调整。除了学习国外的监管经验,建立适应我国的监管沙盒制度外,还要大力发展监管科技,加强对数据信息的保护,建立起监管金融科技风险的协调机制,从而推动金融科技健康发展,让消费者得到福利。随着金融科技监管机制的不断健全,金融科技能够更好地服务于实体经济的发展。

数字货币反洗钱监管制度初探：以比特币为例

邱晨曦　周小佳　张　帆*

内容提要　面对新型支付方式带来的挑战，本文着重研究以比特币为代表的数字货币洗钱的特点和模式，分析国内外对于该问题的法律态度，在借鉴其他国家数字货币反洗钱措施的基础上，试图对现阶段我国防控数字货币洗钱风险提出初步建议：在立法创制与司法实践中完善数字货币反洗钱的法律规制，并在借鉴美国"比特币许可证"法案的基础上建立健全相应的反洗钱监管体制，加快网络犯罪执法机构的建立和国际监管机制的形成，严厉打击国内及国际间的数字货币洗钱交易，从而维护整个金融市场的安全与稳定。

关键词　数字货币　比特币　反洗钱　监管制度

随着互联网科技在经济全球化背景下的高速发展，大数据、云计算、物联网等技术被广泛应用于各层面，驱动着全球金融科技发展，在互联网中构建全球金融体系是信息经济时代的召唤。与此同时，人们将目光进一步

---

* 邱晨曦，电子科技大学公共管理学院2015级法学班学生；周小佳，电子科技大学公共管理学院2016级法学班学生；张帆，电子科技大学公共管理学院副教授，中国金融法研究中心研究员。

聚焦于区块链等底层技术的革新,现代金融业在这一背景下正着朝信息化转型。以比特币为主的数字货币具有天然的信息网络基因,而1.0时代的区块链技术[1]凭借共识机制恰好打通了数字货币的流通渠道。网络金融发展需求印证了数字货币迅速发展的外在必然性,而点对点交易、具匿名性和不可撤销性的先天优势恰好又从内在迎合了现代金融业的发展。

高技术含量同时意味着高监管难度,数字货币交易也成为犯罪分子最常用的洗钱方法之一,信息追踪难使得利用比特币洗钱成为逃脱监管的优选手段。法律如何规范这类网络犯罪,国家政府如何避免互联网金融成为犯罪分子的猖狂之所,是互联网深入发展过程中须解决的问题。此外,传统反洗钱方法已不合时宜,目前国际上仍在探索规制新型支付方式风险的机制,许多国家也出台相关法案回应这一问题。

一、数字货币概念、特征与洗钱活动

数字货币的定义在理论和实务界尚未形成统一定论。反洗钱金融行动特别工作组(FATF)认为数字货币是一种价值的数据表现形式。生活中对电子货币与数字货币的区分不到位,更有甚者认为其是同一概念。实际上,皆为数据化模式传输的它们仍有以下不同。电子货币强调以计算机和通信技术为手段,依托硬件设备实现交易,如信用卡、电子支票,是法定货币的数字化表现形式,因此,受到银行的监督和控制。数字货币是非央行发行的非真实货币,存在于网络中并在特定情况下发挥货币替代物的价值,如Q币、游戏币、加密货币。

欧洲央行(2012)将数字货币分为三类,分别是封闭型、单向流动型和双向流动型。[1]狭义的数字货币特指运用区块链技术和加密算法实现具有支付和消费功能的电子货币,即加密货币,是一种单向流动型货币。广义的数字货币指一切以数字技术为基础,以数据代码形态存在的价值转移的网络载体,包括电子货币、虚拟货币和加密货币。

加密数字货币类型较多,其中被称为“数字黄金”的加密数字货币即比特币是本文主要的研究对象。据CoinMarketCap数据显示,截至2018年8月11日,比特币市场占有率自去年12月以来首次达到50%,比特币总市值

〔1〕 冉叶兰:《畅想:当“供应链”遇上“区块链”》,载《大数据时代》2017年第1期。

约 1033 亿美元,占币圈总市值约 54%。[1] 可推知,比特币价值虽有波动但仍将在长时间占领币圈主流地位,因此,以比特币为视角展开对数字货币洗钱行为的研究具有极高价值。

数字货币本身的典型特征使其极有可能被应用于洗钱、恐怖融资等犯罪。作为数字货币的核心技术,区块链和加密计算的应用导致挖掘比特币须经过一系列复杂的特定运算,再由系统本身决定是否产生相应代码,传统金融体系中类似银行、银监等第三方无法控制比特币的发行量和交易过程。其具有以下几个特征:第一,匿名性。区块链技术是一个遍及全网的公开性记账本,任何人都能查询到系统里每一笔交易信息。交易地址是由数字和英文字母组成的特定字符串,双方依靠网络中产生的节点完成交易,这种 P2P 模式中双方身份信息仅凭代码显示因而具非实名性。追踪账户地址需要依靠根本性的洞察,这要求监督者须采集交易之外的大量信息辅助证明,若无任何涉及两者交易关系外的信息,则几乎无法确定比特币账户身份。第二,去中心化。系统中双方能依据地址代码在全球范围内直接完成交易,可见这种点对点交易模式让任何第三方节点无从介入。交易效率大幅提升的同时也成倍增加了监管难度,传统大宗交易多依赖银行、大宗交易平台等第三方完成,但利用加密货币能绕开监管,避免纳税和跨境外汇汇率兑换等问题,同时极大削减交易成本,排除其他隐性成本,为灰色、黑色交易营造生存空间。第三,专属所有权。比特币钱包是比特币交易中唯一的身份证明,钱包由唯一对应的私钥开启,这串特定代码能储存在网络中以及移动硬盘中。值得注意的是,一旦私钥被盗取,犯罪分子就无条件掌握了该钱包中比特币的唯一使用途径,从而左右加密货币钱包里的每一笔交易。

单个比特币的价值较高,曾一度达到 20,000 美元,虽然近年币值处于较低迷状态,但单个比特币价值仍在 6000 美元左右浮动。[2] 可见,用少量个数的比特币就能撬动大批量资金的转移。欧洲理事会网络犯罪全球项目和反洗钱与反恐融资措施评估专家委员会(Moneyval)2012 年发布的《互联网

---

〔1〕《比特币优势利率在 2018 看首次达到 50%》,载搜狐财经,http://www.sohu.com/a/246642212_100230085,2018 年 9 月 13 日访问。

〔2〕比特范:《比特币市场实时行情》,载 http://price.btcfans.com/,2018 年 10 月 4 日访问。

上的犯罪资金流动:手段、趋势与多方应对》[1]强调了洗钱犯罪分子对这种具资金高流通性、提现便捷且匿名性的数字货币系统的喜爱。犯罪分子将相应账户所在地的非法资金转为虚拟代币,通过交易传达给收款方,再于后者所在地货币发行机构兑换法币,实现从现实到虚拟再到现实的转换。这种基础的洗钱手段直接利用去中心化特征,实现跨境支付,避免税收及汇率波动。为进一步提高反洗钱难度,犯罪分子会加设多个账户地址,分批量将非法资金输入系统再转到各不同类型的用户地址,以此将交易路径延长化、复杂化。

1. 较常见的比特币洗钱是利用第三方完成洗钱

第三方可大致分为商业性平台、管理性平台和个人。商业性平台洗钱隐秘性较高,市场增加了交易次数,提升了资金周转速率。管理性平台洗钱相较前者更为简便迅速,它主要利用不同国家对交易商、管理商不同的监管规则,寻找空隙或薄弱地带打破交易轨迹,实现比特币兑换。此外,利用第三人洗钱主要是利用加密货币交易过程无中间节点的特点,第三人仅凭交易地址确认交易,因此,他们大多在自愿或不知情的情况下充当了洗钱交易的钱骡。除此之外,许多犯罪分子还非法盗取用户私钥实施洗钱活动。

2. 比特币洗钱还通过暗网的交易模式完成

比特币一直是这一覆盖全球的互联网地下领域中泛滥交易的主要支付手段。暗网中所有商品主要用比特币标价,这些商品既可以是虚拟物(如其他数字货币)、实物(如黄金),也可以是某种服务、信息,交易范围十分广泛。这一领域中比特币支付职能的实现是犯罪分子完成洗钱的重要因素。同时,因暗网无法被传统搜索引擎搜索到,监控成本极其高昂,使这个局域成为洗钱、毒品买卖、恐怖融资、雇佣犯罪等非法交易的天堂。

3. 未成功兑换成法币的比特币还能通过二级黑市尝试兑换其他数字货币,继而兑换法币

二级黑市的大量存在为这一非法活动提供保障性的生存条件。同时,由于比特币洗钱常运用网络手段,绕不开诸如银行转账、外汇买卖、现金存取等金融服务体系,它也常常成为其他洗钱手段的中间环节,进一步加大了

---

〔1〕 Council of Europe. MoneyVal report: criminal money flows on the internet: methods, trends and multi-stakeholder counteraction [EB/OL]. https://rm. coe. int/research-report-criminal-money-flows-on-the-internet-methods-trends-an/168071509a, 2012 - 03 - 09/2018 - 09 - 23.

比特币在洗钱领域中的应用空间。

二、我国对比特币洗钱行为的规制现状

《中华人民共和国银行法》第 16 条明确规定:“中华人民共和国的法定货币是人民币。”该法将非人民币货币排除在外,明确否定了在我国现有法律体系内其他任何形式货币的法偿性。2013 年 12 月 5 日,中国人民银行等五部委联合发布《关于防范比特币风险的通知》,[1]第一次明确提出规范比特币相关经济活动的要求。该通知是继美国维基泄密(Wikileaks)事件后,我国政府为应对相关信息风险在金融领域做出的防御措施之一。它再次明确比特币不具有法定货币的地位,这种交易结算工具并非由法定机构发行因此不被认可,但不排斥比特币能作为一种商品放置于互联网,买卖双方可自愿进行交易。

在对比特币法律属性的一概否定之下,2016 年首次提交全国人大常委会审议的民法总则草案曾一度回暖。学界在起草该草案时一致呼吁国家应确认数据信息、数据化产品、虚拟资产等新型民事权利的法律地位以及权利维护途径。一审稿将虚拟财产认定为物权客体后争议不断,最终《民法总则》否定了其物权客体地位,仅对虚拟财产的保护作出参考性规定,并且始终未明确虚拟财产的范围。著名学者梁慧星教授表示,民法总则不作规定,却不影响其作为民事利益而受法律保护。由此可见,对虚拟财产的法律规定有一定的创新性突破,但因立法技术难度大和网络虚拟性中的变化而停留在模糊、折中的地带。目前对于比特币的定义官方态度仍以 2013 年五部委联合发布的《关于防范比特币风险的通知》为标准,因此将虚拟财产纳入民事权利一章并不代表我国承认比特币合法化。2017 年 9 月,七部委联合发布《关于防范代币发行融资风险的公告》,[2]再一次强调比特币等加密货币不具法偿性,并禁止了任何代币融资交易平台从事法定货币与代币的兑换、数字货币之间兑换等与代币有关的中介服务。国家全面禁止 ICO 行为反将加密货币的生存空间朝地下挤压,大量代币通过地下钱庄得以兑换,由于隐匿性的提高,这里为犯罪分子洗钱行为提供了庇护和出口。

---

〔1〕 中国人民银行等五部委发布《关于防范比特币风险的通知》(银发〔2013〕289 号)。

〔2〕 中国人民银行、中央网信办、工业和信息化部、工商总局、中国银监会、中国证监会、中国保监会:《关于防范代币发行融资风险的公告》,载 http://www. csrc. gov. cn/pub/newsite/zjhxwfb/xwdd/201709/t20170904_323047. html,2018 年 7 月 17 日访问。

比特币洗钱行为适用我国《刑法》第191条洗钱罪中第1款第5项"以其他方法、隐瞒犯罪所得及其收益的来源和性质"的规定。最高人民法院关于审理洗钱等刑事案件的司法解释总结实践经验,进一步细化"明知"的认定和"其他方法"的具体内容,规定平台在"明知"的条件下协助洗钱须承担刑事责任,对平台作为与不作为、该如何监控极具隐匿性的比特币流动等问题提出了新考验。2013年,中国人民银行等五部委发布《关于防范比特币风险的通知》中所提及的金融机构反洗钱义务为加密货币交易平台指出监控方向,但这类义务多以身份识别、信息反馈和报告为基础,打击力度小且带有滞后性,实际上仍有大量犯罪分子绕开监管完成洗钱。目前,我国关于加密货币洗钱行为的具体法律规范仍较单薄,法官只能通过相关法律进行扩大性解释来判断。同时,监管机关仅结合外汇管理、反洗钱、交易场所管理等相关金融法规,笼统地强调了交易平台的反洗钱义务。随着该类洗钱犯罪率的上升,立法者应当基于信息时代的技术和特征细化相关法律,监管机关也应针对数字货币洗钱这一特定行为适时出台科学具体的规定。

美国加利福尼亚州区块链和加密货币安全公司(Cipher Trace)于2018年7月发布的季度报告[1]指出,数字货币洗钱已成为全球犯罪分子洗钱的首选工具,2017年至2018年间已查处的洗钱案件中有12亿美元是通过数字货币进行的,同时,该报告认为比特币的匿名性推动了加密货币犯罪率以6倍的速度增长。然而,查阅中国裁判文书网,最终写入诉讼判决的比特币洗钱行为案例并不多,且缺乏典型性,其中大多是作为辅助方式与其他手段结合完成洗钱,其跨国性导致互联网领域犯罪的监控和管辖成为诉讼救济途径中亟待解决的问题。

典型案例如2016年李萌与北京币云科技有限公司服务合同纠纷案[2]中涉及比特币洗钱,该案判决再一次强调比特币风险防范并援引中国人民银行等部门《关于防范比特币风险的通知》作为依据,同时北京市高级人民法院明确了比特币这类P2P形式数字货币的虚拟商品属性。但同时援用中国人民银行官方发布《比特币相关事宜答记者问》,表明普通民众可在自担风险的前提下自由参与比特币交易活动。而在刑事犯罪中与比特币相关程

---

〔1〕 Cipher Trace, Cryptocurrency Anti-Money Laundering Report, see https://cdn2.hubspot.net/hubfs/4345106/crypto_aml_report_2018q2.pdf? submissionGuid = c0e38686 - f825 - 4f71 - 971c - 26d593b58f1f, 2018 - 07 - 03/2018 - 08 - 09.

〔2〕 李萌与北京币云科技有限公司服务合同纠纷一审民事判决书(2016)京0108民初26753号。

度最高的当属诈骗、敲诈勒索等犯罪行为,目前在裁判文书网输入“比特币”“洗钱”关键字并查询刑事案由后,案件名中尚未出现“洗钱”二字,浏览了大概 300 余个案例后发现“洗钱”多作为噱头被诈骗犯利用,以洗钱牟利来骗取受害者从事一定经济行为。典型的比特币洗钱案件少之又少,这很大程度归因于比特币难追踪、隐蔽性强的天然基因。从案件中得知司法机关的判决偏向保守、缺乏创新性和前瞻性,多援引 2013 年五部委联合发布的《关于防范比特币风险的通知》并结合法官个人解释。司法中的回避很大程度归因于国家对比特币法属性的否定以及立法的缺失。目前我国缺乏直击比特币洗钱行为的专门条款,同时缺乏针对性较强的司法解释和案例指导。正因如此,在洗钱活动中犯罪分子将大量黑钱导入比特币市场并分散流通,最后通过数字货币交易等第三方平台导出,这一行为成为最安全的洗钱办法。

三、美国对数字货币的法律监管

任何新生事物在诞生之初都是备受质疑的,其本身也并不是完美的。在全球范围来看,部分国家对比特币这类数字货币支付带来的一系列监管问题采取行动,试图在对其加深了解与研究的基础上建立有效的监管机制。美国作为全球金融体系最为发达的国家,其在经济领域的监管手段和措施都受到众多关注。

2013 年 3 月 18 日,美国金融犯罪执法网络(FinCEN)发布了《金融犯罪执法网络法规在个人管理、交换或使用数字货币中的应用条例》(以下简称《金融犯罪应用条例》),该《金融犯罪应用条例》首次对数字货币的概念进行了解释:“一种在某些情况下扮演货币功能的交换媒介……但是目前还不具有法定货币的地位”,其还特别指出比特币属于“可转化的数字货币”(convertible virtual currency),即具有真实货币的等价价值或可替代价值的数字货币。[1] 美国金融犯罪执法网络对于数字货币的合法性是持否定态度的,只承认其在某些特定的情况下具有货币的一些功能,由此可见,即使是金融体系如此强大和完备的美国在最开始对于比特币的态度也是相当严格和谨慎的。但《金融犯罪应用条例》并没有否定数字货币在美国金融市场中

[1] The Financial Action Task Force. Virtual Currencies: Key Definitions and Potential AML/CFT Risks. See http://www. fatf -gafi. org/media/fatf/docu-ments/reports/Virtual-currency-key-definitions -and-potential-aml-cft-risks. pdf,2013 - 03 - 18/2018 - 08 - 16.

发挥的作用,肯定了其某些功能,表明美国财政部对于数字货币虽不承认其合法性,但也不是绝对的排斥和打压。2013 年 5 月,FinCEN 又发布了《数字货币个人管理条例》,指出这种类型的数字货币具有与实际货币的同等价值,或是实际货币的替代品。比特币交易所也将受到洗钱法规的监管。其要求所有从事数字货币中介服务的经营者都必须在美国金融犯罪执法网络进行注册,对于超过 1 万美元的交易,须进行报告和记录。美国金融犯罪执法网络在当时已经敏锐地察觉到了比特币这类数字货币的来势之不可阻挡,并且树立起了对比特币进行法律规制的意识及初步的尝试,不难看出其对于数字货币的监管是比较严格的。虽然比特币暂时还未迎来被承认为合法货币的一天,但是,可以对比 FinCEN 两次发布的文件来看,比特币在美国经济交易中的作用得到了进一步的肯定,这意味着以比特币为代表的数字货币在随着美国经济的快速运行和增长中,呈现出了极强的适应性和顽强的生命力,也预示着其发展的方向和趋势:在社会经济发展到某一阶段时,或许在某种特定的情况下比特币可以成为与实际货币具有同等价值和作用的流通手段,甚至最终可以完全替代实际货币。

2014 年 3 月 25 日,美国国内税收署 25 日发布通知,认定比特币等数字货币为"财产"而非"货币",并拟对数字货币交易征税。[1] 而令人惊奇的是,就在 2018 年 8 月底,据 Bitcoin Exchange Guide 最新消息,隶属美国中央银行的 12 个区域储备银行之一的圣路易斯联邦储备银行公开支持比特币,承认比特币为合法货币,并且还公开认可比特币在促进私人交易方面的工具作用。这是美国首个承认数字货币合法的联邦储备银行,或许紧接着还会有更多的银行陆续承认比特币的合法性,这似乎意味着蓄势发展了许久的以比特币为代表的数字货币终于迎来了春天,也一定程度上在法律上得到了肯定和认可。[2]

美国的各州及各监管部门也曾探讨如何将数字货币纳入现有的法律制度的管理下,其中备受关注的是纽约州的"比特币许可证"法案。法案涉及消费者资产保护、消费者投诉、对消费者公开、反洗钱、网络安全、账簿和记录等条款。其中反洗钱条例规定:第一,企业应留持所有比特币交易的信

---

〔1〕 高攀、郑启航:《美国认定比特币为财产　拟对数字货币交易征税》,载 http://news.cnfol.com/guojicaijing/20140404/17491357.shtml. http://finance.sina.com.cn/world/mzjj/20140326/100618617861.shtml,2014-04-04/2018-08-12。

〔2〕 参见搜狐财经频道,http://www.sohu.com/a/250951180_100107780。

息，包括支付、收据、交换、转让、买卖等信息；第二，企业涉嫌欺诈的报告和非法行为将意味着洗钱交易行为、偷税漏税或其他违法犯罪活动；第三，法案规定未依法获得许可证的任何人，都不得从事数字货币商业活动。[1] 比特币许可证的获得是从事相关商业活动的合法性保障，也是该法案内容的重中之重。暂且无论该法案对于比特币交易市场有多大的影响，以及其对反洗钱工作是否发挥了突出的作用，但毫无疑问该法案对于比特币交易活动的主体课加了更加具体的负担。对于比特币的商业使用采取了许可制的模式，相当程度上从源头限制了某些不法分子利用比特币进行犯罪的可能，并且试图将许可证持有者的交易活动最大限度地置于监管部门的掌控之下，从制度设计的层面看，监管部门对于比特币交易市场的干预较为全面和深入，在一定程度上可以对犯罪分子起到威慑的作用，防范比特币洗钱案件的发生。

四、对我国比特币监管的启示

2013 年至 2017 年初，中国几乎是全球排名数一数二的比特币交易市场，可谓是中国比特币交易的黄金时期，2017 年初，中国监管者出台了一系列严厉举措，一定程度上打压了国内比特币交易。但是，正如比特币玩家们所说，"比特币是世界的，有什么好担心的"，"把币存进硬件钱包，不怕交易所关，不怕币价涨跌，啥都不怕"。[2] 目前在国内，比特币的交易与流动暗潮涌动，势不可挡。没有哪国政府可以凭借一己之力，就对比特币价格产生致命打击，也没有哪国政府监管部门能够拒绝比特币给金融系统带来的巨大利益，将比特币拒之国门之外。比特币本身所有的特性并不存在违法问题，只是这些特性极易为不法分子所利用，从而呈现出其对于金融监管的阻碍性与违法性。对以比特币为代表的数字货币监管，本文提出以下几项初步建议：

首先，在立法上完善各方主体对于数字货币监管的权利和义务。2013 年，中国人民银行等五部委发布的《关于防范比特币风险的通知》规定了交

---

〔1〕 朱思佳、崔建华：《美国比特币监管制度及启示》，载《合作经济与科技》2016 年第 2 期，第 44 页。

〔2〕 刘鹏：《中国告别比特币交易所：全球最大市场的覆灭》，载 https://mp.weixin.qq.com/s?__biz=MzA3MTY0MTQzNg==&mid=2650232766&idx=1&sn=a174095a004620ae0dac08eb67183a80&chksm=8729878db05e0e9be7e55ad42835b5036a020c53a5c01300fe7cb7e620ad7192311a0a1f109b&mpshare=1&scene=23&srcid=09095KDhzV1PrJEEJ4GlSK9b#rd，2017-09-09/2018-08-18。

易平台对于防范利用比特币进行洗钱的信息的反馈和报告义务,但实际上,平台反馈的及时性及真实性难以得到保证。除此之外,该通知并未授予平台任何权利可以对不法交易进行限制或控制,难以对洗钱活动进行及时把控。纽约州的《比特币许可证法案》同样看似给交易平台课加了许多防范洗钱的义务,其实平台对于客户身份进行识别,并阻止或拒绝特定非法交易以及对日常合规情况进行协调和监管,意味着交易平台也有一定的干预和调控本平台内私人交易的权利。并且在防范和管制利用数字货币洗钱的过程中,国家权力所发挥的作用及有关部门应如何作为,也应该进一步明确并落实。同时,也应在数字货币的交易中规定所有市场个体交易者与参加者对于防范利用数字货币洗钱的义务。立法的缺失一定程度上不可避免地导致了司法机关在对于该类案件的处理上呈现出"无法可依"的窘态。这就要求司法机关在司法实践中立足于现有法律规定及法律精神,对于利用数字货币进行洗钱的案件创造性地制定相应的司法解释和案例指导锦集,以弥补法律上的缺漏。

其次,国内监管部门应制定数字货币的监管框架,规范交易双方的行为。在这一点上同样可以适当借鉴美国的"比特币许可证"制度,对数字货币交易主体资格采取许可制,只有获得主体资格的交易方才可进行合法的市场交易,并且实行实名制,对其交易行为进行记录和跟踪,将其相关的动态置于监管部门的管控之下,并明确其相应的权利和义务。这样可以大大增加数字货币使用者行为的透明度,一方面可以增加不特定相对人对数字货币交易的信任度和交易的安全系数,另一方面也极大地便利了监管部门对于潜在的洗钱活动的监控和侦查工作的开展。当然也应该对纽约州的该法案结合美国的实际情况进行深入的分析,适当结合我国国内市场现状对"许可证"制度进行批判的吸收和借鉴。

再次,设立专门的网络犯罪执法机构。随着科学技术的发展,网络逐渐成为人们用来犯罪的重要工具,近年来,由于涉及电子证据的犯罪日益增多,因而电子证据的取证分析显得日益重要。目前,我国公安部网络安全保卫局对计算机信息系统安全保护工作行使下列职责:监督、检查、指导计算机信息系统安全保护工作;组织实施计算机信息系统安全评估、审验;查处计算机违法犯罪案件;组织处置重大计算机信息系统安全事故和事件等一系列工作。而在利用计算机进行刑事犯罪的案件中,主要的侦查工作仍是由负责案件的侦查机关进行,网络安全保卫局只是提供协助和配合。因此,在对于利用比特币等数字货币洗钱等犯罪案件的侦查活动中,现有的机构设置都显得不够专门化和技术化。

最后,建立国际间合作监管机制。数字货币是一个全球化、无时间、无空间限制的全新领域,国际资本间的流动更加密切频繁。在这种背景下,单靠一国的监管政策是很难取得理想的实际效果的。[1] 由于每个国家的执法和监管机制的设置有所不同,所以,要想在防范和侦查洗钱犯罪案件方面进行有效合作,协调国家间这些机构的合作与配合是极为重要的前提条件。除了加强国家之间公权力与公权力的合作之外,“公”与“私”的协作与交流对于比特币洗钱的预防和控制也有极大的影响,也是促进数字货币健康发展和维护金融安全的必要条件。

〔1〕 李明刚:《欧债危机背景下的金融交易税的实践及其两难选择》,载《天府新论》2013 年第 4 期,第 32 页。

区域性股权市场协同监管研究*

蓝　冰　陈立群**

内容提要　区域性股权市场已经构建起基本的监管权力体系,监管权由多主体共同实施。但目前区域性股权市场监管体系仍然存在监管协同性缺失的不足。为保证金融监管体系的稳定与各地区域性股权市场的持续发展,应当强化区域性股权市场监管体系的协同性。

关键词　区域性股权市场　协同监管　地方政府监管权

一、全国区域性股权市场发展概况

我国区域性股权市场最早建立于2008年。随着多年来的不断整顿与发展,区域性股权市场建设取得了巨大成效。截至2017年12月,全国建立了40家区域性股权交易中心,[1]各类区域性股权市场有25,391家(其中股份公司7403家),较2016年增长了45.93%;展示企业

---

* 本文系四川省哲学社会科学研究"十二五"规划法治专项项目《区域性股权市场地方政府监管权研究》的阶段性研究成果。课题组成员还有四川省社会科学院2017级硕士研究生杨萃、李泽兵、曾丽君。

** 蓝冰,四川省社会科学院法学研究所副所长、副研究员,法学博士;陈立群,四川省社会科学院2017级硕士研究生。

〔1〕 参见《中国证监会新闻发言人就〈国务院办公厅关于规范发展区域性股权市场的通知〉答记者问》,载中国证监会官网,http://www.csrc.gov.cn/pub/newsite/zjhxwfb/xwdd/201701/t20170126_310210.html,2017年12月8日访问。

79,968 家,较 2016 年增长了 34.63%;累计为企业实现各类融资 9124.82 亿元,较 2016 年增长了 32.32%,其中股权融资 1077.13 亿元,债券融资 1945.53 亿元,股权质押融资 3474.12 亿元。[1] 区域性股权市场的建立和发展为本地区的企业在股权交易、抵押融资等方面提供了良好的平台。该市场对企业挂牌准入和持续信息披露要求明显低于其他层级的资本市场,尤其适合并吸引处于初创期的企业挂牌展示和融资交易。为了吸引和留住本地企业,地方政府纷纷出台优惠或鼓励政策,吸引大量中小微企业挂牌在本地区域性股权市场挂牌。在我国中南地区,挂牌企业数量占全国总量的 40%。[2]

但是,区域性股权市场现阶段发展也存在一定问题。首先,市场内挂牌企业质量并未能令人满意。高新企业相对于其他企业来说对投资者更具吸引力,更容易将投资者吸引到区域性股权市场的中投资。[3] 但通过对各省股权交易中心挂牌企业分类统计显示,高新企业所占比例非常小,低于挂牌企业总数的 10%,[4] 而其他传统型企业吸引投资者投资效果不佳,不利于提升市场活力,也是造成区域性股权市场活跃度不高的主要原因。其次,部分区域性股权交易中心的管理规则并不完善,不利于其开展市场活动。数据显示,通过对全国各地的区域性股权市场业务细则制度设计的统计,建立持续信息披露制度的股权交易中心占比为 90%,且以"自愿披露为原则",仅对公司事项要求强制披露。建立交易制度和监管规则的股权交易中心占比不

---

〔1〕 参见中国证券业协会主编:《中国证券业发展报告(2018)》,中国财政经济出版社 2018 年版,第 259 页;载中国证券业协会官网,http://www.sac.net.cn/yjcbw/zqhyfzbg/fzbg2018/201808/t20180808_136163.html,2018 年 8 月 30 日访问。

〔2〕 查询各股权交易中心网站进行统计,参见本研究附表 1 各股权交易中心挂牌企业情况,2017 年 12 月 8 日访问。地区的划分如下:华北地区包括北京、天津、河北、山西、内蒙古;东北地区包括辽宁、吉林、黑龙江、大连;华东地区包括上海、江苏、浙江、安徽、福建、江西、山东、宁波、夏门、青岛;中南地区包括河南、湖北、湖南、广东、广西、海南、深圳;西南地区包括重庆、四川、贵州、云南、西藏;西北地区包括陕西、甘肃、青海、宁夏、新疆。

〔3〕 2016 年 1 月,科技部、财政部、国家税务总局发布的《高新技术企业认定管理办法》(2016 年修订)第 2 条:"高新技术企业是指:在《国家重点支持的高新技术领域》内,持续进行研究开发与技术成果转化,形成企业核心自主知识产权,并以此为基础开展经营活动,在中国境内(不包括港、澳、台地区)注册的居民企业。"根据国务院《关于加快科技服务业发展的若干意见》(国发〔2014〕49 号文件),经认定为高新技术企业的,减按 15% 的税率征收企业所得税。

〔4〕 对天府(四川)联合股权交易中心、内蒙古产权交易中心、重庆股份转让中心、新疆股权交易中心、前海股权交易中心五家交易中心的行业分类的统计,2017 年 12 月 3 日访问。

足50%,而合格投资者制度和会员资格管理制度的建立亦未实现全覆盖。[1]

二、当前区域性股权市场监管体系缺陷

完善的监管体系是资本市场规范发展不可或缺的要素。2017年5月,证监会颁布《区域性股权市场监督管理试行办法》(以下简称《管理办法》)明确了区域性股权市场的定位与监管体制。区域性股权市场作为私募市场,《管理办法》对其监管体系的规定亦呈现出"省级人民政府主导、证监会(局)指导地方金融部门日常监管"的特点,确立省政府主导地位的同时明确了地方金融监管部门和证监会派出机构为协同监管主体。省级人民政府对区域性股权市场的监管权包括风险防范权、[2]行业立规权、[3]日常监督权、[4]监管协作权。[5] 地方金融监管部门经省级人民政府指定,享有对区域性股权市场的日常监管权,定期接受区域性股权市场相关信息与运营机构采取自律监管措施报告、[6]接受运营机构和办理登记结算业务的机构制定的业务操作细则和自律管理规则的备案、有权责令其修改不符合规定的内容、[7]享有现场检查权和行政处罚权。[8] 证监会派出机构也享有对区域性股权市场监管权,如证监会派出机构实施现场检查,发现有违反《管理办法》的行为移送地方金融监管部门处理。[9]

然而,应当看到,尽管《管理办法》规定了区域性股权市场的市场定位、监管体系等内容,但对于被定位为我国多层次资本市场"塔基"的区域性股权市场来说,相应的地方监管制度未能为区域市场的充分发展提供完备的法律保障,导致了前文所述市场发展所存在的问题。在多主体共同参与区域性股权市场监管的情形下,强化监管体系中各部分的协同性是十分必要

[1] 对内蒙古产权交易中心、重庆股份转让中心、新疆股权交易中心、前海股权交易中心、北京四板市场、上海股权托管交易中心、天津股权交易所、广东金融高新区股权交易中心、广州股权交易中心、宁夏股权托管交易中心、广西北部湾股权交易所、广西联合股权托管中心的统计,2017年12月3日访问。

[2] 参见《管理办法》第5条。

[3] 参见《管理办法》第5条第3款、第24条。

[4] 参见《管理办法》第9条。

[5] 2017年1月,国务院办公厅发布《关于规范发展区域性股权市场的通知》,该通知明确"对不符合本条规定的区域性股权市场,省级人民政府要按规定限期清理,妥善解决跨区域经营问题"。

[6] 参见《管理办法》第35条。

[7] 参见《管理办法》第36条。

[8] 参见《管理办法》第40条、第43条。

[9] 参见《管理办法》第46条。

的。现行监管体系在协同性方面的缺陷主要表现在以下几点:

(一)省政府立规权范围未明确

地方政府作为中央政府的下级行政机构,其职责是协助中央政府提供金融服务,在中央政府的授权下实施有限干预行为履行管理职责,其自身并未配置立规权。出于防范金融风险的目的,证监会在对区域性股权市场监管权的设置上,为地方政府监管保留了某些方面的立规权。但《管理办法》相关规定过于原则,导致以省政府为主导的监管模式难以得到有效实施。[1]具体而言,省政府立规权存在缺陷。

1. 证监会与省政府间的立规权范围模糊

以自然人作为合格投资者的准入条件为例。《管理办法》第 13 条规定,一定时期内拥有符合证监会规定的金融资产价值不低于人民币 50 万元,且具有两年以上金融产品投资经历或有两年以上金融行业及相关工作经历的自然人可准入市场。《管理办法》界定证监会是对其进行把控的主体,并未授权省政府的具体职能,这实际上是扩大了证监会的监管范围,模糊了省政府的立规权。由于缺乏更为具体的相关规定对证监会监管权的定位,使省政府在对区域性股权市场的监管中出现了监管的空白,这变相地体现了证监会过多地干预市场,侵犯了市场自治。证监会通过《管理办法》设定合格投资者制度是出于解决实践中因区域性股权市场建立的合格投资者市场准入门槛过低产生的风险隐患,[2]但未妥善考虑各区域性股权市场流动性存在差异的情况,在市场流动性较低的区域性股权市场适用统一合格投资者制度,不利于不同地区市场发展。

2. 省政府的监督管理、风险处置范围未界定

监管的实质是国家行使公权力,强制介入并维护市场的基本秩序,这是金融监管的价值基础,也是金融监管权的基本内涵。[3] 省政府对本地各种金融需求信息的占有、监管效率的提升、监管成本的减少,以及地方金融风

---

〔1〕 参见《管理办法》第 5 条第 3 款。

〔2〕 参见中国证监会官网,http://www.csrc.gov.cn/pub/newsite/zjhxwfb/xwdd/201701/t20170126_310210.html,2017 年 11 月 11 日访问。

〔3〕 Stigler G J, The theory of Economic Regulation, *Bell Journal of Economics*,1971,(2).

险的化解等方面,都具有更强的国家强制执行能力。[1] 省政府的监督和处置风险范围界定不明确,会造成和证监会的监督范围重叠的出现。

3. 金融监管部门日常监督管理职责和风险防范、处置工作的授权不明确

地方金融办在资本市场领域中的职能,以下几点并未能明确:一是地方金融办与证监系统的协调、联系与配合,如何如联系证券监管机构和证券业协会以承担地方证券业金融机构有关管理、协调和服务工作,如何会同有关部门防范、化解和处置证券业金融风险。二是未明确其对市场发展的功能作用,如如何利用何种职权来促进全省资本市场的改革、培育和发展。[2]

(二)可实施现场检查权的情况未明确

前地方金融监管部门是区域股权交易市场的日常监管主体,根据《管理办法》的规定,地方金融监管部门和派出机构实施现场检查措施有法可依,[3]但缺陷在于未明确可以实施现场检查权的情况,如本身可以由运营机构自律监管的范畴,地方金融监管部门是否能够或者有必要进行监管。另外,两者在该检查权方面的协同性未明晰。若出现两者均对同一监管对象或同一违规事项进行监管,恐有浪费监管资源之情形。若两者均不对某一事项行使监管权,又会出现监管空白局面。

(三)处罚权分配不均

根据《管理办法》的规定,地方金融监管部门和证监会派出机构都享有现场检查权,证监会派出机构协同行使检查权。按照2013年中国证监会发布的《关于印发〈中国证券监督管理委员会派出机构行政处罚工作规定〉的通知》的规定,证监会派出机构享有行政处罚权。但在《管理办法》中没有涉及派出机构的行政处罚权,而派出机构发现违反《管理办法》行为的线索,须移送地方金融监管部门处理。[4] 运营机构对区域性股权市场参与者的违法行为及违反自律管理规则的行为,采取自律管理措施,并向地方金融监管部

---

〔1〕 参见段志国:《金融监管权的纵向配置:理论逻辑、现实基础与制度建构》,载《苏州大学学报》2015年第4期。

〔2〕 参见钟自木、李檬:《地方政府在构建多层次资本市场中的定位与作用》,载《中国证券》2014年第3期。

〔3〕 《管理办法》第40条第1款至第4款规定地方金融监管部门的现场检查权,第5款规定证监会派出机构可以采取前款规定的措施,对区域性股权市场规范运作情况进行现场检查。

〔4〕 参见《管理办法》第46条。

门和中国证监会派出机构报告。由此可知,证监会派出机构一方面可以监督地方金融监管部门的职责履行情况,但由于其监督职责过于原则性,恐难以实现有效监督。另一方面其可以行使现场检查权,但并没有实际的处罚权,可能造成“能查而不能罚”的局面,使处罚权落空。

三、监管协同性理论

(一)区域性股权市场地方政府监管权协同性含义

监管协同性是指多元监管主体在统一监管体系中所具有的相互协调配合的多层次监管关系。在国际间合作中,主体之间分别按以下三个层次先后共同建立起协同合作监管机制:第一层面是对协同机制的制度框架直接作出规定、安排或提出原则性要求;第二层面是对制度框架不予细化的合作事宜如职责类属与分工、信息收集共享等通过签署谅解备忘录或召开联席会议制度等方式进行规定;第三层面是通过制定系列具体安排,如加强政策协调和相互间信息沟通、联合检查、合作处理违规组织等安排以确保协调合作机制的日常运作。[1] 据此,协同性监管的实现包含三层方面。

1. 监管主体多样

协同性监管体系必须是由多个监管主体构成。证券市场的市场行为多种多样,参与主体众多,市场情况十分复杂。监管主体多样性作为协同性监管的特性之一,能使协同性监管应对复杂的证券市场环境。中央政府、地方政府、自律行业组织和投资者共同对区域性股权市场进行监管,多管齐下,能有效地从多方面多角度规制市场运作行为。监管主体多样,不仅能够完善监管范围,避免出现市场监管空白,更能调动各参与市场主体的积极性,提高市场活跃度。市场的监管者同时也是被监管者,良好的市场秩序与公平的竞争环境需要多方主体共同构建,多个主体参与市场监管时,依据市场主体的逐利性,多个主体的共同监管能使市场向着良好共赢的方向发展,同时吸引其他主体进入市场,形成良性循环。

2. 多层次化监管

通过制定协同监管规则,明确各监管主体间监管的市场内容,界定各主

〔1〕 参见娄荣民、王维强:《关于建立金融监管协调合作机制的若干问题》,载《上海金融》2004 年第 9 期。

体间的管理权力范围,避免监管混乱。行使监管权时应当依照共同制定的监管规则来实施,制定监管规则时应明确何者作为主导地位,其他监管主体作何种协同监管作用,由主导监管机构(部门)依据区域性股权市场实际状况制定的监管指导理念与目标,使协同监管权行使的过程中有明确的监管方向与目标,其他协同监管主体依据该目标与理念在其监管职责范围内实施监管,通过协调机制促进监管当局之间的信息交流与合作,使监管体系有机统一,避免监管决策和行动出现矛盾。〔1〕

3. 合理与适度的协调监管

协同性监管应当注意监管的合理性与适度性。监管主体增多,相对应市场上存在的监管职能也同时增多。证券监管的本质是市场干预,过度的监管行为将导致过分市场干预的行为,抑制市场的活跃度;若主体之间把监管权相互推诿使市场监管主体缺位,则市场将陷入无管制的状态,容易引发风险。要使监管的协同性真正发挥作用,监管权的设置与行使应不得违背适度干预、符合市场整体利益的理论。中央政府、地方政府与地方金融监管机构之间就地方金融发展与地方金融监管政策的协调应该确立一个制度化的沟通处理机制,以保证监管的适度性,避免对市场的不当干预。〔2〕

(二)协同性监管的必要性

1. 契合我国金融监管体制

我国金融市场由众多行业组成,包括银行业、证券业、保险业等。我国金融监管模式经过不断的探索,形成目前的以中国人民银行对货币等宏观金融政策监管调控,由中国证监会、中国银保监会分别负责各自金融事务的分业监管的金融监管体制。由于资本市场的复杂性,各个监管主体之间在进行具体监管行为时难免会触碰其他监管主体监管职权内的事务,因此,机构间的相互协同监管是必需的。确认地方政府监管权与其他部门(机构)监管权存在协同性,有利于地方政府监管权融入我国金融监管权的体制内。“制度变迁往往具有路径依赖的特征,我国现行的金融监管体制是长期历史发展、行政体制改革和金融业发展共同作用的结果。”〔3〕区域性股权市场监

〔1〕 参见梁颖琳:《宏观审慎监管框架下我国金融业监管协调问题研究》,载《财经问题研究》2013年第4期。

〔2〕 参见刘志伟:《地方金融监管权的理性归位》,载《法律科学》2016年第5期。

〔3〕 李源:《中国金融宏观审慎监管组织机构安排与协调机制研究》,载《现代管理科学》2016年第5期。

管属于我国金融监管体制中的一部分,应对复杂的证券市场,遵循协同监管模式有利于我国金融监管体系的稳定。

2. 有效降低市场风险

协同性监管首要任务是建立机构间的信息共享机制。针对监管的本身,信息不对称导致监管效率低下,是金融监管的疑难重症。监管主体及时从各方收集市场信息,能够对市场风险与危机迅速应对,提高监管效率。建立协调性监管机制,可以强化监管的权能,针对尽可能多的不良市场状况进行规制。市场监管目标具有多元化的特征,包括如保护金融消费者、反不正当竞争、督促金融机构审慎经营、维护市场秩序等多重的监管目标。[1] 监管权的内容由监管目标所决定,而市场的监管目标由市场的特征所决定。单一主体的监管模式中缺乏及时有效的监管体制内部监督,往往等到单一主体对市场的监管失灵时,才由监管主体的上级发现监管权问题并予以纠正,但对于因监管失灵造成的市场损失也无力挽回。寻租问题很大程度上是由于监管职能和权力集中造成的,所带来的后果是改变已经形成的监管权力制衡关系。[2]

四、地方政府监管权的完善建议

为完善地方政府对区域性股权市场的监管,应当发挥市场监管的协同性。政府监管必须与自律组织监管有效配合才能更好地发挥作用,为此,应合理界定地方政府监管与中央机关监管之间的边界,减少监管重叠和冲突,最终形成政府直接监管与间接监管并重的监管格局,发挥"以地方政府为主导,多主体协同监管的模式"以实现监管的有效性。

(一)明确省政府行业立规权范围

1. 证监会对省政府行业立规权的适度放权

证监会授予省政府区域性股权市场行业立规权,考虑到增强地方监管

---

〔1〕 参见洪艳蓉:《金融监管治理——关于证券监管独立性的思考》,北京大学出版社 2017 年版,第 165 页。

〔2〕 参见李源:《中国金融宏观审慎监管组织机构安排与协调机制研究》,载《现代管理科学》2016 年第 5 期。

规则弹性规划,为市场探索自身发展道路留空间。[1] 但由于《管理办法》对省政府行业立规权范围未明确化,致使省政府在制定监管细则可能有所顾忌,在避免发生越权行为的时候,可能忽略了本行政区域市场特点,导致有效监管徒有虚名而无实效。鉴于此,有必要明确省政府行业立规权的范围。针对个人投资者的市场准入条件,考虑到各区域市场发展的差异,证监会可明确省政府根据市场调研结果,授权各地方政府自行制定符合本区域市场发展的自然人市场准入条件。在对挂牌企业的市场准入条件设置方面,也可以赋予地方政府自主权,选择适用企业挂牌推荐制度,或者免于挂牌推荐制度,[2] 以吸引当地企业踊跃挂牌展示交易,并提高市场流动性。例如,经济发展水平较滞后的区域,省政府可通过监管细则降低自然人市场准入门槛,实现促进中小微企业直接融资之目标。

2. 界定省政府的监督管理、风险处置范围

金融监管存在的本质是为了实现政府和公共利益的最大化,地方政府除了担负地方经济建设和控制金融风险的责任外,还担负着促进地方金融组织蓬勃发展的责任。[3] 省政府通过结合地方特色经济和地方各项制度对区域性股权市场进行监督管理,更适合地方发展的需要,对其风险处置更能避免和证监会、自律组织相互之间的监管重叠和交叉。

3. 明确省政府对地方金融监管部门职责的范围

在区域性股权交易市场中,地方金融办将在中国证监会的指导下实行地方政府的职能和证监会授权的职能。[4] 不仅仅是实行非实质性职能,并且要充分展现实质性职能,如按照国家和省相关管理部门的监管规定和要求,切实履行区域性股权交易市场的自律管理职能,制定和修改有关业务规则和操作细则,提升合规性;实时监控市场业务活动,监督挂牌企业、中介服务机构信息披露行为,建立挂牌企业、投资者、中介机构信用报告使用制度和档案制度,做好市场风险管理;服从、配合监管部门的监管。

---

〔1〕《关于〈区域性股权市场监督管理试行办法(征求意见稿)〉的起草说明》,载法律法规网,http://www.lc123.net/xw/cj/2015-06-27/282503.html,2017年12月11日访问。

〔2〕参见蓝冰:《区域性股权市场挂牌推荐制度改革》,载四川省法学会主编:《四川法学文集(第四辑)》(2015),四川人民出版社2015年版,第178页。

〔3〕参见屈淑娟:《地方政府参与金融监管的制度逻辑及构建路径》,载《中国管理科学》2017年第7期。

〔4〕参见屈淑娟:《地方政府参与金融监管的制度逻辑及构建路径》,载《中国管理科学》2017年第7期。

（二）明确检查权范围

针对可能存在的监管交叉、重叠现象可以进行优化和明确其监管范围。例如，可以通过评测运营机构自我监管的情况，明确地方金融监管部门是否能够或者有必要进行监管。本文建议，地方金融监管部门和证监会都享有现场检查权。如果两者均对同一监管对象或同一违规事项进行监管，有可能浪费监管资源。为了避免这种情形，应当对具体情况进行规定，若两者均不对某一事项行使监管权，又会出现监管空白局面。据此，制定出的细则应该避免监管浪费，又要防止监管空白。

（三）合理配置处罚权

确立行政处罚权的行使主体。首先，省政府依据法律授权制定的证券市场监管规则，具有部门规章的效力，可以直接对证券市场违法行为展开调查、进行行政处罚。证监会监管职权的范围几乎涉及证券市场的方方面面，但由于缺乏法律对其监管权的定位，监管范围过于广泛，过多地干预了市场，侵犯市场自治。[1] 由于检查权由地方金融监管部门和证监会派出机构协同行使，实际中可能出现两者检查权重叠情况。其次，证监会派出机构仅有现场检查权而无相应的处分权，在其实施检查权过程中，可能影响其证券监管的权威性。而针对需要紧急采取处分措施的违法行为，亦无法做出应急监管。因此，监管细则可授予证监会派出机构必要的处分权，或针对紧急情况授予其采取临时监管措施的权利，以发挥其协调监管的作用，提高地方应对突发危机的监管实效。

---

〔1〕《中华人民共和国证券法》（2014 年修正）第 175 条规定，证监会对证券市场上的一切事宜进行合理的监督。

区域性股权市场运营机构自律管理的完善

杨　萃*

内容提要　2017 年 5 月，《区域性股权市场监督管理试行办法》出台，确立了区域性股权市场"服务中小企业，落实政府扶植政策"的市场定位。区域性股权市场运营机构的自律管理具有实时性，但由于政府扶植政策未充分市场化、服务功能未充分落实、市场活跃度不足，运营机构未能充分发挥实时管理的优势。因此，本文吸收我国台湾地区场外市场的监管特点，认为运营机构自律管理的完善应结合其市场定位，并提出完善管理平台建设、落实监管理念、制定自律管理规则的建议，以期发挥运营机构实时管理的优势，协同省级人民政府实现"服务实体经济，防范区域金融风险"的监管目标。

关键词　区域性股权市场　运营机构　自律管理

一、区域性股权市场运营机构自律管理的特点及现状

区域性股权市场具有多主体共同监管的特点，包括省级人民政府、地方金融监管部门、中国证监会及其派出机构、运营机构。2017 年 5 月，《区域性股权市场监督管理试行办法》（以下简称《管理办法》）正式出台。该办法

---

* 四川省社会科学院法学研究所，法律硕士研究生。

第5条、第6条、第46条、第47条明确了以省级人民政府为主导,地方金融局为日常监督主体,中国证监会及其派出机构对行政监管进行指导、协调和监督的监管体系。《管理办法》不仅确立了省政府主导的监管体系,同时明确了区域性股权市场运营机构的自律管理职责。各监管主体的职责范围不同,但监管目标具有一致性,即服务实体经济、防范和化解区域金融风险。就此而言,运营机构可协同实现监管目标。在协同监管方面,运营机构具有以下特点:

第一,协助政府落实激励政策,服务实体经济。在区域性股权市场,监管和服务实体经济均属于地方政府的职能范畴。2017年1月,证监会新闻发言人在国务院办公厅《关于规范发展区域性股权市场的通知》答记者问中(以下简称证监会答记者问)明确指出,规范发展区域性股权市场,须处理好发展与监管的关系,防范、化解区域金融风险的同时支持实体经济,尤其是促进中小微企业发展。[1] 2017年7月,全国金融工作会议召开。会议强调落实地方金融监管责任,加强监管问责。会议还提出,地方政府要按照中央统一规则,强化属地风险处置责任。由此可知,省级人民政府负责区域性股权市场风险处置,承担主要的监管责任。除监管责任外,省级政府还肩负着落实服务实体经济的重担。以广东省政府为例,为激励企业在广东金融高新区股权交易中心挂牌,对首次成功挂牌的企业给予25万元的奖励,企业挂牌后累计融资资金为1000万元到5000万元的,还可再获50万元的奖励,累计融资为5000万元到1亿元的,可获100万元奖励,累计融资资金达1亿元及以上的可获最高125万元的奖励。[2] 奖励挂牌企业是政府促进中小微企业发展的扶持政策,而政策的落实才能实现服务实体经济的目的。运营机构为中小微企业挂牌融资提供设施和服务,并通过服务中小微企业的方式进行实时管理。而其平台建设情况对企业融资成果和市场交易秩序具有直接影响。只有市场发展稳定健康才能吸引中小投资者进入市场,增加企业融资机会,从而落实政府扶持政策。因此,运营机构的服务功能不仅能维护区域性股权市场交易秩序,同时有利于实现企业融资。

---

〔1〕《管理办法》第7条:“区域性股权市场运营机构(以下简称运营机构)负责组织区域性股权市场的活动,对市场参与者进行自律管理。”第37条:“运营机构应当按照规定对区域性股权市场参与者的违法行为及违反自律管理规则的行为,采取自律管理措施,并向地方金融监管部门和中国证监会派出机构报告。”

〔2〕参见《佛山市南海区促进优质企业上市和发展扶持办法》(2017年修订)第3条、第4条(广东省佛山市南海区人民政府2017年2月22日发布)。

第二,发挥实效性优势,防范区域金融风险。因更贴近市场,运营机构承担自律管理责任具有一定优势性,如管理效率性和灵活性。[1] 因此,在政府主导型监管体制下,不能否定自律管理的价值,而应当从促进市场活力、防范区域风险的视角考虑,充分发挥其实时管理优势,协同维护新兴但弱小的区域性股权市场。[2] 中国证券业协会2017发展报告显示,截至2016年底,除云南省外其他省市已设立区域性股权市场,且全国挂牌、展示企业接近8万家,累计实现融资6896亿元。[3] 处于"塔基"一层的区域性股权市场具有数量大、挂牌企业多的特点。在此情况下,运营机构以其近水楼台的优势在发挥其自律管理方面实时管理特点,是政府监管和证监会监管不可替代的。[4] 因此,相较于其他监管主体而言,运营机构的自律管理作用尤为突出。[5] 实现政府监管与服务实体经济职能,既要通过运营机构服务中小微企业落实激励政策,亦要重视运营机构自律管理,发挥其实时管理优势,协同防范区域风险。

第三,符合市场定位,明确管理对象和措施。运营机构实时管理的特点与区域性股权市场的市场定位是密不可分的。根据《管理办法》,可对区域性股权市场的市场定位归纳如下:首先,以中小微企业为服务对象,服务类型可具有多样化、个性化特点。区域性股权市场旨在为中小微企业证券非公开发行、转让及其他相关活动提供设施和服务;其次,运营范围具有区域性特点。区域性股权市场不得为其所在省级行政区域外企业证券的发行、转让或者登记存管提供服务;最后,配合地方人民政府,落实扶植政策。对中小微企业的扶植主要是通过政府以政策的形式体现,而股权交易中心以其植根于区域性的优势为所在区域内中小微企业提供综合服务平台。运营机构以中小微企业为服务对象的同时,自律管理对象也以中小微企业为主,并实时管理与其进行股权交易的各市场参与者。

运营机构对挂牌企业、投资者等市场参与者的市场交易活动进行管理,[6] 具体可作如下划分:(1)针对挂牌企业,运营机构须审查其申请证券发

---

[1] 叶林著:《证券法》(第二版),中国人民大学出版社2006年版,第348页。

[2] 叶林著:《证券法》(第二版),中国人民大学出版社2006年版,第110~113页。

[3] 参见中国证券业协会著:《中国证券业发展报告2017》,中国财政经济出版社2018年版。

[4] 参见樊纪伟:《区域性股权市场监管制度之建构》,载《西南金融》2017年第5期。

[5] 参见李铭、杨海静:《我国区域性股权市场制度设计的若干问题——兼评〈区域性股权市场监督管理试行办法〉(征求意见稿)》,载《政法学刊》2016年第1期。

[6] 参见樊纪伟:《区域性股权市场监管制度之建构》,载《西南金融》2017年第5期。

行、挂牌转让的文件,对于挂牌转让的,每个交易日发布最新价格行情。(2)对于投资者而言,则须每次检测其资金变动的情况,发现异常情况及时报告。(3)在维护区域性股权市场正常运作方面,运营机构负责信息系统的开发、维护、管理等并按期报送市场有关信息,负责制定业务操作细则和自律管理规则,负责对本市场参与者采取自律管理措施,建立市场诚信档案并提供诚信信息查询和公示。由此可知,运营机构通过对上述市场参与者管理,可实现辅导企业挂牌、保护投资者和防范区域风险的目的,符合市场定位。

综上所述,运营机构作为区域性股权市场协同监管主体,自有其自律管理优势。其不仅具有证券服务功能,〔1〕同时承担着自律管理的责任。就此而言,可以将实现管理目标与服务功能相结合,即在服务中小微企业的过程中,同时管理中小微企业,实现管理实效性。然而,在市场流动性不足、综合平台建设不完善、运营机构创收不足的情况下,运营机构自律管理难以发挥其效率性、灵活性方面的优势。

二、影响运营机构自律管理优势发挥的因素

(一)政府扶植政策未能充分市场化

中小微企业融资难体现在融资渠道上。由于银行方面为解决不良贷款率升高等问题,会提高融资准入门槛、降低抵押率,这导致中小企业通过以获取银行贷款为主的间接融资方式来实现融资愈加困难。〔2〕此外,因为直接融资渠道不畅、融资比例低等因素,〔3〕导致直接融资对中小企业也不尽友好。尽管如此,直接融资对于中小型企业来说,是较优的融资方式。崔学刚、杨艳艳通过研究发现,我国中小企业偏好股权融资。〔4〕中小企业融资难的问题已成为共同关注的焦点,而区域性股权市场的设立正是为解决这一问题。〔5〕

---

〔1〕 参见《管理办法》第37条:"运营机构应当按照规定对区域性股权市场参与者的违法行为及违反自律管理规则的行为,采取自律管理措施,并向地方金融监管部门和中国证监会派出机构报告。"

〔2〕 参见吕劲松:《关于中小企业融资难、融资贵问题的思考》,载《金融研究》2015年第11期。

〔3〕 参见吕劲松:《关于中小企业融资难、融资贵问题的思考》,载《金融研究》2015年第11期。

〔4〕 参见崔学刚、杨艳艳:《我国中小企业融资需求与资本结构选择研究——基于中小上市公司的实证检验》,载《北京工商大学学报》2008年第11期。

〔5〕 参见《证监会新闻发言人就〈国务院办公厅关于规范发展区域性股权市场的通知〉答记者问》,载中国证监会官网,http://www.csrc.gov.cn/pub/newsite/zjhxwfb/xwdd/201701/t20170126_310210.html,2017年12月8日访问。

通过运营机构为中小微企业提供股票或债券发行、转让的场所和服务,使其成为中小微企业融资的助推器,[1]提高中小微企业在资本市场的活跃度。

中小微企业存在融资难的问题,而政府扶持政策也存在难以市场化的问题。2017年"证监会答记者问"提到,地方人民政府针对中小微企业出台了若干的扶持政策,但是运作中却面临市场化的问题。[2]同时,国务院办公厅《关于规范发展区域性股权市场的通知》明确区域性股权市场是地方人民政府扶持中小微企业政策措施的综合运用平台,故在此情况下,可充分发挥其服务功能,提高挂牌企业数量和质量,将政府的扶持政策市场化。

(二)平台建设不够完善,服务功能未充分落实

信息透明化对于区域性股权市场的发展具有不可忽视的作用。首先,信息透明度提高有助于增加企业获得融资的机会。信息不透明是企业难以获得银行贷款的成因之一,[3]而企业通过自身信息披露可吸引投资者目光,促使投资者主动了解企业信息并做出投资决定。其次,有效的信息披露有助于防范区域风险。畅通的信息获取渠道利于运营机构实现实时管理,及时掌握对已发行证券造成较大影响的重大事件,从而做出能动反映。最后,信息披露不充分。在难以吸引投资者进入市场的困境下,即使挂牌、展示企业不断膨胀,推动中小企业融资的目标亦会落空。诚信档案建设是运营机构的职责之一,然而,各区域股权交易中心的诚信档案存在未建立或建立不完善的情况。不仅自律管理落空,亦难以拾得投资者信心,自然未能与其"服务中小企业"的市场定位接轨。

(三)市场活跃不足,实时管理优势未充分发挥

证券交易所采取会员制,不以营利为目的。与此不同的是,区域性股权交易中心多以公司制为组织形式。[4]这意味着运营机构需要通过咨询服务、路演推广等方式创收,以维持其运作。然而,大多数区域性股权交易中

---

[1] 参见杜坤伦:《区域性股权市场建设的问题与对策研究》,载《国家行政学院学报》2017年第2期。

[2] 参见《证监会新闻发言人就〈国务院办公厅关于规范发展区域性股权市场的通知〉答记者问》,载中国证监会官网,http://www.csrc.gov.cn/pub/newsite/zjhxwfb/xwdd/201701/t20170126_310210.html,2017年12月8日访问。

[3] 参见吕劲松:《关于中小企业融资难、融资贵问题的思考》,载《金融研究》2015年第11期。

[4] 参见樊纪伟:《区域性股权市场监管制度之建构》,载《西南金融》2017年第5期。

心存在入不敷出的情况,难以开疆扩土提高收益。[1] 我们应当认识到,运营机构不仅肩负自律管理的重担,而且具有营利目的,为维持管理运作,则必须实现创收。管理交易活动与提供证券服务并不是矛盾的。

区域性股权市场设立初衷旨在解决中小企业融资难,而自 2008 年第一家区域性股权市场设立至今,融资难的问题依然未能解决。若提高市场流动性,由于政府监管自身滞后性及运营机构管理不充分,防范区域风险的目的可能悬空。若箭指解决中小企业融资困境,则促进市场流通势在必然。防范区域风险的重担落于政府主导型的监管体制,仍然须发挥运营机构自律管理的优势,实现管理的实效性。现在的自律管理方式集中表现为对市场参与者的交易活动管理,而实现管理实效性确有必要从事中管理入手。事中管理对象主要针对市场参与者的交易活动,强调对交易活动进行实时管理。然而,在当前市场活力不足的情况下,企业融资困境依旧而运营机构的实时管理优势无处可施,证券流动性和运营机构自律管理的积极性均有待提高。因此,为充分发挥运营机构自律管理的有效性,可从运营机构自身出发,利用其证券服务功能促进区域性股权市场流通,在提高市场活跃度的同时进行实时管理。

三、我国台湾地区场外市场监管制度比较分析

从台湾地区场外市场的发展状况来看,难以照搬其监管体制,但其自律监管为主的监管经验对促进我国区域性股权市场自律监管优势的发挥具有一定的启发和借鉴意义。

我国台湾地区资本市场具有层级特点,由高到低可明确划分为“上市 - 上柜 - 兴柜 - 创柜”,其中,兴柜市场和创柜市场是未上市、未上柜企业挂牌融资场所,即台湾地区的场外市场。创柜市场于 2014 年创立,截至 2014 年 7 月,该市场筹资即达 2 亿元,即平均一家公司可筹资 57 万元左右。于 2002 年创立的兴柜市场,虽然总筹资高达 78 亿元,但该市场挂牌的企业每年获得筹资 24 万元左右。[2] 相较而言,创柜市场设立较晚,但其具有较大的发展空间,为创新创业型企业提供良好的筹资平台。

---

〔1〕 参见杜坤伦:《区域性股权市场建设的问题与对策研究》,载《国家行政学院院报》2017 年第 2 期。

〔2〕 参见李述德:《台湾多层次资本市场的发展》,载《证券服务》第 641 期。

(一)市场定位明确

兴柜市场是一个以培养上市、上柜企业为目标的预备市场,[1]因而设置了低于上市、上柜市场的准入门槛,其目的旨在为上市、上柜市场提供优质的预备企业。

(二)以自律监管为主的监管模式

兴柜市场由柜台买卖中心自律监管。兴柜股票市场成立时间较短,规模有限,暂为柜台买卖中心代管,未纳入证期会管辖范围。[2]

(三)信息披露规定严格

我国台湾地区的场外交易市场,通过严格的信息披露规定实现市场透明化。中小企业从兴柜市场到上柜、台交所的升板通道上,公司财务信息透明度越来越高。这样透明化的市场既能提高投资者信心,亦能提高市场流动性。[3] 我国区域性股权市场亦存在信息不对成、不透明的情形,影响市场流动性,故运营机构可完善信息服务建设提高投资者信心。

(四)创柜市场监理制度特点

我国台湾地区创柜市场定位明确,并据此定位设置了完善的监管制度。我国台湾地区创柜市场设立即源于美国 JOBS 法案,旨在为微型创新企业提供统筹辅导机制,协助政府扶植其茁壮成长。[4] 在"扶植微型企业发展和防范市场风险并重"的监管理念下,创柜市场具备完善的监管制度,其最大的特点即创业辅导机制和投资人分级监理机制。创业辅导机制是指申请登陆创业板挂牌的企业通过柜买中心创新创意审查委员会审查后,与柜买中心

〔1〕 参见《兴柜市场》,载《证券日报》,"自 2003 年 1 月 1 日起,我国台湾地区规定除公益事业外,初次申请上市、上柜的台湾岛内股票都必须先在兴柜股票市场挂牌交易 3 个月(2004 年底延长为 6 个月),然后相对简便的审批程序,方可上市或上柜"。载 http://www.ccstock.cn/review/gushireping/2014-01-24/A1390501008338.html,2017 年 11 月 22 日访问。

〔2〕 参见张宗新、徐冰玉:《上海场外交易市场发展模式与路径》,载《金融中心建设》2010 年第 1 期。

〔3〕 参见戴双兴:《台湾证券柜台市场发展与闽台证券柜台市场合作》,载《台湾研究》2014 年第 1 期,第 66 页。

〔4〕 《创柜板设立目的》,载我国台湾地区证券柜台买卖中心官网,http://www.tpex.org.tw/web/regular_emerging/creative_emerging/Creative_emerging.php?l=zh-tw,2017 年 12 月 9 日访问。

签订辅导契约并开始接受柜买中心的联合辅导，包括行销、财务、经营管理、法律等课程学习（原则上至多2年），由柜买中心进行综合评估是否符合登陆条件。在申请登陆公司和投资人完成一定认购及缴款作业后，申请人可登陆创业板挂牌，并接受柜买中心持续辅导和管理。[1]

（五）域外经验对我国区域性股权市场自律管理的启示

在不同的国家和地区，由于证券市场的发展历史不一，其场外市场的构成和形态各异，且还将随着经济社会的发展不断演进。[2] 然而，无论经济社会如何演进，市场规律具有一般性特征，监管制度亦具有某些共同特征，如以自律监管为主、设定严格的信息披露制度、加强投资者保护等。上述域外经验对我国区域性股权市场监管带来以下三点启示：

首先，发挥自律组织的管理作用。在监管模式上，我国台湾地区的场外市场由受金管会证期局委托的柜买中心监管，属于以自律监管为主。我国区域性股权市场的监管以省政府为主导，以地方金融监管部门为日常监督主体，具有明显的行政监管特征。行政监管侧重市场的宏观监管，而在微观层面需要发挥运营机构的自律管理作用，如此才能实现区域风险防范的时效性，使风险置于可控范围。同时，自律管理亦能提供促进市场发展的竞争力，避免过多行政强制。[3] 区域性股权市场可以提高自律组织的管理质量，发挥其自身管理的作用。

其次，明确市场定位。市场定位与监管制度是密不可分的。例如，我国台湾地区在明确“协助政府扶植微型创新企业成长”市场定位的基础上，开创性地实行创业辅导机制和投资人分级监理机制。这样的方式使台湾地区创柜市场半年时间即实现筹资达2亿元新台币，企业平均融资金额超过已成立十年之久的兴柜市场。因此，市场定位的明确既有效推进微型创新企业发展，亦能为投资者提供良好的保护，提高市场流动性的同时防范市场风险。

最后，要落实监管目的则必须加强投资者保护和挂牌企业教育。我国台湾地区场外市场监管具有促进企业融资与防范市场风险并重的监管目

---

〔1〕 参见《登陆及辅导流程》，载我国台湾地区证券柜台买卖中心官网，http://www.tpex.org.tw/web/regular_emerging/creative_emerging/Creative_emerging.php?l=zh-tw，2017年12月9日访问。

〔2〕 参见钟洪明著：《多层次资本市场改革视域下证券法法制重构论纲》，中国法制出版社2017年版，第110页。

〔3〕 参见樊纪伟：《区域性股权市场监管制度之建构》，载《西南金融》2017年第5期。

标。同时,通过创业联合辅导机制实现对融资企业和投资者保护,以期拓宽创新性微型企业融资渠道,同时稳定创柜板市场,为多层次资本市场畅通转板通道。

四、落实协同监管目标需要发挥运营机构证券服务功能

我国区域性股权市场的设立旨在促进中小微企业融资,并协助政府落实扶持政策,这也是实现市场化发展的现实需要。目前,运营机构承担自律管理责任的同时需要致力于促进中小微企业挂牌融资,然而,运营机构无论是自律管理亦或促进企业融资方面均未能达到理想效果。因此,有必要强调运营机构的市场定位,从服务中小微企业出发,发挥自律管理的实时优势。

(一)完善管理平台建设,提高市场活跃度

政府市场化改革是我国市场化改革的要求,其方向之一即建立市场导向的服务型政府。[1] 2017 年 11 月,四川省科学技术厅、财政厅发布的一份中小企业专项资金申报的通知中明确提到,鼓励科技型中小企业投资,支持为科技型中小企业提供投融资服务的创投机构。[2] 政府以专项资金的形式鼓励中小企业发展,正是体现了政府以服务型为导向的市场化改革。在政府市场化改革的趋势下,运营机构应当利用自身综合平台的优势,充分做到为中小企业服务,协助企业挂牌融资,将政府扶持奖励落到实处。因此,运营机构应完善平台建设,提高市场活跃度。

首先,完善诚信档案建设。诚信档案是投资者了解企业的重要的渠道,而信息公示不及时、不充分,使投资者发出诚信之问,迟疑踏入市场的大门。根据《管理办法》第 51 条规定,运营机构负责建立诚信档案,并提供信息咨询、公示服务。但正如前文所述,当前诚信档案制度运行并不乐观,各运营机构的落实情况欠佳,监管层面亦出现空白情况。不仅自律管理不到位,亦未能发挥其应有的服务功能,导致市场因信息不透明难以吸引投资者。

其次,挂牌、展示平台需更多地体现吸引投资者的信息。目前运营机构

---

〔1〕 参见许正中:《协同治理视角下政府市场化改革》,载《理论探索》2014 年第 2 期。

〔2〕 参见《四川省科学技术厅、四川省财政厅关于发布 2018 四川省中小企业发展专项资金项目申报指南的通知》,载四川省科学技术厅官网,http://www.scst.gov.cn/zhuzhan/tz/20171114/28507.html,2018 年 2 月 28 日访问。

挂牌展示平台主要偏向介绍企业基本信息,包括公司简介、股东高管情况、融资意向等,[1]然而,作为投资者最关注的公司动态却毫无信息。公司动态体现了公司最新发展方向,表明其融资去向,由此,投资者可参考公司动态,预测其投资收益率,以便做出更坚定的投资决定。中小企业的信息本身具有分散性的特点,其价值亦难以集中体现,[2]因此,作为信息展示平台的运营机构自然担起重责,优化企业信息的价值。

最后,打造完整服务链条。运营机构的自律管理侧重市场参与者的市场交易活动,而在与服务功能结合的情况下,运营机构可通过前期辅导培训服务提高企业质量,强调提升企业自身质素,以此避免交易活动中可能出现的违规现象,减少事后监管成本。与此同时,通过辅导培训收取费用以增加运营机构收入。《管理办法》第28条规定,"运营机构可自行或同有关中介机构为参与市场的企业提供改制辅导、管理培训、咨询等服务"。在辅导培训服务方面,可借鉴我国台湾地区创柜市场挂牌企业联合辅导机制,形成"挂牌申请-挂牌展示-挂牌融资-挂牌企业升板"的服务链,既为中小微企业提供融资"出路",亦为从新三板市场退市的企业提供"退路"。如此,通过运营机构的辅导培训服务,在辅导过程中实现对挂牌企业的实时监督。例如,对于挂牌条件不满足的企业或者从新三板退市的企业,通过辅导服务,及时引导其退出市场或协助其在区域性股权市场"养精蓄锐",一方面可协助地方政府落实挂牌,另一方面亦可为具有潜力的企业提供协助力量,避免违规挂牌或盲目升板影响市场秩序。

(二)落实监管理念,加强投资者保护

根据《管理办法》第28条可知,运营机构在投资者保护方面主要是为合格投资者提供企业研究报告和尽职调查信息。然而,投资者存在高低不同的投资分析能力,因此,对于同一份企业研究报告或者调查信息而言,若自身没有相应的知识,仍然难以进行风控分析。尽管进入区域性股权市场的投资者具有一定的经济能力,但经济能力与风控能力不能等同,且还有一部分具有投资能力但始终不敢涉足市场的潜在投资者,故有必要开展投资者

---

[1] 参见天府(四川)联合股权交易中心股份有限公司官网,http://www.cdse.com.cn/wcmDocument/searchListedCompanies,2018年3月1日访问。

[2] 参见吕劲松:《关于中小企业融资难、融资贵问题的思考》,载《金融研究》2015年第11期。

教育活动。此外,投资者教育活动有助于实现投融资需求对接。在投资者教育活动中,既能掌握投资者关注的动态,亦能了解投资者自身谨慎投资的能力,从而更好地为投资者作出有针对性的投资咨询并针对不同风控能力的投资者提供不同层次的投资者教育,[1]避免出现“有咨询无服务,有投资无对接”的现象。如此,既能为具有较好投资能力的投资者提高投资效率,同时增强投资能力相对较弱的投资者信心,吸引其进入市场,提高区域性股权市场流动性。

(三)制定自律管理规则,明确自律管理依据

根据《管理办法》第36条的规定,运营机构负责制定自律管理规则。然而,该条款落实情况并不佳。有的运营机构并没有制定自律管理规则,或已制定的自律管理规则针对的是中介机构会员,并没有针对企业等其他市场参与者的自律管理规则。缺乏相应的管理依据,运营机构的管理行为无从施展,自律管理的优势亦无发挥之处。因此,自律管理对象应覆盖各个市场参与者,包括中介机构、挂牌企业和投资者。规则内容包括各参与者的权利和义务、自律管理措施、不服处理的救济途径等。完善的管理规则是自律管理优势发挥的前提,更是稳定市场秩序的保障。

---

[1] 参见陈黎明:《区域性股权市场创新发展研究》,载《海南金融》2017年第5期。

区域经济发展视域下地方金融监管构建

鲁家鹏*

内容提要 随着我国经济的飞速发展,金融市场在融通资本、调动市场投资的方面扮演着越发重要的角色。随着金融市场的高速发展,现行的有中央垂直监管的金融监管体制已经很难适应现阶段金融市场的发展状况,该模式导致地方金融监管主体权利不明,以至于出现要么依靠委托授权或"一行三会"监管要么处于监管空缺的状态。为适应地方经济发展,真正实现金融服务实体经济,地方金融监管分权是当今最优选择。当今的地方金融监管模式构建在笔者看来应从地方实际与经济发展角度出发,以解决经济发展难题规范金融市场秩序为出发点与价值追求目标。针对性立法,从地方基础金融制度完善与构建、民间金融规范化管理、监管部门协调三方面入手,解决当前地方金融市场中存在的难题。

关键词 民间金融 实体经济 利率 监管

一、前言

我国经济领域长期施行分业经营与监管的模式,但随着金融业的迅猛发展,金融控股集团、互联网金融和民

* 四川省社会科学院法学研究所,研究方向经济法学、金融法学。

间金融的高速发展,现行监管模式已难以适应当今社会经济发展与金融规范化的需求。随着地方分权监管试验的施行,地方金融监管立法是当前阶段面临的重要问题。中国人民银行2018年第三季度会议上指出按照深化供给侧结构性改革的要求,优化融资结构和信贷结构,努力做到金融对民营企业的支持与民营企业对经济社会发展的贡献相适应,提升金融服务实体经济能力,推动形成经济金融良性循环。然而相对于正规金融而言,在地方金融监管立法中应重点关注的在笔者看来仍应为民间金融。相对于正规金融而言,因其准入门槛较高监管力度较大,其规范性相较于民间金融而言要高,另一方面来看相对于民间金融,其普遍有较为雄厚的资金支撑,产生金融风险的概率相较于民间金融要低。自2009年河北"信用社事件"到2012年的广东"华鼎"、2015年"昆明泛亚有色金属交易所事件",一系列的案件都表明民间金融才是地方金融应重视监管的领域。

二、地方金融发展问题与现状

地方金融在现阶段所面临的问题主要以民间金融问题的形式体现,民间金融问题在很大程度上就是地方金融问题的体现。但在以往的金融管理中常常对民间金融呈回避状态,在实务界还是理论界都质疑其合法性,"在此之前的民间金融合法化这一命题的提出,源自于我国民间金融不仅得不到广泛的认同,而且还一直以来作为抨击的对象,概括来讲这种现象源自长久以来对于民间金融是非法的这一认识"。[1] 正是由于以往的"非法性"认识导致在提及金融监管问题时,多数考虑的是如何对正规金融的监管,陷入了立法或是监管侧重点的误区。之前我国对于金融的监管授权多侧重于正规金融机构,发生地区性金融问题也多从正规金融方面找问题,事实上近年来金融问题多出自民间金融。下文从中小企业与个人两方面分析地方金融存在的问题。

(一)中小企业发展困境

中小企业所创造的市场经济价值在各国的社会经济价值组成中都占较大比重,在我国亦是如此。其无论在国家整体层面还是地方层面上对于税收与财政收入的提升、提供岗位促进就业、推动社会整体与地方区域性经济

〔1〕 高晋康:《民间金融法制化的界限与路径选择》,载《中国法学》2008年第4期。

的发展都有着重要的推动作用。据统计,中小企业对我国GDP、税收、乡镇就业方面都有重要的贡献作用,其贡献率分别为60%、50%、75%。[1] 融资作为企业的重要发展方式,中小企业的发展亦离不开融资这一话题,而中小企业作为为区域经济发展做出重大贡献生力军的同时,在其发展上却面临诸多不利条件,在融资发展上也受到很大限制,缺乏资金来源成为其发展难题。从融资的方式出发,企业融资主要包括内源与外源两种融资途径,与大企业的融资发展不同,中小企业的融资只能依靠其自身力量即自有资本的储备,但现实总与理想冲突,中小企业因其利润收益低微,自有资本储备不足以支撑其在分配利润后用于融资发展的资本储备求,这就意味着中小企业为了融资发展必须选择内源融资之外的途径。然而我国金融机构对于中小企业的放贷额,在全部的金融机构贷款所占比重约只有10%,而信用贷款近占其中的20%。对于证券等方式的外源融资手段,因审批手续烦琐与中小企业竞争力较弱等因素,金融借贷成为中小企业资金来源的重要途径。而我国长期的二元经济与社会结构导致了经济体系具有明显的二元化特征,金融领域也形成了典型的正规金融与民间金融典型的二元化金融市场,这种局面产生的直接动因来自这种二元结构带来的金融资源分配不均的负效应。

从我企业信贷实际现状出发,我国金融信贷领域对于大型企业与中小型企业存在一定程度上的差异对待。因信用度与地方发展战略上,大企业具有独特的优势以至于在金融机构选择放款对象时,更倾向于大型企业。从2014年上半年上市的中小板创业板45家企业的部分统计数据上看,从IPO申请受理到企业上市平均期限达2.7年,九成以上企业无法通过IPO融资。据国家统计局抽样调查的3.8万家小型微型工业企业经营状况显示,仅有15.5%的小型微型企业能够获得银行贷款。[2] 抽查415户中小企业从银行获得的贷款,发现利率上浮幅度平均为21.6%、最高75%;抽查909户从转贷机构获得的转贷款,有196户企业的贷款利率超过20%(同期基准利率6.15%),有142户企业还支付了转贷手续费、平台服务费等共计5547万元,平均费率2.6%、最高5.5%。无法获得足够资金支持发展的中小企业只能通过民间金融来获取其所需的款项,“非正规金融在发展中国家和地区广泛

---

〔1〕 参见段凯:《后金融危机时代下中小企业融资问题研究》,载《现代交际》2017年第15期。

〔2〕 参见吕劲松:《关于中小企业融资难、融资贵问题的思考》,载《金融研究》2015年第11期。

存在,这是由于中小企业信息不透明造成正规金融不能有效获取信息,且时常不能提供充分的抵押造成的”。[1] 从中小企业对流动资金的需求上来看,相较于大型企业,中小企业筹集自己具有量少、频率快的特点,正规金融机构(如银行)的放贷审批程序和时间相对较长,即使通过银行获得所需货款在多数情况下也很难满足中小企业发展的实际需要。从获取贷款难度与及时性两方面分析,民间金融在中小企业发展困境的突破问题上都做了重大的贡献。但由于民间金融的非规范性,其利率较银行等正规金融机构来看普遍较高,“中小企业的银行利率高达15%以上,是大型企业贷款利率的2~3倍,而民间借贷的日利率更是达到了0.2%~0.6%,即贷款的年利率高达50%~150%”。[2] 高额融资成本严重制约了中小企业的发展,降低了其抵御风险的能力。

(二)个人金融行为

上节内容主要从企业发展角度分析当今金融市场对企业发展的限制,本小节从个人金融行为出发来分析金融市场现状。个人金融行为主要集中在金融产品投资与借贷两方面。而这两类金融行为的相对主体又分为正规金融主体与民间金融主体,对于正规金融来讲无论是投资还是借贷行为,因正规金融机构受到国建金融监管机关的强力监管,故其规范性要远高于民间金融安全性也较民间金融而言更高。人们日常所产生的金融纠纷多发生于民间金融领域,此处把个人金融行为分为金融投资与借贷两部分。

1. 民间金融投资

金融投资是一个广泛的概念,在一定意义上放出贷款收取利息也是一种投资行为,但本文基于对民间金融分析的考虑,这部分的民间金融投资行为仅指除借贷以外的民间金融行为,具体分为私募基金、投资咨询中介、地下钱庄、信托、融资租赁等。私募基金由中国证券投资基金协会负责管理登记以自律方式进行管理无需金融牌照,存在信息不透明、风险高、涉嫌吸收公众存款等问题;投资咨询中介,其本身不属于金融机构但却冒充金融机构行使销售担保等金融活动行金融机构功能之实,在一些极端情况下甚至导

---

[1] 孙希芳:《信息、非正规金融与中小企业融资经济研究》,载《经济研究》2005年第7期。

[2] 赵静:《试论中小企业融资困境、民间借贷困境与制度改革》,载《中国商论》2015年第18期。

致集资诈骗;地下钱庄往往涉及非法买卖外汇、洗钱吸收公众存款,很难对其尽心监管导致金融混乱扰乱社会金融秩序;信托公司以发行信托产品的方式从社会募集大量资金,然而资金是否用于所募集目的很难进行查询,一些信托公司利用募集资金从事高风险如股票、外汇、期货等投资,为投资者带来巨大的风险;融资租赁存在的问题主要表现为因监管不到位导致的非法吸收存款、套取银行资金等行为。对上述几类民间金融形式进行分析,可以发现其都有不透明与追求高额利润的特点,然而大多数民间机构都为小规模,经营资金力量薄弱,相对于正规金融机构而言,其抗风险能力本就薄弱,但其为获得比正规金融机构更大的竞争力往往通过高额利息承诺的方式吸引公众进行投资。一旦因经营的某一环节出现问题资金链断裂,这些民间金融机构都很难有能力偿还投资者的资金,极易诱发社会群体性事件。

2. 民间借贷

与上文中提到的民间金融投资方式相比,通过民间借贷获利的投资者可以获得更高的经济利益。在没有严格法律限制与监管的民间借贷领域,无论是机构还是个人都追求最大化的利益,而资金以最优利益为导向。以放贷人资金供给为 Q,利率为 R,预期收益为 L,平均成本 AC 与边际成本 MC 都为社会关系网络范围 ω,当 $AC(\omega)=MC(\omega)$ 时实现收益最大化,如图 1 所示。[1]

$$MC(\omega)=c(\omega),AC(\omega)=\frac{1}{\omega}\int_0^{\omega}c(\mu)\,d\mu$$

$$L(\omega)=QR-\frac{1}{\omega}\int_0^{\omega}c(\mu)\,d\mu,$$

$$\frac{dL(\omega)}{d\omega}=\frac{1}{\omega^2}\int_0^{\omega}c(\mu)\,d\mu-\frac{1}{\omega}c(\omega)$$

$$\text{若令}\frac{dL(\omega)}{d\omega}=0$$

$$\frac{1}{\omega^2}\int_0^{\omega}c(\mu)\,d\mu-\frac{1}{\omega}c(\omega)=0$$

---

〔1〕 高彦彬:《民间借贷风险:演化规律与防范技术》,载《科学 · 经济 · 社会》2013 年第 1 期。

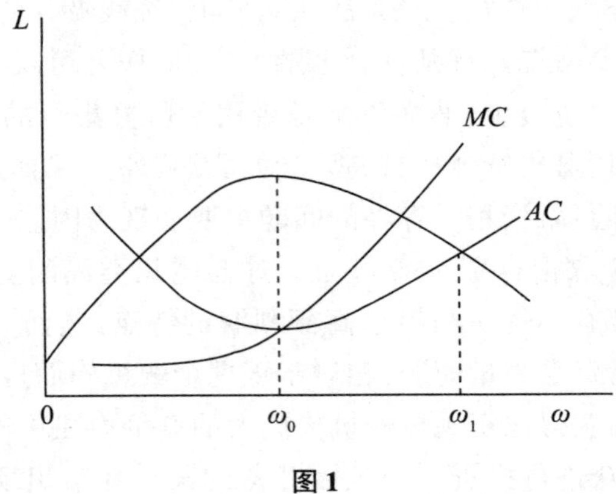

图 1

初期的民间借贷发生在熟人基础之上,因较高的信任基础与全面的信息了解使收益会随着关系网络的扩大而增加,当借贷组织成本与边际成本相等达到了利益的最大化。然而随着金融的发展,借贷被赋予了更多的投资属性,由原本的熟人社会扩大到陌生社会,金融机构一直在追求所谓的最大收益,不断扩大借贷范围,涉及借款陌生个体越多越需要更大的成本去审核其信用情况。但事实上现阶段的民间借贷机构对信用审核极为忽视,以至于某些小平台为获得客源仅须提供身份证就能获得高额贷款,这种放款方式导致坏账率过高。金融机构为弥补坏账带来的损失与偿还投资者的高额利息,必然会选择加高借款人利率甚至是暴力催债手段收回成本。高额的利率使得借款人履约不能的概率增加必然导致新的违约,而放款机构这种转嫁成本(把坏账损失以利率转嫁其他借款人)的方式会导致更多的履约不能,最终资金链崩溃。

除为投资者带来巨大风险之外,极少数借贷机构以非法牟利为目的,通过针对性、选择性放款获取超高额利润,这里以校园贷为典型代表。据笔者统计,目前校园贷主要有直接形与中介形两种,直接形以平台自身为放款主体,通过引诱消费虚假宣传等手段隐瞒真实利息选择具有消费需要的主体进行放款,通过高额利息牟利最终利润可达放款额的数十倍;中介形小贷平台其本身并不作为放款主体,而是通过与银行人员的利益交换作为中间商,利用借款人的身份证信息在银行办理信贷业务之后以抽取利润或与其强制签订买卖协议的方式的获得借款人在银行中申请的信贷金。这两种校园小贷方式,尤其是第二种的“中介形”借贷,实质上属于套取国家信贷金的行为,利用风险转移的方式把逾期与坏账风险分散给了银行与借款人,对金融秩序造成严重损害。

三、地方金融问题成因分析

地方金融对区域经济发展有着至关重要的作用,无论个人还是企业的日常都离不开金融这个话题。地方金融环境对企业来讲直接影响企业的发展,对区域经济有着较为直接的联系,对个人金融消费者而言,虽其与企业相比所占单个数额较小,但基数大、社会面广泛,故影响地方金融稳定性。为真正落实金融服务实体经济这一目标,本节对企业发展的金融制约因素与个人金融消费者面临的问题成因作出分析。

(一)制约企业发展之金融成因

单纯从中小企业发展的经济角度来分析,中小企业发展所受限制最直接的来源即相较于大型上市公司与国企发展资金来源不足,其较为普遍的方式是通过内部资本即盈利股东出资的方式获得发展资金,而通过债券募集、银行贷款等方式的资金募集方式并不适宜亦不实际。债券的复杂发行过程不适合短期少量的资金周转,银行的放贷更倾向于地方大型企业且因中小企业自身信用因素严重限制了其通过银行获取资金的渠道,所以对于中小企业发展的资金需求,更多地由民间金融市场所提供。然而,民间金融市场数倍于银行的利息使中小企业走向了求扩大求发展就容易走向破产资不抵债的死局,我们抛开中小企业自身的局限性不谈,从外部因素来分析导致这种现象的成因具体有以下几个方面。

1. 经济增速放缓,利率提高导致中小企业发展困难

我国自 2010 ~ 2014 年来经济增速由 10.4% 回落至 7.4%,而利率却上升了 3.76%,经济增速与利率的反向增长加重了企业发展的负担。大量陷入房地产和民间借贷等资金困境的大型企业集团流动性风险凸显,为保证其企业资金链的持续以实现企业的正常经营,这些企业往往通过类似饮鸩止渴的方式不惜以高额利息筹集资金,这种方式虽然维持了眼前的发展但却对其本身产生了“挤出效应”。从银行房贷风险角度出发,作为商业银行由于放贷风险加大坏账率增加,银行通过提高风险溢价的方式来折抵其可能面临的损失,并采取提升融资准入门槛、压低抵质押率等措施,提高其所放贷款收回的概率,这就导致了中小企业更难通过银行获得贷款融资困难

局面的出现。

2. 银行惜贷,难以获得资金支持

虽然国家出台一系列政策降低中小企业银行贷款负担,"财政部、国家税务总局发布通知明确,为进一步加大对小微企业的支持力度,自2018年9月1日至2020年12月31日,对金融机构向小型企业、微型企业和个体工商户发放小额贷款取得的利息收入,免征增值税"。[1] 但该举措未从根源上解决中小企业贷款难题,因与民间金融机构相比银行的利率要远高于银行同期利率,中小企业面临的问题为贷款难。银行信贷管理体制仍不健全,审查程序烦琐,国有商业银行考虑到中小企业难以形成产业化规模经济而减少对中小企业道德贷款比例。据统计,虽国有企业占工业生产总值不足30%,GNP不足15%,却占有银行贷款的70%。[2]

3. 缺乏法律规制

此处的缺乏法律规制,笔者指缺乏保障企业发展的法律与对民间金融机构限制的法律。一方面,针对中小企业的融资难问题政府出台了一系列的政策、法规,但在执行中存在较大困难缺乏法律约束力,如九届全国人大常委会第二十八次会议上通过了《中小企业投资法》以及即将配套出台《中小企业标准》《中小企业发展基金设立与管理方法》《中小企业信用担保管理方法》。另一方面,我国法律规定的利率条款并不会因高额的利息而追究放款人相应刑事责任,难以获得资金支持的中小企业为谋求发展只能通过民间金融机构借贷这种途径,上文已经指出,民间金融机构的逐利性决定了其高额的利息,但一些超高额利息的金融贷款若不因暴力催债等原因引起刑事案件发生,监管部门并不会对高额利息放贷的行为进行追究,这就导致了如"辱母案"等因高额债务导致的刑事案件的发生。

(二)个人金融风险成因与监管必要

在此的个人金融风险概念笔者同样做出一个缩小解释,并不是金融投资所伴随的必然风险,而是地方民间金融问题所带来的个人金融风险。由于目前地方民间金融监管的不健全与一定程度上的缺位,尤其随着以网络为依托的新型民间金融机构的大量涌现,在加大了个人金融投资者投资风

[1] 参见 http://news.e23.cn/caijing/2018-09-21/2018092100236.html。

[2] 参见陈子静:《刍议我国中小企业融资难问题及其解决对策》,载《对外经贸》2012年第7期。

险的同时也对我国现行的监管体制造成了重大挑战。以P2P网络金融为例,在鼓励金融创新与互联网金融蓬勃发展的背景下P2P获得了飞跃性的发展,据不完全统计,中国有2000多家以网络为依托的P2P平台,融资规模至今已达60亿元,而在2007年的发展初期其总资本额仅有2000万元左右,对其融资总额进行粗略测算复合增长率高达年化225%。发展区域以北京、上海等一线城市为发展起点并逐渐向二、三线城市覆盖,时至今日一些四线的小城市亦出现了P2P平台的身影。2015年,中国最大规模的P2P借贷机构借贷宝成立,中国的网络民间借贷呈现井喷式的发展趋势。然而,众多的借贷平台由于缺乏监管打起了政策的擦边球,以居间代理的P2P借贷模式为掩护干起集资活动。民间网络平台利用我国关于自益信托法律的空白,把发生于出借方与中间平台、中间平台与借款人间的居间关系转化为信托关系。平台与投资者(出借人)订立所谓中介内容的协议,采取不透明化的操作手段,以远高于约定中介费的利率放出资金。这实质上是一种非法集资行为,但却披上了P2P借贷的合法外衣。

由于对民间金融监管不到位与网络金融平台的产生双重原因,网络信息的繁杂性和隐蔽性为非法金融平台牟利提供了一层隐形的外衣,更向金融监管部门抛出了更大的监管难题。虽然从表面上看这些非法从事金融业务的机构有着类似于合法金融机构的组成与经营模式,也可在一定程度上可能为投资者带来经济利益,但这永远无法成为其规避监管和扰乱经济秩序的理由。从法律层面对非法从事金融业务进行概括,指"未按法定程序与有权部门批准,以任何名义向社会的不特定对象直接或间接的吸收资金发放贷款或是从事金融类业务的活动"。[1] 尽管从民法基本的思想"意思自治"之一理念出发,这种行为被当然地界定为正常和无需证明的,但一个有序社会的运行不可能只顾个人或是小部分人的利益而需从社会整体利益进行考量,这就需要外力的干预这是应当被注意的。[2] "由于非法从事金融业务的行为长期和广泛存在会扭曲货币正常的流通渠道,影响央行行使利率、

〔1〕 根据1998年国务院通过的《非法金融机构和非法金融业务活动取缔办法》规定,非法金融活动,是指未经中国人民银行批准,擅自从事的下列活动:(1)非法吸收公众存款或者变相吸收公众存款;(2)未经依法批准,以任何名义向社会不特定对象进行的非法集资;(3)非法发放贷款、办理结算、票据贴现、资金拆借、信托投资、金融租赁、融资担保、外汇买卖;(4)中国人民银行认定的其他非法金融类业务活动。

〔2〕 Clark RC. Contract, Elites and Traditions in the Making of Corporate Law, *Colubia Law Review*, 1989,89(7):1703-1747.

存款准备金率等常规抑制通胀手段的效果,对金融秩序造成难以平复的冲击",[1]可以参照《社会契约论》中的观点,若因少数群体的所谓个人行为破坏了社会群体多数人的利益,此时的自由就应当被限制,上文中提到这种看似合理的意思自治行为亦是如此。从现实层面讲,看似能带来高额回报的非法金融机构是不具有信赖度可言的,高额的收益承诺是高杠杆下的必然结果,而当其资本总额不足以支持这一高杠杆持续,只是非法的金融机构为了私益选择损害投资者利益是必然的结果,此外还不乏以金融投资为掩护实则以诈骗为目的的非法金融机构。综上所述,这种看似自治的民间金融行为必须纳入国家金融监管机构的监管中来,必须通过立法对这种行为予以规制,通过强有力的监管防范民间金融机构可能对金融体系造成的金融风险,并对其进行合理性的引导,以实现防范系统性金融风险发生的目的。

四、金融监管构建

通过上文的分析,笔者认为对于金融监管法律制度的构建,应从问题导向出发结合实际问题,重点立法完善配套制度,把握金融服务实体经济这一基本价值目标。为保障地区经济的持续稳定发展结合上文对于地方金融问题的动因分析,地方金融立法应从地方基础金融制度完善与构建、民间金融规范化管理、监管部门协调三方面入手。

(一)基础制度构建与完善

结合地方金融现状尽快出台地方金融监管条例,明确监管主体、客体与方式,明确监管权范围与主要责任部门,做好中央监管与地方监管的对接,避免地方金融监管机构授权不明、责任不清,实现合理性与合法性的有机统一。首先,配合中央顶层设计落实金融监管分权的实施,合理划分政府执法资源,避免监管不到位、重复监管的发生。其次,结合实际,充分发挥全面改革试验区职能,发挥"先试先验"的作用,在学习其他地方金融监管成功地区优秀经验的基础上,依据"一行三会"的中央垂直监管模式建立配套的地方监管体系。再次,学习外国发达国家对于金融监管的优秀经验。例如,外国一些国家已考虑民间金融机构应承担信息披露义务,对其日常业务资金池

[1] 潘庸鲁、周荃:《民间借贷、高利贷与非法发放贷款疑难问题探究——兼对"非法发放贷款"入罪观点之批驳》,载《金融理论与实践》2012 年第 1 期。

等可能诱发金融风险的项目进行披露,通过信息披露可以为公众投资者提供指引,也方便金融监管机构对其进行风险评估,及时有效地把以后可能出现的金融风险扼杀在萌芽阶段,我国在民间金融监管立法的过程中也可以考虑类似的制度设计。最后,坚持中央统一立法地方制定细则,实施监管的路线,保持与上位法精神一直充分发挥地方执法权结合地方细则实现双重金融监管。

(二)加强民间金融管理

在地方监管条例制定的过程中,充分重视民间金融领域,告别原有对民间金融回避的态度。民间金融作为社会金融体系的一部分,与正规金融同样发挥着作用。从地区经济发展领域将民间金融为中小型企业发展提供了一条出路,弥补了银行贷款难的僵局。从地方金融整理层面考虑,民间金融应当纳入金融监管领域。所谓的民间金融乱现象并不是因民间金融毫无优点,而是由于监管缺位造成的。针对地方民间金融机构的监管可以施行行业协会与政府监管的双重模式,提高民间金融机构规范化程度,提高准人门槛,具体监管模式可以借鉴证券领域的双重监督模式。对于因高额利率所引发的民间金融纠纷在笔者看来必须纳入地方金融监管的职权范围,规定多少限度的利率才是地方合法的金融借贷利率,取缔高利贷民间金融机构的地方金融市场准入资格,市场主体的逐利性决定了地方金融的良性发展必须施行政府调控。

(三)强化部门间监管分工

分等级分层级细化为专属监管事项、共管事项,并分配至不同的金融监管部门之中。以国外监管经验为例,美国在其次贷危机爆发前施行的也是类似我国的双重多头监管。其看似高效的监管模式实则因部门间的协调不足与立法配套原因造成了监管重叠与监管真空的反效果。我国现行的监管模式虽不同于美国但也具有一定的相似性,对于部门间的协调应高度引起重视,尽快完善监管法律法规,优化监管部门之间的分工协调工作。重视在监管权执行中专属事项的监管有时需要非法定监管主体的协助,监管权若出现重叠应注意部门间的交流沟通避免重管漏管的发生,在此笔者建议可以考虑运用中央授权地方的模式建立地方性金融联合监管部门或通过继续的立法完善划分监管界限对该问题进行解决,应考虑监管协调不到位的高度可能性。例如,可以对受到双重权力监管的部分以立法的方式确定监管部门的具体职责,详细划分为主导、协助、协作,在实施具体监管中明确主体监管部门。就监管协助而言,在法定的监管主导部门向有协助部门提出协助要求时,监管协助义务的责任承担部门应当按法律要求提供相关信息或是人员配合以保障监管主导部门的监管落实;就监管协作而言,应当是最后的备选项。无论是现实的例子还是上文中所提到的美国监管经验都证明在没有完全配套完善的制度前提下实施监管协作只会带来看似高效的"负效应",事实上在一些领域协作并不如专管高效。但不可否认金融协作的重要作用,"监管协作是各种公共和私人的机构管理其共同事务的诸多方式的总和,它使相互冲突的或不相同的利益得以调和并且采取联合行动的过程。这既包括有权迫使人们服从的正式制度和规则,也包括各种人们同意或一位符合其利益的非正式制度安排"。[1] 在金融不断创新发展的当代,新的金融类型必然会越来越多,协作监管虽不如专管、协助监管高效,但其应当是前两种监管模式的最后保障。应建立以专管为主,监管协助为辅,监管协同为最后保障的新型监管体系以应对当代金融发展对监管的需求,实现金融体系的稳定与经济的稳定增长。

[1] 俞可平:《中国地方政府的改革与创新》,载《经济社会体制比较》2003 年第 4 期。

立案登记制背景下虚假陈述案件诉讼时效适用的新问题

张　锦*

内容提要　2015 年 5 月 1 日，立案登记制正式实施。〔1〕这一制度的实施改善了司法实践中立案难的状况，保障了当事人的诉权。最高人民法院于 2015 年 12 月 24 日发布了《关于当前商事审判工作中的若干具体问题》（以下简称《2015 若干具体问题》），〔2〕其中，第 2 条明确了根据立案登记司法解释的规定，因虚假陈述等引发的民事赔偿诉讼，不再以行政处罚公布或刑事判决生效作为立案受理的前置条件。自此，《最高人民法院关于审理证券市场因虚假陈述引发的民事赔偿案件的若干规定》（以下简称《2003 规定》）的第 6 条，立案以行政处罚公布或刑事判决生效前置程序的规定

* 四川省社会科学院法学研究所助理研究员，四川大学诉讼法博士研究生。

〔1〕 2015 年 4 月 15 日，最高人民法院印发《关于人民法院推行立案登记制改革的意见》，2015 年 5 月 1 日起实施。

〔2〕 2015 年 12 月 24 日，最高人民法院颁布并实施的《关于当前商事审判工作中的若干具体问题》第 2 条："……根据立案登记司法解释规定，因虚假陈述、内幕交易和市场操纵行为引发的民事赔偿案件，立案受理时不再将监管部门的行政处罚公布或刑事判决生效认定为前置条件。"

被正式废除;[1]但《2003规定》中第5条诉讼时效从前置程序作出后起算的特殊规定却并未作相应修改。《2003规定》第5条明显与上位法冲突,也与时效的基本法理相违背,这可能给实践操作中虚假陈述案件诉讼时效的认定带来困扰,值得引起重视。

关键词 立案登记制 虚假陈述 民事诉讼 诉讼时效

一、诉讼时效在证券虚假陈述民事赔偿案件中的特殊意义

(一)诉讼时效的价值

国内民法学通说认为,诉讼时效是指一定事实状态持续地经过一定期间即在法律上产生一定后果的事实。[2]

诉讼时效的价值主要体现在督促权利人及时行权、减少交易不确定性、节约司法资源等方面。[3] 第一,法律不保护权利上的睡眠者,权利人怠于在合理期间内行使权利,通过诉讼时效制度相应地剥夺或减损其权益,催促权利人及时行权;第二,诉讼时效制度将已发生的事实在法律层面固定,使社会其他主体对已发生的事件可能对当下交易相对方产生的何种义务能够知晓,从而减少交易主体对相对方因不确定性义务影响交易安全的担忧,促进交易;第三,诉讼时效客观上也能降低交易不确定性带来的诉累,保护既有交易的稳定;第四,在诉讼时效期间内解决纠纷,有利于当事人收集证据和法院审查判断案件事实,促进矛盾及时解决,避免纷争不必要地遗留过长时间,节约诉讼成本和司法成本。

(二)域外法律关于虚假陈述民事赔偿诉讼时效的规定

日本《证券交易法》规定,因证券虚假陈述要求赔偿的,自请求权人拥有了解到该有价证券的申报或计划书中的重要事项有虚假记载或其他违法行为时,或者以相当注意能够了解到情况之日起,1年内未实施该请求权的,则

---

〔1〕 2003年1月9日,最高人民法院印发《关于审理证券市场因虚假陈述引发的民事赔偿案件的若干规定》,2003年2月1日起实施,第6条规定,投资人以自己受到虚假陈述侵害为由,依据有关机关的行政处罚决定或者人民法院的刑事裁判文书,对虚假陈述行为人提起的民事赔偿诉讼,符合《民事诉讼法》第108条规定的,人民法院应当受理。

〔2〕 参见江平主编,司法部法学教材编辑部审定:《民法学》,中国政法大学出版社2007年版。

〔3〕 参见卢学希:《民法时效制度价值与体系研究》,武汉大学2013年博士学位论文。

该权利消失。自有关有价证券募集或销售的申报的文件生效时或该计划书交付之时起5年内未主张该请求权时,该权利同样消失。[1] 台湾地区"证券交易法"规定,损害赔偿请求权自权利人知晓受赔偿原因时起2年间不行使而消失,自募集、发行、买卖之日起逾5年者亦同。[2] 美国《证券法》[3]和《证券交易法》[4]规定,虚假陈述赔偿起诉期限为发现不真实报告或漏报后1年内行使;证券以真实价值向社会公众发行3年后,不能再针对注册报告书相关重要事实的不真实或漏报提起诉讼。韩国《证券交易法》规定,因虚假记载的赔偿责任,在其索赔者了解该事实之日起1年内,或就该有价证券在申报发生效力之日起3年内不行使请求权时,该责任即告消灭。[5]

比较域外的规定可见,对证券欺诈的诉讼时效,上述各国的规定并不比普通时效长,甚至大多都规定了明显更短的消灭时效。例如,日本证券欺诈诉讼的普通时效1年,消灭时效3年;而日本《民法典》规定,损害赔偿请求权的一般诉讼时效是请求权自受害人或其法定代理人知悉损害及加害人时起3年不行使归于消灭,侵权之日起,20年不行使权利即消灭。[6]

(三)诉讼时效制度对解决虚假陈述赔偿案件的特殊意义

证券虚假陈述赔偿案件规定更短的时效,是由该类案件的特点决定的。证券虚假陈述赔偿案件有以下三个特点:涉及索赔的人数众多,赔偿金额巨大;损失额的认定受证券市场复杂性、多变性以及系统风险扣除等因素影响,计算难度大;民事责任主体多元化,根据《2003规定》第7条的规定,赔偿主体包括上市公司、实际控制人等股东和中介机构,上述机构负有直接责任的自然人等。[7]

由于以上特点,证券虚假陈述赔偿案件的诉讼时效不宜规定过长,理由如下:

---

[1] 日本《证券交易法》第20条,1948年。

[2] 台湾地区"证券交易法"第21条,2013年。

[3] 美国《证券法》第13条,1933年。

[4] 美国《证券交易法》第18条第3款,1934年。

[5] 韩国《证券交易法》第16条,1982年。

[6] 日本《民法典》第724条,1898年。

[7] 虚假陈述证券民事赔偿案件的被告,应当是虚假陈述行为人,包括发起人、控股股东等实际控制人、发行人或者上市公司、证券承销商、证券上市推荐人;会计师事务所、律师事务所、资产评估机构等专业中介服务机构;上述所涉单位中负有责任的董事、监事和经理等高级管理人员以及中介服务机构中直接责任人;其他作出虚假陈述的机构或者自然人。

第一,时效过长,公司将长期陷入案件的负面影响,难以恢复正常的经营;众多责任主体将长期处于不稳定状态,不利于证券市场的稳定。

第二,时效过长,不利于裁判者裁量赔偿额和案件的执行。因赔偿总额难以计算,时效未满时,裁判者对判决的执行后果难以预测,判决可能形成天价赔偿,形成公司没有执行能力,影响投资者索赔权的实现。

第三,时效过长,不利于调解。由于索赔金额巨大、波及面广、审理难度大。根据《2003 规定》第 4 条“人民法院审理虚假陈述证券民事赔偿案件,应当着重调解,鼓励当事人和解”和《2015 若干具体问题》第 2 条第三点“……充分发挥行业调解优势”的规定,监管层和最高人民法院都倡导对虚假陈述赔偿案件进行调解。从处理过往案件的经验看,如不能确定可能赔偿的总数额,面对不确定的巨额赔偿,责任主体无法给出最优的调解方案,索赔者也很难同意。反之,在诉讼时效届满,索赔总额确定的前提下,责任方可根据规则计算出既能最大限度满足投资者利益又在其赔偿能力范围内的调解方案。从已经处理的案件看,有多起时效届满达成调解的成功案例,有效调解既能够解决纠纷,也能够保障投资者顺利实现权利。[1]

二、立案登记制实施后我国虚假陈述赔偿案件诉讼时效确定中的新问题

(一)《2003 规定》第 5 条关于诉讼时效的特殊规定是《2003 规定》第 6 条立案前置程序规定下配套适用的规定,在第 6 条已废止的情况下,第 5 条也失去了适用的基础。

根据《2003 规定》第 5 条原文规定可得出两层意思:首先,虚假陈述的诉讼时效应遵照适用《民法通则》第 135 条普通时效的规定。其次,因规定了立案的前置条件——诉讼时效从行政处罚公布或刑事判决生效,时效相应也从前置条件作出之日起算。也就是诉讼时效的特殊起诉时间是与立案前置条件规定配套的。

《2015 若干具体问题》第 2 条第二点明确了在立案登记司法解释规定后,虚假陈述等民事赔偿案件,立案受理时不以监管部门的行政处罚生效或刑事判决生效认定为前置条件。自此,《2003 规定》中第 6 条以行政处罚公

〔1〕 成都市中级人民院受理的五粮液、科伦药业公司等相关案件,均是在诉讼时效即将届满时达成调解。

布或刑事判决生效为立案前置条件的规定被正式废除，投资者可从知道权利受到侵害之日起起诉。

《2003 规定》第 6 条废止，第 5 条时效的特殊规定也不应继续适用，应当回归普通时效——“知道或应当知道权利受到侵害之日起”的本位，若仍机械适用原法条，则将明显与上位法《民法总则》及诉讼时效的基本原理相矛盾。

（二）继续适用旧规，客观上导致实际时效期间的大幅延长，且延长的期间也因个案不同而有所差异，难以预测，造成法律适用不统一的现象。

按照《2003 规定》第 5 条、第 6 条，立案条件和诉讼时效起算点是一致的，即法律拟制知道权利受到侵害的时间是行政处罚公布之日或刑事判决作出之日，时效也由此计算，如图 1 所示。

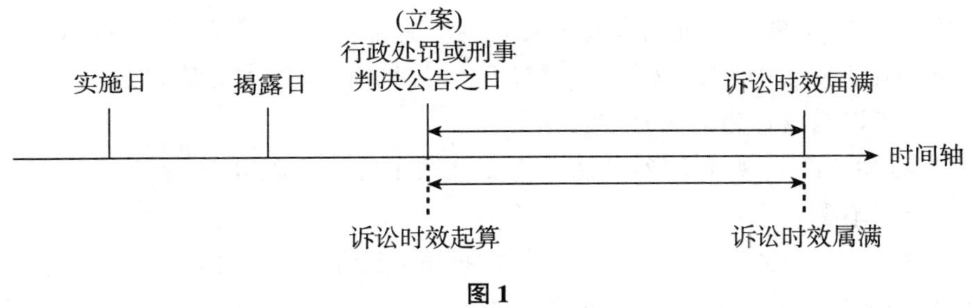

图 1

《2003 规定》第 6 条废止后，投资者从知道或应当知道权利受到侵害之日可起诉。揭露日可视为大部分投资者知道或应当知道权利受到侵害之日，当然投资者知道虚假陈述事件致权利受侵害，也可提起诉讼。只是揭露日可以视作是一个比较常见的可知权利，或视作其可知权利受到侵害的时间。虚假陈述揭露日，根据《2003 规定》第 20 条第 2 款所下定义，是指虚假陈述在全国范围发行或者播放的报刊、电台、电视台等媒体上，首次被公开揭露之日。

如果起诉时间点前移到行政处罚公布或刑事判决生效之日之前，仍按《2003 规定》第 5 条的起算点，则诉讼时效实际经过的期间比普通诉讼时效期间增加了“a”期间，即揭露日到行政处罚公布或刑事判决生效公告之日的期间，如图 2 所示。从公布的相关案例看，“a”期间短则不满 1 年，如“S 前锋”“渤海公司”“甘肃皇台”“海润光伏”，长则超过 3 年，如“金亚科技”“东方锅炉”“红光实业”。按 3 年的诉讼时效规则，若仍以行政处罚公布或刑事判决生效之日计算诉讼时效，实际时效期间可能达到 6 年以上，远超普通时效的期间。

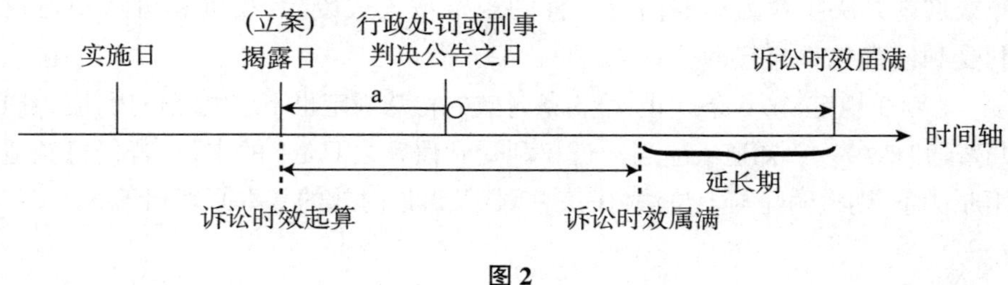

图2

三、完善相关法律规定的建议

通过上文的分析,立案登记制实施后,尤其是《2015 若干具体问题》施行后正式施行后,虚假陈述案件诉讼时效起算应回归"知道或应当知道权利受到侵害之日"的本位。若揭露日在 2015 年 12 月 24 日实施《2015 若干具体问题》之前,即使行政处罚未公布或刑事判决未生效,投资者即日可起诉,诉讼时效也应从 2015 年 12 月 24 日起算;如果揭露日在 2015 年 12 月 24 日之后,应当以揭露日为诉讼时效起算点。

可能有部分观点质疑:从法律改变立案条件之日起算,是否对投资者要求过严,笔者认为:

第一,立法的公示效力应推定每位投资者能够知晓,由此计算也是对全体投资者公平的。就证券市场的信息公开性而言,普通投资者也是完全能够知晓其能够行使诉权以及他人已经行使诉权。第二,我国证券赔偿适用普通民事诉讼时效,并未像其他国家一样规定更短的诉讼时效,现行时效制度足以保障投资者的索赔权。第三,如前文所述,合理的时效制度方能有效地保护更广大投资者实现权利,以及兼顾其他责任主体的利益。

2017 年 10 月 1 日起《民法总则》施行,普通诉讼时效规定改为 3 年,还须考虑新旧法关于关于诉讼时效 2 年与 3 年的衔接问题。该问题已经由 2018 年 7 月 23 日起施行的最高人民法院《关于适用〈中华人民共和国民法总则〉诉讼时效制度若干问题的解释》第 2 条[1]和第 3 条[2]的规定明确:

〔1〕 2018 年 7 月 23 日起发布并实施的最高人民法院《关于适用〈中华人民共和国民法总则〉诉讼时效制度若干问题的解释》第 2 条规定,民法总则施行之日,诉讼时效期间尚未满民法通则规定的二年或一年,当事人主张适用民法总则关于三年诉讼时效期间规定的,人民法院应予支持。

〔2〕 2018 年 7 月 23 日起发布并实施的最高人民法院《关于适用〈中华人民共和国民法总则〉诉讼时效制度若干问题的解释》第 3 条规定,民法总则施行之前,民法通则规定的二年或一年诉讼时效期间已经届满,当事人主张适用民法总则关于三年诉讼时效期间规定的,人民法院不予支持。

2017年10月1日前,诉讼时效按《民法通则》2年(或1年)计算未满的,按《民法总则》3年的规定适用;若2017年10月1日前按《民法通则》时效已满,则不能适用《民法总则》3年诉讼时效的规定。

回到虚假陈述赔偿案件本身,揭露日在2015年12月24日《2015若干具体问题》生效之前发生的,且2015年12月24日前行政处罚未公布或刑事判决未生效的,诉讼时效应从2015年12月24日可以立案之日起算,到2017年10月1日,诉讼时效未超过2年,应适用3年时效的规定,即到2018年12月23日。揭露日在2015年12月24日之后的,时效应从揭露日起,适用3年诉讼时效。

四、结　语

虚假陈述赔偿案件涉及投资者众多、赔偿金额巨大,准确界定诉讼时效,对于妥善解决纠纷的意义重大。立法者应当重视立案登记制实施后诉讼时效规定在立法上的冲突,尽快出台具有针对性的补充规定,及时解决实务中可能面临的法律适用问题,从而维护法律的协调、统一。

非法集资类案件司法实务研究

——基于D市调研的情况分析报告

李　钧　余兴兵　邹愈镅*

内容提要　随着非法集资案件数量不断增长,涉及此类案件的司法认定难题也日益显现。本文从D市两级法院审理非法集资案件遇到的问题入手,探讨审理此类案件应当坚持的刑事司法原则以及如何区分非法吸收公众存款罪与民间借贷和集资诈骗罪,如何认定非法集资犯罪金额,如何确定非法集资共同犯罪中被告人的退赃数额。

关键词　非法集资　罪名认定　犯罪金额　退赃数额

非法集资不是我国《刑法》分则规定的案由。根据中国人民银行1999年颁布的《关于取缔非法金融机构和非法金融业务活动中有关问题的通知》对非法集资的概念规定,[1]结合2010年12月13日,最高人民法院《关于审理非法集资刑事案件具体应用法律若干问题的解释》(以下简称《2010年解释》)内容,非法集资对应的罪名包括非法吸收公众存款罪,集资诈骗罪,擅自发行股票、公司、

---

* 四川省达州市中级人民法院法官。

〔1〕 非法集资是指单位或者个人未依照法定程序经有关部门批准,以发行股票、债券、彩票、投资基金证券或者其他债权凭证的方式向社会公众筹集资金,并承诺在一定期限内以货币、实物以及其他方式向出资人还本付息或给予回报的行为。

企业债券罪,非法经营罪。2016 年至今,D 市两级法院受理的非法集资类案件只有非法吸收公众存款罪和集资诈骗罪两类,因此,本文所讨论的非法集资犯罪仅针对上述两个罪名。

一、非法集资类案件现状

2016 年,D 市两级法院受理非法吸收公众存款罪 16 件、集资诈骗罪 4 件。2017 年,D 市两级法院受理非法吸收公众存款罪 22 件、集资诈骗罪 1 件。2017 年非法集资类案件较 2016 年增加 3 件,增幅为 15%。

在 2016 年审结的案件中,非法吸收公众存款罪的集资参与人数为 208 人,涉及的犯罪金额为 2012.05 万元;2016 年无审结的集资诈骗案件。在 2017 年审结的案件中,非法吸收公众存款罪的集资参与人数为 1922 人,涉及的犯罪金额为 17,153.75 万元;集资诈骗罪的集资参与人数为 3017 人,涉及的犯罪金额为 20,988 万元。可以看出,非法集资类案件的集资参与人数和集资规模都在大幅度的上升。

在 2016 年立案的非法集资案件中,已经采取资产处置措施(包括查封、扣押等,下同)的非法吸收公众存款罪案件为 8 件,占受理的非法吸收公众存款罪案件的比例为 50%;集资诈骗罪案件为 1 件,占受理的集资诈骗罪案件的比例为 25%。在 2017 年立案的非法集资案件中,已经采取资产处置措施的非法吸收公众存款罪案件为 6 件,占受理的非法吸收公众存款罪案件的比例为 27.27%,2017 年受理的集资诈骗罪没有采取资产处置措施。可以看出,侦查和公诉机关对非法集资类案件采取资产处置的积极性不高,案件侦破方向主要集中在对被告人的定罪上,对追赃挽损给予的关注度不够。

二、非法集资类案件审理中存在的问题

根据调研所掌握的情况,笔者将审理非法集资类案件中存在的问题归纳为以下几个方面:

(一)利益诉求多元化,法律政策把握难度大

非法集资类案件的典型特征就是集资参与人数多,涉案金额大,案件事实刑民交织,因此,会产生不同的利益群体。某些集资参与人希望借助公权力,追回赃款,挽回损失,这部分集资参与人在发现集资人不能按时还本付息时,

即向公安机关报案,希望司法机关及早介入。部分集资参与人则寄希望集资人能够恢复生产,排斥司法机关的介入,甚至要求司法机关把被告人的强制措施变更为取保候审,方便其筹措资金。与此相对应,部分集资人辩称,其集资行为应属民商法的调整范畴,不构成犯罪。在D市两级法院审理的非法集资案件中,部分集资人还是民事案件的当事人,对此类集资人的财产采取强制措施会遭到其债权人的强烈反对。在多方利益冲突的情况下,如何在法律范畴内解决纠纷,又最大限度维护各方的合法权益是非法集资类案件所要解决的问题。

1. 司法机关介入非法集资类案件的时间问题

非法集资类案件,特别是非法吸收公众存款罪与民间借贷的界限模糊,很多非法吸收公众存款的行为就是由合法的民间借贷转化而来。如果司法机关过早介入,则可能损害市场主体的经营自由,对我国民间资本的发展造成伤害,而且也与我国鼓励民间资本发展的政策违背。[1] 如果司法机关介入过晚,则挽回集资款的可能性极小,集资参与人的损失无法弥补。

2. 集资参与人与债权人的利益平衡问题

在D市两级法院审理的案件中,部分非法集资的涉案财产上同时存在刑民两种法律关系,部分集资人又是民事债务人。绝大多数情况下,在案资产不能足额偿还多方当事人的投资款或债权。在此种情况下,集资参与人和债权人之间利益冲突尖锐,如果不能妥善地处理好刑事案件和民事纠纷的关系,极有可能引发新的矛盾。

(二)罪与非罪、此罪与彼罪区分难度大

在司法实务中,如何把握非法集资类行为罪与非罪,非法吸收公众存款罪与集资诈骗罪的界限是审理此类案件的难点之一。

1. 非法吸收公众存款罪与民间借贷关系模糊

《2010年解释》第1条对非法吸收公众存款罪进行定义,并规定了构成该罪的四个条件。[2] 有学者认为,前述解释规定的非法吸收公众存款罪具

---

〔1〕《国务院关于鼓励和引导民间投资健康发展的若干意见》。

〔2〕违反国家金融管理法律规定,向社会公众(包括单位和个人)吸收资金的行为,同时具备下列四个条件的,除刑法另有规定的以外,应当认定为《刑法》第176条规定的“非法吸收公众存款或者变相吸收公众存款”:(1)未经有关部门依法批准或者借用合法经营的形式吸收资金;(2)通过媒体、推介会、传单、手机短信等途径向社会公开宣传;(3)承诺在一定期限内以货币、实物、股权等方式还本付息或者给付回报;(4)向社会公众即社会不特定对象吸收资金。

有非法性、公开性、社会性、利诱性四个特征。[1] 非法吸收公众存款罪的四个特征也在官方的文件中得到确认。[2] 根据我国《合同法》第196、211条的规定,民间借贷也存在出借资金,出具凭证,到期支付一定报酬的特征,只要利息的规定符合相关法律规范,并不需要相关行政部门的批准,就属于合法的自治行为。[3] 通过以上规定得出,非法吸收公众存款与民间借贷的区别体现在公开性和社会性上。而在实践中,民间借贷也存在采取宣传手段,向亲友以外的公众吸收资金。因此,在司法审判中,吸收资金的行为是构成非法吸收公众存款罪还是民间借贷主要是看能否按期还本付息,也即从结果上倒推是否构成犯罪,具有结果主义倾向。《2010年解释》第3条第3款对上述认定思路进行肯定。[4] 这是与主客观相统一原则相违背的,故非法吸收公众存款罪饱受到我国学界的批评。[5] 而且有的被告人及辩护人也认为,其行为属于民间借贷,不构成犯罪。

2. 非法吸收公众存款罪与集资诈骗罪难以区分

根据我国《刑法》《2010年解释》及其他相关规范,非法吸收公众存款罪与集资诈骗罪的区别主要体现在是否使用诈骗的方法和对集资款项是否具有非法占有的故意上。因此,有学者认为非法吸收公众存款罪是"使用型"犯罪,集资诈骗罪是"侵占型"犯罪。[6] 非法占有的故意属于人的主观心理状态,根据《2010年解释》的规定,主要是通过吸收资金的用途和去向来界定行为人是否具有非法占有的故意的。在调研的过程中,笔者发现在认定非

---

〔1〕 参见刘为波:《〈关于审理非法集资刑事案件具体应用法律若干问题的解释〉的理解与适用》,载《人民司法》2011年5月。

〔2〕 参见3S省高级人民法院、S省人民检察院、S省公安厅《关于我省办理非法集资刑事案件若干问题的会议纪要》第2条第1款。

〔3〕 参见《合同法》第196条规定:"借款合同时借款人向贷款人借款,到期返还借款并支付利息的活动。"第211条规定:"自然人之间的借款合同对支付利息没有约定或约定不明确的,视为不支付利息。自然人之间的借款合同约定支付利息的,借款的利率不得违反国家有关限制借款利率的规定。"刘宪权:《刑法严惩非法集资行为之反思》,载《法商研究》2012年4月;何小勇:《我国金融体制改革视域下非法集资犯罪刑事规制的演变》,载《政治与法律》2016年第4期。

〔4〕 《最高人民法院关于审理非法集资刑事案件具体应用法律若干问题的解释》第3条第3款:"非法吸收或者变相吸收公众存款,主要用于正常的生产经营活动,能够及时清退所吸收资金,可以免予刑事处罚;情节显著轻微的,不作为犯罪处理。"

〔5〕 参见谢望原、张开骏:《非法吸收公众存款罪疑难问题研究》,载《法学评论》2011年第6期;刘宪权:《刑法严惩非法集资行为之反思》,载《法商研究》2012年4月;何小勇:《我国金融体制改革视域下非法集资犯罪刑事规制的演变》,载《政治与法律》2016年第4期。

〔6〕 参见刘志伟:《非法集资行为的法律规制:理念检视与路径转换》,载《江西财经大学学报》2016年第1期。

法占有的故意上存在以下问题:

第一,将集资款用于归还前期借款和利息是否属于非法占有?行为人前期将吸收资金用于生产经营,后期由于生产盈利不足以还本付息,将所吸收的资金用于归还前期借款的本金和利息。后期用吸收资金归还本金和利息的行为是否属于没有用于生产经营,而具有非法占有的故意,从而应当将后期的行为认定为集资诈骗罪?

第二,业务人员收取高额提成费能否认定为非法占有?在以公司名义进行集资诈骗的共同犯罪案件中,公司员工吸收资金,但会收取35%~40%的提成费。[1] 这种收取高额提成费的行为能否认定具有非法占有的故意?根据S省高级人民法院、S省人民检察院、S省公安厅《关于我省办理非法集资刑事案件若干问题的会议纪要》(以下简称《S省会议纪要》)的规定,仅根据安排开展工作,明知从事非法吸收资金,无"非法占有目的"的行为人,应当按照非法吸收公众存款罪定罪处罚。对收取高额提成费的业务人员能否认为具有非法占有的故意而以集资诈骗罪定罪处罚?

(三)非法集资的犯罪金额难以认定

《2010年解释》对非法吸收公众存款罪和集资诈骗罪犯罪数额的认定作了规定。非法吸收公众存款罪的犯罪数额,以行为人所吸收的资金全额计算。案发前后已归还的数额,可以作为量刑情节酌情考虑。集资诈骗罪的数额以行为人实际骗取的数额计算,案发前已归还的数额应予扣除。行为人为实施集资诈骗活动而支付的广告费等费用,不予扣除。行为人为实施集资诈骗活动而支付的利息,除本金未归还可予折抵本金以外,应当计入诈骗数额。在审判实务中,在认定非法集资犯罪的数额上存在以下问题。

1.重复投入的资金如何计算

非法集资犯罪具有"利诱性",在集资人能够按时还本付息的时候,集资参与人为了利益,可能会将同一笔钱多次投资。此时非法集资的犯罪金额是只计算一次还是每投入一次即计算一次?

2.案发前已经归还的本金和利息是否计入非法吸收公众存款罪的金额

《2010年解释》对非法吸收公众存款罪和集资诈骗罪犯罪金额的认定已

---

[1] (2016)川1702刑初61号。

经有明确的规定。《S省会议纪要》[1]第二部分第8条规定，非法吸收公众存款罪和集资诈骗罪犯罪数额以行为人"所吸收的资金全额""实际骗取数额计算"。对有证据证实集资参与人提前扣除的利息，重复投入的利息、案发前已经归还的数额等不应计入非法集资犯罪的数额。该条前半部分的规定与《2010年解释》一致，但后半部分强调案发前归还的数额不应计入非法集资犯罪数额，这与《2010年解释》认定非法吸收公众存款罪犯罪金额不同。笔者在中国裁判文书网上调取了2016年1月4日至今的S省的非法吸收公众存款罪的裁判文书，发现关于该罪的犯罪金额认定，存在不同的思路：[2]一是根据所吸收的资金总额认定；二是根据吸收资金总额减去案发前归还的本息认定；三是客观表述吸收资金数额、案发前归还数额，不对犯罪金额作表态。

（四）被告人退赃数额认定问题

被告人退赃情况既涉及被害人损失的挽回，也与被告人的量刑相关。在D市两级法院审理的非法集资共同犯罪中，某些业务人员收取了一定数额的提成费。部分被告人为了获得宽大处理，向法院提出将提成费退还给被害人。在被告人将所收取的提成费全部退还时，能否认定该被告人退清赃款？有人认为，应将犯罪数额作为应退赔的赃款数额，在此种情况下，不能认定该被告人退清赃款。但被告人及辩护人则认为，应当以收取的提成费的金额作为退赔的金额，被告人全额退缴提成费的，属于退清赃款，应当在量刑上给予考虑。

三、对策与建议

非法集资类案件的处理，不仅是一个刑法问题。此类案件涉及人数多、涉案金额大，处理不好会带来一系列的后续问题，甚至会超过案件本身对社会秩序的影响。故处理此类犯罪，我们的着眼点不能仅局限于定罪量刑，也要将合理化解纠纷，最大限度挽回被害人损失，维护社会稳定纳入我们的视野范围。下面笔者将结合D市两级法院审理此类案件的经验，以前文所提

---

〔1〕《S省会议纪要》自2016年1月4日起实施。

〔2〕2016年1月4日至12月31日，S省非法吸收公众存款罪一审文书188篇，二审文书95篇。2017年全年，S省非法吸收公众存款罪一审文书124篇，二审文书134篇。2018年1月1日至6月20日，S省非法吸收公众存款罪一审文书7篇，二审文书23篇。

到的问题为切入点,就此类案件审理中出现的问题提供对策与建议。

(一)贯彻正确刑事司法政策,依法保护各方当事人的利益

由于非法集资类案件的特点,此类案件中集聚了不同利益诉求的多方当事人,处理稍有不慎,就会引起部分当事人的不满,进而导致新的冲突。在处理此类案件时,一定要贯彻正确的刑事司法政策,争取达到惩治犯罪、维护稳定、预防再犯的三维效果和目的。为了达到以上效果和目的,D 市两级法院在处理非法集资类案件时坚持依法处理、统筹协调、利益最优、分类处置的原则,较为妥善地解决了 D 市的非法集资案件。依法处理是指严格按照现行法律、司法解释及其他相关规范对此类案件进行审理。统筹协调是指按照《处置非法集资工作操作流程》及《S 省会议纪要》的相关规定,坚持属地原则,接受所在辖区党委和人民政府的领导,妥善处理涉案资产处置和维稳工作。利益最优是指将最大限度挽回集资参与人的损失作为工作目标之一,在审理的过程中,将涉案资金的去向作为查明的重点,及时地查封和扣押相关财物。对涉案的项目和公司存在恢复生产可能的,建议进入重整程序,最大限度地维护被害人的财产权益。分类处理是指按照刑事和民事法律规范分别处理不同性质的涉案财产,不仅保护刑事被害人的利益,民事债权人的合法利益也得到应有的维护。

(二)准确把握罪与非罪、此罪与彼罪的界限

1. 准确把握非法吸收公众存款罪与民间借贷的界限

前文已经提到非法吸收公众存款罪饱受我国学界批评,学者们认为,司法实务界将直接融资行为纳入非法吸收公众存款罪的范围与“存款”的本质特征和该罪侵害的客体——金融管理秩序不符,该罪的行为对象只应包括间接融资行为。[1] 非法集资行为在本质上反映的是我国资本市场的供需矛盾。在此种背景之下,学者们普遍提出,应该重构非法吸收公众存款罪的内涵,同时进行证券金融市场的改革,疏赌并重,合理重构我国非法集资犯罪

〔1〕 参见刘宪权:《刑法严惩非法集资行为之反思》,载《法商研究》2012 年 4 月;刘志伟:《非法集资行为的法律规制:理念检视与路径转换》,载《江西财经大学学报》2016 年第 1 期;刘伟:《非法吸收公众存款罪的扩张与限缩》,载《政治与法律》2012 年第 11 期。

的内涵与外延。[1] 将非法吸收公众存款的行为全部划入民事或行政调整范畴与现状不符。但与此同时我们也应该注意到,刑事法律手段在集资领域过于宽泛和频繁的适用,既与刑法谦抑原则和刑法二次法地位不符,也不利于我国金融市场多元发展,对我国中小企业的成长也造成不利影响。更加精准地打击非法集资行为,就显得十分必要。

笔者认为,非法吸收公众存款罪应包括下列行为:第一,将集资款用于间接融资。第二,将集资款项用于高风险行业。集资行为是否具有高风险性,决定该行为刑法处罚的妥当性。因为信息不对称造成集资风险是非法吸收公众存款具有法益侵害性的内在原因。直接融资行为的风险问题应当属于当事人双方意思自治范畴解决的事情。国家过度干预直接融资领域只会降低投资者的风险意识,也不利于我国经济的健康发展。据此,应将集资款用于合法经营、生产投资的直接融资行为合法化,纳入我国证券市场的监管范围。司法机关在认定非法吸收公众存款罪时应综合考虑对国家金融秩序和出资人财产保护的双重角度,仔细甄别集资行为蕴含的风险高低,重构该罪的内涵。

2. 准确把握非法吸收公众存款与集资诈骗的界限

如何区分非法吸收公众存款与集资诈骗也是司法实务中遇到的难题之一。部分非法吸收公众存款的行为中也包含了以欺骗方式吸收资金,故而从客观方面区分二罪存在困难。非法吸收公众存款罪只侵害金融管理秩序,集资诈骗罪侵害的是金融管理秩序和集资人财产所有权双重法益,可以从是否具有非法占有故意的主观方面区分二罪。[2] 非法占有的故意是行为人的主观心理状态,无法明确得知,只能通过行为推定是否具有非法占有的故意。《2010 年解释》就采用推定的方式。[3] 将集资款用于归还前期借款和利息,业务人员收取高额提成费能否认定为非法占有,目前并没有法律规定。笔者认为,应从是否将集资款用于生产经营活动以及用于生产经营活动的可能性出发,从实质上判断行为人是否具有非法占有的故意。

---

〔1〕 参见彭兵:《非法集资行为的刑法规制》,载《清华法学》2009 年第 3 期;韩振兴:《非法集资犯罪的规制路径》,载《人民司法(应用)》2017 年第 31 期;刘志伟:《非法集资行为的法律规制:理念检视与路径转换》,载《江西财经大学学报》2016 年第 1 期。

〔2〕 参见魏东、李勤、钟凯、李红:《非法集资犯罪案件司法实务问题研究——主要基于四川省德阳市调研情况的分析报告》,载《法治研究》2016 年第 1 期。

〔3〕 参见《最高人民法院关于审理非法集资刑事案件具体应用法律若干问题的解释》第 4 条。

关于将集资款用于归还前期借款和利息“以新还旧”的问题,有人认为应当直接认定为具有非法占有的故意,笔者认为这种观点有待商榷。司法实践中“以新还旧”被确认为非法占有的根本原因是没有将集资款用于生产经营活动,而不是“以新还旧”这种形式。行为人按期支付本息也可能表明其没有非法占有的故意。因而还是应该从实质上判断是否属于非法占有。[1] 对于仅因一时资金周转困难,采用“以新还旧”,后将集资款项用于生产经营活动的,不应认定为具有非法占有的目的。

关于业务人员收取高额提成费的问题。在D市法院审理的非法集资案件中,有的公司为了能够筹集到更多的资金,而给予业务人员一定的提成费,一般在5%左右。在这种情况下,将业务人员的行为评价为非法吸收公众存款罪。而在前文所提及的案件中,业务人员的提成费比例高达35% ~40%,有人认为其行为构成集资诈骗罪。因为,高昂的提成费增加了资金使用成本,根据一般投资回报率,还本付息的可能性大大降低甚至为零。业务人员应该明知公司无法按期归还本息,应推定其有非法占有的故意。笔者赞同前述观点,但在司法实践中也要注意,避免对“高额”限度掌握失衡,从而导致不能准确对集资行为定性。

(三)准确认定非法集资的犯罪金额

犯罪金额是非法集资类犯罪构成要件内容之一,也是处理涉案资产,追缴赃款的依据。犯罪金额的认定除了证据上存在困难之外,还有法律适用的问题,本节主要讨论法律适用的问题。下面,笔者将前文提到的两个问题进行论述。

关于重复投入的资金如何计算,存在两种观点。一种观点认为,重复投资不应累计计算,重复计算会导致集资数额和投资人实际投入不符合的问题。[2] 另一种观点认为,应当重复计算。每完成一次非法吸收存款的行为即是对国家金融秩序造成损害,重复投资是一次新的融资行为,应当纳入犯

---

〔1〕 参见刘为波:《〈关于审理非法集资刑事案件具体应用法律若干问题的解释〉的理解与适用》,载《人民司法》2011年5月。

〔2〕 参见季陵辉:《非法吸收公众存款罪的司法认定研究》,安徽大学2012年硕士学位论文;魏东、李勤、钟凯、李红:《非法集资犯罪案件司法实务问题研究——主要基于四川省德阳市调研情况的分析报告》,载《法治研究》2016年第1期。

罪金额。[1] 笔者认为,应当在区分罪名的基础上探讨重复投入的资金是否纳入犯罪金额的问题。非法吸收公众存款罪侵害的是国家金融秩序,集资诈骗罪侵害的是国家金融秩序和集资人财产所有权。每吸收一次资金的行为即是对国家金融的侵害,但重复投资的情况,根据被害人不能因为犯罪行为获利的理论,没有对集资参与人的财产所有权造成侵害。据此,我们认为,重复吸收资金的数额应当纳入非法吸收公众存款罪的犯罪金额,但不应将其计算到集资诈骗罪的犯罪金额中。

关于非法吸收公众存款犯罪金额是否应当扣除案发前支付的本息问题。《2010 年解释》和《S 省会议纪要》对此有着不同的规定。按照法律渊源效力等级规定,对这个问题似乎没有讨论的必要。但从 2016 年至今,在 S 省非法吸收公众存款罪的裁判文书中,出现了三种不同的认定非法吸收公众存款罪犯罪金额的思路。因此,笔者认为,对这个问题进行讨论还是具有一定的价值的。非法吸收公众存款罪不是占有型犯罪,将已归还的数额纳入其中,能够更加清楚地反映集资规模,有利于对其社会危害性轻重的判断。此种思路也能避免司法实务中的尴尬。在某些非法吸存共同犯罪中,有的被告人只参与了部分犯罪行为,恰好其参与的部分的本息均已经归还,如果遵从将案发前归还的本息从犯罪金额中扣除的思路,此时该被告人的犯罪金额是"负数",这在逻辑上显然是说不通的。因此,在认定非法吸收公众存款罪的犯罪金额时,不应将案发前归还的本息从中扣除。

(四)准确认定被告人的追赃金额

是否能够挽回损失,是集资参与人最为关心的问题,也是评价此类案件处理效果的标准之一。在非法集资共同犯罪中,是根据犯罪金额确定每个被告人的退赃数额,还是依据违法所得认定被告人的退赃数额,对此存在不同的看法。在 D 市审理的案件中,有根据犯罪金额确定退赃数额的情形。但被告人及辩护人提出异议,认为只要被告人退清自己违法所得,就应当认定为退清赃款。部分法官则认为,依据共同犯罪"部分行为全部责任"的理论,被告人的退赃数额应当等于其犯罪金额,只将违法所得退缴的情形不应

---

〔1〕 参见李彦林:《当前非法集资犯罪案件中存在的若干法律适用问题》,载《中国检察官》2013 年第 2 期;王瑶、席瑞冰:《涉众型非法集资犯罪案件司法实践疑难问题探究》,载《金融法学家》2015 年第 7 辑。

认定为退清赃款。退赃数额等同于犯罪金额的观点在更大的程度上保护被害人的利益,但却有损害部分被告人利益的可能,从而在实质上造成新的不平等。笔者认为,应当根据违法所得数额确定各被告人的退赃数额。共同犯罪"部分行为共同责任"指的是各行为人对犯罪行为承担刑事责任的整体性,但与此同时,共同犯罪理论也并不否认根据各行为人的作用和地位确定其刑事责任的大小。因此,根据违法所得金额确定退赃金额与"部分行为共同责任"并不矛盾。退赃不同于民事赔偿责任,民事诉讼中存在连带责任,此同时也赋予了承担超过自身责任数额的当事人追偿权,而刑事诉讼没有赋予被告人追偿权,这对于超过自己实际所得退赃的被告人是不公平的。《关于办理非法集资刑事案件适用法律若干问题的意见》[1]中也规定能够及时退清代理费、好处费等共同犯罪人员,可以从轻处罚。可见,按照违法所得数额确定退缴金额是具有法律依据的。

[1] 《关于办理非法集资刑事案件适用法律若干问题的意见》关于共同犯罪的处理问题:为他人向社会公众非法吸收资金提供帮助,从中收取代理费、好处费、返点费、佣金、提成等费用,构成非法集资共同犯罪的,应当依法追究刑事责任。能够及时退缴上述费用的,可依法从轻处罚;其中情节轻微的,可以免除处罚;情节显著轻微、危害不大的,不作为犯罪处理。

职业放贷人之注意义务与超付利息之逐月抵扣

——民间金融案例分析两则

李君临*

内容提要　职业放贷人作为以出借款项为常业之商事主体,其对外出借款项时,对行为人是否有权代表(代理)公司向其借款,应负比非以出借款项为常业的普通债权人更高之注意义务。若其未按法律规定审查行为人之代表或代理权限,不得主张表见代表或表见代理。根据民间借贷司法解释规定及缓解融资难融资贵精神,债务人已付利息超过月利率3%时,超付部分应逐月抵扣本金,不能视为预付未发生之利息。

关键词　职业放贷人　注意义务　超付利息　逐月抵扣

案例一:职业放贷人应负比普通债权人更高之注意义务

一、案件缘起

四川漫妮客莱酒店管理有限公司(以下简称漫妮公司)在四川省江油市通过司法拍卖程序竞得一酒店资产。因漫妮公司主要办事机构在成都,遂委托江油当地一女企

---

* 四川省社会科学院法学研究所助理研究员。

业家吴莉苹办理该竞得资产之不动产权登记。因办证需要,漫妮公司将公章交由吴莉苹持有。

2018 年 1 月,吴莉苹在漫妮公司不知情的情况下,以吴莉苹、四川睿篪文化旅游开发有限公司(吴莉苹持股 50% 并担任法定代表人,以下简称睿篪公司)、漫妮公司名义与林冒川签署借款协议,约定林冒川向三借款人出借款项 300 万元,月息 3%,按月支付;款项转入睿篪公司账户,三借款人共同承担责任;漫妮公司以其 359 号房产提供抵押担保。

后因无人清偿借款本息,林冒川遂诉至法院,要求吴莉苹、睿篪公司、漫妮公司共同清偿全部借款本息。

经审理,就吴莉苹、睿篪公司应当承担还款责任没有异议,但针对睿篪公司应否承担责任,形成两种意见。

一种意见认为,借款协议加盖有漫妮公司公章,且林冒川持有漫妮公司 359 号房屋产权证原件,虽未办理房屋抵押登记,但林冒川有理由相信吴莉苹有权代表漫妮公司,故漫妮公司应当承担责任。

另一种意见认为,吴莉苹行为不构成表见代理,漫妮公司不应承担责任。

本文同意第二种意见。

二、法律分析

(一)林冒川系如假包换的职业放贷人,理应承担高于普通人的审查义务,其谎称非职业放贷人系意图欺骗法院作出利己判决

漫妮公司从工商登记机关查悉,林冒川系江油市银河典当有限责任公司的大股东、江油旺鑫投资管理中心的股东、江油市非茂非融资性担保有限公司的前股东,长期从事放贷业务,可谓不折不扣的职业放贷人。

但林冒川在接受法庭询问时否认其系职业放贷人,自称从 1986 年至今开始做生意,偶尔拆借一下借款。但漫妮公司在最高人民法院裁判文书网中检索到涉及林冒川的裁判文书共有 15 份,历时多年,且涉案金额约 2000 万元,借款利率大多超过了法定限度,远不是所谓"偶尔"从事资金拆借,根本就是职业放贷人。

众所周知,大量的民间借贷业务并不会进入诉讼,进入诉讼的仅为冰山一角。林冒川进入诉讼程序的案件如此之多,可见其从事的民间借贷业务有多繁忙。

诸多证据显示林冒川系不折不扣职业放贷人，但其矢口否认，所为者何？因为，作为职业放贷人和从商30余年的商人，其负有高于一般人的注意义务。

除了开典当行，林冒川还长期担任江油市京川工贸实业有限公司法定代表人及多家公司高管，十分熟稔公司运营，其必然清楚公司公章及证照不可能一直由法定代表人保管，日常办理税务、社保、产权登记等事项都可能交由其他人持有。

而且，林冒川清楚知道吴莉苹借款之时不仅尚欠其100余万元债务未清偿正在执行中，而且还欠易捷数百万元未还，任何普通人在此种情况下继续借款都会万分谨慎，何况林冒川这种商场摸爬滚打多年、社会经验丰富老板。

因此，漫妮公司认为，考虑到林冒川的特殊身份，对其不能适用普通民众的标准，而应当承担更高的审查义务。

（二）本次借款诸多反常，林冒川存在重大过错

1. 旧债未清却借新债

吴莉苹尚欠林冒川100余万元债务未清偿，林冒川于2017年即向江油市人民法院申请强制执行；而且林冒川明知吴莉苹尚欠易捷数百万元未偿还。在此情况下，林冒川原则上不应继续向吴莉苹出借款项。

2. 自称因漫妮公司有资产才提供借款却对漫妮公司完全隐瞒

林冒川一审时明确声称基于漫妮公司有资产才出借本案300万元款项，但林冒川明知漫妮公司法定代表人系黄骅，却不向黄骅核实是否授权吴莉苹对外借款，实难称善意。

3. 借款时漫妮公司无人在场

林冒川明确认可借款时漫妮公司无一人在场，却仍与吴莉苹合意为漫妮公司制造高达300万元债务，亦难称善意。

4. 漫妮公司并非吴莉苹所有，林冒川所述自相矛盾

林冒川先说漫妮公司无任何人在场，后在回答本案300万元借款有无给漫妮公司说过时又称一直以为漫妮公司就是吴莉苹的，其言自相矛盾，显属谎言。事实上，吴莉苹既非漫妮公司股东，亦非员工，只是机缘巧合地代漫妮公司办理房屋产权证而已。漫妮公司是否属于吴莉苹所有，任何人登录工商登记机关网站或企查查、天眼查、启信宝等APP一查便知，林冒川凭什么说漫妮公司就是吴莉苹的呢？

5. 借款到期未还却怠于主张权利

林冒川自述在借款和打款时都从未联系过黄骅,甚至在吴莉苹被抓且易捷案起诉后黄骅主动联系林冒川时林冒川仍只字未提本案 300 万元借款一事,殊为反常。

而且,林冒川在回答法官为何旧债未清又借新债时称,本次属短期借款,吴莉苹答应一个月还款。但借款协议却根本没写还款期限,显见其是蓄意说谎。

6. 上笔借款主动找黄骅签字本次借款却刻意不让黄骅知晓

林冒川下属易捷有笔出借给吴莉苹的款项试图让漫妮公司担保,林冒川都知道安排代理人郭谅找到漫妮公司法定代表人黄骅签字认可,而本次借款林冒川却自始至终把黄骅蒙在鼓里。

7. 本案借款行为超越一般人认知

站在普通人角度设想一下,如果某一天有一个欠自己数百万元(林冒川自己名下 100 余万元,易捷名下数百万元吴莉苹称真正债权人也是林冒川)的"朋友"突然拿着别家公司公章和产权证来找自己借 300 万元,但是,那家公司没有任何人在场,还要求钱不能打入那家公司账户,这个"朋友"也不能提供那家公司法定代表人的授权委托,借条上也没有那家公司法定代表人的签字,试问谁敢轻易借钱给这样的"朋友"?

8. 林冒川作为职业放贷人,不可能不知道不动产抵押须登记方生效,本案抵押财产未经登记,林冒川仅持有产权证原件不产生抵押效力

事实上,据吴莉苹陈述,林冒川之所以不要求抵押登记后才交付借款就是因为他知道漫妮公司不可能向其借款当然就不可能同意办理抵押登记。

上述可见,林冒川身为社会经验十分丰富的商人,对本案借款诸多反常之处选择性忽视,足以证明其未尽任何审查义务,草率出借款项,不属善意相对人。

(三)漫妮公司既无辜,也无丝毫受益,不应担责

漫妮公司法定代表人知道仅凭公章没有法定代表人签字无法办理借款,故才放心将公章交给吴莉苹办理产权证,漫妮公司不具有可归责性,本案不构成表见代理。

如前所述,公司公章和证照常常会因办理工商、社保等事务而由其他人持有,如果以此为由要求公司承担责任,无异于彻底否定代理制度,势必也

将彻底破坏整个交易秩序。

吴莉苹庭审中也承认,其持有漫妮公司公章系因代办房屋产权一事,而后期持有产权证系因房屋产权登记尚未办完,办理房屋分割登记还需要产权证。这也符合代理制度扩张民事自由、促进经济发展的本意。

从漫妮公司角度来看,既然易捷案都需要法定代表人签字认可,这就充分说明各方均认识到仅有公章并不足以使得漫妮公司承担责任,那么漫妮公司通过黄骅签字也就能够有效地控制风险。

从这一点来讲,漫妮公司并不是如林冒川所称的长期放任公章证照不管,而是出于公司经营实际情况委托吴莉苹办理房产登记与出售事宜,从未授权吴莉苹办理借款;而且林冒川一直隐瞒借款,黄骅及漫妮公司根本无从知晓借款,又何来可归责一说?

综上所述,本文认为,林冒川身为长期从事民间借贷的商人,应当负有高于普通人的审查义务,但其未经谨慎审查,反而对漫妮公司刻意隐瞒借款一事,足以证明其并非善意相对人,林冒川无权要求漫妮公司承担责任。

案例二:民间借贷中债务人超付利息应逐月扣减本金

一、案件缘起

2014 年 7 月左右,刘新昆因公司经营需要向魏全新借款 1000 万元,约定借款期限一年,月息 3%,利息按月支付。

双方签署借款协议后,魏全新向刘新昆实际交付借款 970 万元,但刘新昆每月按本金 1000 万元支付利息 30 万元,持续支付 13 个月,已付利息总计 390 万元。

另外,刘新昆于 2015 年 10 月 14 日向魏全新一次性支付 130 万元款项。

2016 年 8 月,魏全新向达州宣汉法院起诉,要求刘新昆一次性清偿尚欠借款本息。刘新昆对欠款无争议,但认为根据最高人民法院规定,民间借贷最高月利率为 3%,因魏全新实际交付借款 970 万元,则刘新昆首月应付利息最高为 29.1 万元。而刘新昆实际每月支付利息 30 万元,则首月超付利息 0.9 万元。根据民间借贷司法解释,首月超付利息应抵扣部分本金,则次月应付利息因为本金减少而相应减少,并以此类推。2015 年一次性支付之 130 万元在扣除当月已产生利息后也应抵扣本金。

魏全新不同意刘新昆之计算方法。魏全新认为,刘新昆每月应付利息为 970 ×3% =29.1 万元,总计已付息 390 + 130 = 520 万元,520 万元 ÷29.1 万元 = 17.869。则自借款日开始,刘新昆合计支付了 17.869 个月利息。因此,刘新昆应自 2016 年 1 月 26 日(自 2014 年 7 月 31 日借款日往后推 17.869 个月)起以 970 万元借款本金按 24% 年利率偿还借款本息。

宣汉法院和达州中院均支持魏全新主张。但本文认为,两审法院均属适用法律错误,本案应予以再审。

二、法理分析

本文认为,原审法院认定刘新昆多付款项应当作为预付利息属于适用法律错误,其进而认定剩余借款本金为 970 万元属于认定事实错误。

(一)四川省高级人民法院《关于审理民间借贷纠纷案件若干问题的指导意见》(以下简称《民间借贷指导意见》)第 35 条明确规定已支付利息超过月息 3% 的部分可要求返还或冲抵本金,原审法院却将已支付利息视为预付后期利息,既系对高利贷之纵容和对债务人之极度不公,也属适用法律错误,触发《民事诉讼法》第 200 条第 6 项之再审条件

最高人民法院在(2017)最高法民终 647 号大连高金投资有限公司、中国工商银行股份有限公司大连星海支行企业借贷纠纷、金融借款合同纠纷案二审判决中明确认为,债务人德享公司已支付款项冲抵当期应付利息后的余款依法应冲抵借款本金。

四川高院在(2018)川民终 147 号潘云与林豫宁民间借贷纠纷、(2016)川民终 569 号陈相如与谢兰民间借贷纠纷、(2015)川民终字第 94 号湖南泰山公司与江洋凡借款合同纠纷等案件中,亦明确认为超出当期应付利息部分应当冲抵本金。

广东高院(2017)粤民终 109 号、浙江高院(2016)浙民终 835 号、贵州高院(2014)黔高民初字第 35 号等案件,审理法院均认定超出当期应付利息部分应当冲抵本金而非预付后期利息。

因此,刘新昆支付的 390 万元和 130 万元中超出月息 3% 的部分均应逐月扣减本金。

1. 关于 390 万元

初始借款本金 970 万元,借条约定月利率 3%,按月支付利息,则第一个月应付利息 29.1 万元,但刘新昆实际支付 30 万元,根据四川高院民间借贷

指导意见,多出的0.9万元,应当冲抵本金。冲抵之后,第二个月之计息本金为970 - 0.9 = 969.1万元,按月息3%计,该月应付利息为29.073万元,但刘新昆仍实付30万元,多出的0.927万元继续冲抵。

以此类推,刘新昆支付的390万元款项中有14.06万元应当冲抵借款本金,具体计算方式如表1所示。

表1　刘新昆案还款计算　　单位:万元

序号	还款时间	借款本金	实际还款	偿还利息	冲抵本金	本金余额
1	2014年9月1日	970.00	30.00	29.10	0.90	969.10
2	2014年9月30日	969.10	30.00	29.07	0.93	968.17
3	2014年10月30日	968.17	30.00	29.05	0.95	967.22
4	2014年12月2日	967.22	30.00	29.02	0.98	966.23
5	2014年12月29日	966.23	30.00	28.99	1.01	965.22
6	2015年2月3日	965.22	30.00	28.96	1.04	964.18
7	2015年3月2日	964.18	30.00	28.93	1.07	963.10
8	2015年4月1日	963.10	30.00	28.89	1.11	962.00
9	2015年4月30日	962.00	30.00	28.86	1.14	960.86
10	2015年6月1日	960.86	30.00	28.83	1.17	959.68
11	2015年7月2日	959.68	30.00	28.79	1.21	958.47
12	2015年8月3日	958.47	30.00	28.75	1.25	957.23
13	2015年9月30日	957.23	30.00	28.72	1.28	955.94
合计			390.00	375.94	14.06	

2.关于130万元

原审法院根据另案达州中院(2017)川17民终608号民事判决(以下简称608号案),认定刘新昆于2015年10月14日向案外人熊申莲借款现金130万元,然后转手又将该130万元现金交付魏全新用于清偿本案借款利息。

同样根据四川高院民间借贷指导意见,该130万元中超出月息3%部分也应冲抵本金,而不可能是预付后期利息。

前已述及,刘新昆支付魏全新的利息已结清至2015年9月1日(2014年8月1日至2015年8月30日,合计13个月),则在2015年10月14日刘新昆支付

130 万元时,当时应付利息为 2015 年 9 月的 28.67 万元(955.94 万元×3%)。

则 130 万元减去 28.67 万元所得之 101.33 万元应冲抵本金。

表 2　刘新昆案还款计算　　单位:万元

序号	还款时间	借款本金	实际还款	偿还利息	冲抵本金	本金余额
1	2015 年 10 月 14 日	955.94	130.00	28.67	101.33	854.61
合计			130.00	28.67	101.33	

3. 尚欠本金

综合前述内容,刘新昆所付 390 万元中应冲抵本金 14.06 万元,刘新昆所付 130 万元应冲抵本金 101.33 万元,故自 2015 年 10 月 1 日起,刘新昆尚欠魏全新计息本金 854.61 万元(854.61 = 970 - 14.06 - 101.33)。

(二)原审法院援引《关于适用〈中华人民共和国合同法〉若干问题的解释(二)》(以下简称《合同法解释二》)第 21 条维持一审判决属对司法解释的错误解读,再次触发《民事诉讼法》第 200 条第 6 项规定的再审条件

1. 原审判决逻辑

原审判决以借款人支付的总款 520 万元(390 + 130)除以每月 29.1 万元(本金 970 万元×月利率 3%),算出借款人共计支付了 17.869 个月利息,以此判令刘新昆自 2016 年 1 月 26 日(自 2014 年 7 月 31 日借款日往后推 17.869 个月)起以 970 万元借款本金按 24% 年利率偿还借款本息。

2. 原审判决援引法律依据

《合同法解释二》第 21 条规定,债务人除主债务之外还应当支付利息和费用,当其给付不足以清偿全部债务时,并且当事人没有约定的,人民法院应当按照下列顺序抵充:(1)实现债权的有关费用;(2)利息;(3)主债务。

原审法院据此认为,其按先息后本原则判决没有问题。

3. 原审判决之逻辑谬误

《合同法解释二》第 21 条规定其意在于,当且仅当有应付未付利息时,先息后本,并非当利息尚未产生时即预付未来利息。

就 390 万元而言,当第一个月应付利息 29.1 万元而实付 30 万元时,多出的 0.9 万元只能冲抵本金,因为彼时第二个月利息之付款期尚未届至(按借款合同,利息逐月支付而非提前预付);以此类推,每个月实付 30 万元中多出部分均应冲抵本金,则本金数额应逐月递减。

就130万元而言,2015年10月14日支付该款项时,刘新昆所欠利息仅2015年9月一个月,故多出部分毫无疑问也应冲减本金。

事实上,债务人借款根本目的在于取得期限利益。如果认定债务人还款超出本期利息部分为预付后期利息,无异于剥夺债务人之期限利益,加重其债务负担。

4.原审判决与中共中央打击高利放贷提振实体经济精神背道而驰

根据中共中央指示,中国银行保险监督管理委员会、公安部、国家市场监督管理总局、中国人民银行《关于规范民间借贷行为维护经济金融秩序有关事项的通知》(银保监发〔2018〕10号)第4条规定,民间借贷活动必须严格遵守国家法律法规相关规定,遵循自愿互助、诚实信用原则;民间借贷发生纠纷,应当严格按照最高法院民间借贷司法解释处理。

(三)原审判决在错误解读合同法司法解释基础上进而认定剩余借款本金为970万元属于"基本事实缺乏证据证明",触发《民事诉讼法》第200条第2项规定的再审条件

如前所述,原审法院本应判决刘新昆清偿魏全新借款本金854.61万元,但原审法院强行认定借款本金970万元,该基本事实缺乏证据证明,本案依法应予以再审。

旅责险赔付制度之反思与重构*

印　通**

内容提要　现行法之所以强制旅行社投保旅责险，其主要目的在于为旅游事故受害人提供基本保障。然而，《旅责险办法》在诸多制度上沿袭了《保险法》关于自愿保险的规定，致使旅责险的制度功能难以彰显，立法目的难以实现。我国未来立法应当在厘清旅责险“第三者”范围的基础上，赋予受害第三者直接请求保险人赔付保险金的权利。无论是旅行社还是保险人，原则上不得撤销或解除合同，以最大限度维持合同之存续。旅责险的赔付范围限于受害人因人身伤亡而发生的财产损害，履行利益损害、财物损害以及精神损害等与基本保障无关，因此不应纳入赔付范围。保险人之免责事由应受严格限制，司法实践中常见的旅行社违法违规行为、履行辅助人故意行为等原则上不得作为保险人对抗受害人的免责事由。

关键词　旅行社责任保险　赔付对象　构成要件　赔付范围　免责事由

一、问题的提出

旅行社责任保险（以下简称旅责险）是以旅行社对第

---

* 本文发表于《旅游学刊》2017 年第 6 期，特此声明。

** 西南财经大学法学院副教授。

三者依法应负的赔偿责任为保险标的的强制性保险。现行法之所以强制旅行社投保旅责险,其主要目的是为旅游事故中的受害人提供基本保障,使其遭受损害后能够迅速获得赔偿。[1] 显然,这与以分散和转移被保险人责任风险为目的的自愿保险存在显著区别。诚如耶林所言,目的是全部法律的创造者,每条法律规则的产生都源于一种目的。[2] 既然旅责险与自愿保险在立法目的上存在明显差异,那么,在具体制度构造上两者理应有所区隔。然而,国家旅游局与中国保监会于2010年联合发布的《旅行社责任保险管理办法》(以下简称《旅责险办法》)在诸多制度上沿袭了《保险法》关于自愿保险的规定,对旅责险的强制属性和涉他属性并未作充分考量,致使旅责险的制度功能难以彰显,立法目的难以实现。

旅责险赔付问题是贯穿旅责险制度构造中的一条主线,它不仅涉及保险人应当向谁赔的问题,而且还涉及保险人赔不赔以及如何赔的问题。因此,本文以旅责险赔付制度之反思与重构为题,围绕保险人的赔付对象、赔付义务之构成、赔付范围以及免责事由展开研究,检讨《旅责险办法》之相关规定,并着重回答以下问题:如何确定旅责险"第三者"的范围?第三者于损害事故发生后能否直接请求保险人赔付保险金?如何确定保险事故?第三者所遭受的哪些损害可以请求保险人赔付?保险人免责事由应如何界定?

二、旅责险赔付对象之厘清

在旅责险中,旅行社既是旅责险的投保人,也是旅责险的被保险人。因此,保险事故发生后,保险人应当向旅行社赔付保险金。根据《保险法》第65条第3款之规定,责任保险的被保险人给第三者造成损害,被保险人未向该第三者赔偿的,保险人不得向被保险人赔偿保险金。因此,保险人向被保险人赔付保险金的前提是,被保险人已经对第三者承担了赔偿责任。在实践中,被保险人通常不会主动向第三者承担赔偿责任,这是因为,被保险人与第三者作为利益冲突的两极很难就赔偿责任达成一致。即使达成一致,被保险人也可能因资不抵债而无力赔偿或因担心后续索赔中保险人的诸多抗辩而拒绝先行赔付。在此僵局中,保险人因隐藏在被保险人不能清偿或拒

---

〔1〕 参见杨富斌、苏号朋主编:《中华人民共和国旅游法释义》,中国法制出版社2013年版,第154页。

〔2〕 参见[美]E.博登海默著:《法理学:法律哲学与法律方法》,邓正来译,中国政法大学出版社2004年版,第113页。

绝赔偿的盾牌之后而获得迟延利益,[1]而第三者则难以获得及时救济。为此,《保险法》第65条第1款规定,被保险人给第三者造成损害的,保险人可以依照法律的规定或者合同的约定,直接向该第三者赔付保险金。易言之,在法律有规定或合同有约定的情形下,保险人得直接向第三者赔付保险金。此外。根据《保险法》第65条第3款之规定,被保险人对第三者应负的赔偿责任确定的,根据被保险人的请求,保险人应当直接向该第三者赔偿保险金。因此,在责任保险中,被保险人和第三者均可作为保险金的受领主体。

然有疑问的是,如何确定旅责险"第三者"的范围?《旅责险办法》第2条后段规定:"本办法所称旅行社责任保险,是指以旅行社因其组织的旅游活动对旅游者和受其委派并为旅游者提供服务的导游或者领队人员依法应当承担的赔偿责任为保险标的的保险。"据此,第三者的范围不仅包括旅游者,而且还包括受旅行社委派并为旅游者提供服务的导游或者领队人员。然而,将导游或者领队人员纳入旅责险第三者的范畴,不仅存在理论障碍,而且存在操作困难。根据《旅游法》第38条以及《导游人员管理条例》第4条之规定,导游可区分为专职导游和社会导游。然无论是专职导游还是社会导游,他们都是接受旅行社委派并为旅游者提供服务的工作人员。因此,导游是被保险人的内部成员,将其纳入旅责险第三者范围,混淆了被保险人与第三者之区分,有违责任保险的基本原理。有学者认为,把导游和领队人员列为旅责险第三者的做法,实际上是把旅行社对导游和领队人员的雇主责任险并入了旅行社责任保险之中,其主要目的在于对缺乏社会保险保障的社会导游提供基本保护。[2] 然通过旅责险来解决社会导游的劳动保护问题只是权宜之计,而并非长效解决机制。[3] 旅责险与社会保险在赔付条件、赔付范围等方面存在显著差异,旅责险有其自身制度价值,不可能为社会导游提供基本社会保障。为此,应进一步完善导游用工制度,实现社会保险对导游的全覆盖,并在此基础上重新调整旅责险第三者的范围,将其严格限定为旅游者。

---

〔1〕 参见[英]约翰·F.道宾著:《美国保险法》(第四版),梁鹏译,法律出版社2008年版,第167页。

〔2〕 参见汪传才:《社会导游、导游服务公司及旅行社之间法律关系的廓清》,载《旅游学刊》2009年第11期,第64页。参见韩长印:《旅行社责任险的责任范围问题》,载《法学家》2016年第1期,第106~117页。

〔3〕 参见郑晶:《权宜之计还是长效管理?——对旅行社责任保险范围的相关法律条文分析》,载《中国商贸》2011年第33期,第84页。

三、第三者直接赔付请求权之证成

虽然第三者可直接受领保险金,但并不意味着第三者可直接请求保险人赔付保险金,毕竟给付之受领权不同于给付请求权。在旅责险中,第三者是否有权直接请求保险人赔付保险金,理论上存在较大争议。根据债之相对性,保险赔付关系与侵权赔偿关系相互分离,互不影响。在保险赔付关系中,第三者既非合同当事人,也非被保险人,因此,第三者原则上不能直接请求保险人赔付保险金。值得一提的是,责任保险在性质上属于财产保险,这与以人的寿命和身体为保险标的的人身保险存在本质区别。在人身保险中,被保险人或者投保人可指定受益人。保险事故发生后,受益人可直接请求保险人赔付保险金。然而,在责任保险中,并不存在受益人这一主体,因此,被保险人或者投保人不可能指定第三者为受益人,赋予其直接赔付请求权。

如果严格贯彻债之相对性,在被保险人不履行赔付责任,也不请求保险人向第三者赔付保险金的情况下,第三者的权益将难以获得有效保护。为此,《保险法》在一定程度上突破了债之相对性,赋予第三者在特定条件下请求保险人赔付保险金的权利。该法第 65 条第 2 款规定,被保险人对第三者应负的赔偿责任确定且被保险人怠于请求的,第三者有权就其应获赔偿部分向保险人请求赔偿保险金。所谓"被保险人对第三者应负的赔偿责任确定"是指被保险人对第三者的损害赔偿责任经依法和解、调解、诉讼或仲裁已经确定。[1] 因此,在被保险人拒绝和解或调解的情形下,第三者只有通过诉讼或仲裁确定被保险人赔偿责任后,才能请求保险人赔付保险金。而这一请求权的行使又可能因保险人的抗辩而引发二次诉讼,致使第三者陷入漫长的索赔程序中。《旅责险办法》第 20 条在表述上完全照搬了《保险法》第 65 条第 2 款之规定,[2] 因此,在解释论上该条应与《保险法》第 65 条第 2 款作相同理解。即在旅责险项下,旅游事故受害人未经诉讼、仲裁确定旅行社赔偿责任的,不得请求保险人赔付保险金。《最高人民法院关于审理旅游

---

〔1〕 参见全国人民代表大会常务委员会法制工作委员会编、安建主编:《中华人民共和国保险法(修订)释义》,法律出版社 2009 年版,第 107 页。

〔2〕 《旅责险管理办法》第 20 条规定:"旅行社对旅游者、导游或者领队人员应负的赔偿责任确定的,根据旅行社的请求,保险公司应当直接向受害的旅游者、导游或者领队人员赔偿保险金。旅行社怠于请求的,受害的旅游者、导游或者领队人员有权就其应获赔偿部分直接向保险公司请求赔偿保险金。"

纠纷案件适用法律若干问题的规定》(法释〔2010〕13 号,以下简称《旅游案件纠纷解释》)从程序上对此作了确认,《旅游案件纠纷解释》第 5 条规定,在旅游者与旅游经营者〔1〕损害赔偿纠纷中,人民法院可将保险人列为诉讼第三人,而非被告。《旅游案件纠纷解释》的起草者认为,之所以将保险人列为第三人,理由在于,旅行社是旅责险的投保人和受益人,旅游者与保险公司之间没有合同关系,根据合同的相对性原理,旅游者不能直接向保险公司请求赔偿。〔2〕然吊诡的是,在司法实践中,很多法院虽然将保险人列为诉讼第三人,但仍违反诉讼法之基本原理,判决保险人直接向第三者赔付保险金。〔3〕

事实上,强制责任保险之所以牺牲私法上合同自由之精神,强制投保人缔结责任保险,其主要目的在于保障第三者于损害发生时能够获得及时、充分的赔偿。易言之,强制责任保险最主要、最直接的保护对象是第三者,而非被保险人。因此,赋予第三者保险金直接请求权是强制责任保险制度的内在要求。〔4〕从域外强制责任保险立法来看,比利时、西班牙、德国等为实用目的,亦赋予了第三者直接请求权。〔5〕旅责险作为强制保险,具有强烈的第三人利益保护属性,而《旅责险办法》第 20 条仍照搬《保险法》第 65 条第 2 款关于自愿责任保险的规定,严格限制第三者的直接请求权,显然没有考虑到旅责险的这一属性。因此,我国未来立法应作出修正,赋予第三者于损害事故发生后直接请求保险人赔付保险金的权利。对于这一制度安排,可能会受到质疑,即直接赋予第三者直接请求权,会加重保险人的负担,导致利益安排失衡。事实上,第三者于旅游事故发生后,直接以旅行社及其保险人

〔1〕“旅游经营者”在不同规范文本上具有不同含义。法释〔2010〕13 号第 1 条规定,“旅游经营者”是指以自己的名义经营旅游业务,向公众提供旅游服务的人,其范围不包括景区以及实际提供交通、住宿、餐饮、娱乐等旅游服务的辅助经营者。而《旅游法》第 111 条第 1 项规定,“旅游经营者”是指旅行社、景区以及为旅游者提供交通、住宿、餐饮、购物、娱乐等服务的经营者。在内涵上,法释〔2010〕13 号使用的“旅游经营者”大致相当于《旅游法》上的“旅行社”一词。如无特别说明,本文所使用的“旅游经营者”与“旅行社”同义。

〔2〕参见最高人民法院民事审判第一庭编著、奚晓明主编:《最高人民法院审理旅游纠纷案件司法解释理解与适用》,人民法院出版社 2010 年版,第 63 ~ 186 页。

〔3〕河南省郑州市中级人民法院(2014)郑民一终字第 736 号判决书;湖北省宜昌市西陵区人民法院(2015)鄂西陵民初字第 922 号判决书;安徽省阜阳市中级人民法院(2015)阜民二终字第 188 号判决书;上海市第一中级人民法院(2015)沪一中民一(民)终字第 1561 号判决书。

〔4〕参见李新天、印通:《第三者保险金请求权类型化研究》,载《保险研究》2014 年第 8 期,第 116 页。

〔5〕参见[奥]伯恩哈德·A. 科赫、赫尔穆特·考茨欧著:《比较法视野下的人身伤害赔偿》,陈永强等译,中国法制出版社 2012 年版,第 164 页。

为被告行使赔偿请求权,并不会加重保险人的负担。原因在于,保险人不仅可以旅行社对第三者的抗辩权对抗第三者,而且可以保险人对旅行社的抗辩权对抗第三者。易言之,面对第三者的保险金请求权,保险人享有双重抗辩权。

四、保险人赔付义务之基本构成

上述研究表明,被保险人与第三者均可直接请求保险人赔付保险金。对被保险人而言,只有在对第三者完成赔付的前提下才能请求保险人赔付保险金。而对于第三者而言,只有在未获得被保险人赔付的情况下才能请求保险人赔付保险金。除这些特殊要件外,保险人赔付义务之成立尚需以下基本要件:

(一)当事人之间存在有效的保险合同

保险人的赔付义务在性质上属于合同义务,因此,保险事故发生时保险人与投保人之间存在有效的合同是保险人赔付保险金的前提。然旅责险合同成立后,其效力评价如何展开?投保人能否行使任意解除权?保险人能否行使法定解除权?笔者认为,基于旅责险合同的强制属性和涉他属性,其效力评价应与普通合同有所区别。以合同效力瑕疵为例,《合同法》第54条规定,合同一方当事人意思表示错误或表意不自由,则该合同为可撤销合同。该条的理论基础在于,合同系当事人安排权利义务的手段,其拘束力源自当事人真实的合意。[1] 既然一方当事人意思表示存在错误或表意不自由,则所作出的意思表示就不是其真实的意思,合同的拘束力就要受到影响。然而,此种安排没有考虑到那些未直接参与法律行为,但与该法律行为具有直接利害关系的第三人的利益。[2] 旅责险具有强烈的第三人利益属性,在性质上近似于为第三人利益的合同。且这种第三人利益属性并非合同当事人私法自治的产物,而系法律基于公共利益而作出的强制安排。因此,在旅责险合同中,合同效力的评价应当兼顾第三者的利益,当事人意思表示瑕疵原则上不影响合同效力。

《保险法》第15条规定,除法律另有规定或合同另有约定外,保险合同

---

〔1〕 参见李军:《法律行为的效力依据》,载《现代法学》2005年第1期,第103页。

〔2〕 参见[德]维尔纳·弗卢梅著:《法律行为论》,迟颖译,法律出版社2013年版,第475页。

成立后,投保人可以解除合同。根据权威的法律释义意见,该条之所以赋予投保人任意解除权,目的在于授予投保人解除合同的充分自由,使投保人对自己利益的保护有更多的选择合同相对人的机会。〔1〕 然亦有学者对此提出质疑,认为投保人的选择自由并非绝对,任意解除权的行使不仅违反合同必须遵守原则,而且会损害第三人的期待利益。因此,应当对《保险法》第15条作出修正。〔2〕《旅责险办法》第12条将这一极具争议的条款适用于旅责险,也规定旅行社享有任意解除权。显然,这一规定值得商榷。旅责险是法律强制缔约的结果,如果旅行社投保旅责险后,仍赋予其任意解除合同的权利,则不仅与强制缔约的制度安排有所抵触,而且还会损害第三者的赔付利益。因此,在旅责险中,不应赋予旅行社任意解除权。

《旅责险办法》第11条规定,保险合同成立后,除符合《保险法》规定的情形外,保险公司不得解除保险合同。易言之,只要符合《保险法》规定的条件,保险人仍得解除合同。根据《保险法》第16条第2款、第27条以及第52条之规定,投保人违反如实告知义务,欺诈索赔以及保险标的危险增加,被保险人未尽通知义务的,保险人有权解除合同。正如前文所言,强制责任保险最主要、最直接的保护对象是第三者,而非被保险人。如果因投保人、被保险人违反法定义务而赋予保险人解除权,则会导致无辜的受害人失去责任保险之保障。〔3〕 因此,为贯彻强制保险之立法意旨,保护旅游事故中的受害人,《旅责险办法》不应赋予保险人法定解除权。这一制度安排虽然对于保险人过于严苛,但可通过赋予保险人对投保人损害赔偿请求权、保费增加请求权等实现利益平衡。

(二)保险期间发生保险事故

保险事故是指保险合同约定的保险责任范围内的事故。《旅行社责任保险统保示范项目保险条款》(以下简称《示范条款》)第3条第1款规定:“在本保险期间或保险合同列明的追溯期内,被保险人在组织、接待的旅游

〔1〕 参见最高人民法院保险法司法解释起草小组:《〈中华人民共和国保险法〉保险合同章条文理解与适用》,中国法制出版社2010年版,第72页。

〔2〕 参见代琴:《利他保险合同解除权中的第三人保护——〈保险法〉第15条的修改建议》,载《保险研究》2015年第12期,第98页。

〔3〕 参见[美]小罗伯特·杰瑞、道格拉斯·里士满著:《美国保险法精解》,李之彦译,北京大学出版社2009年版,第60页。

活动中发生旅游者人身伤害事件，被保险人依照中华人民共和国法律对旅游者的人身伤害应承担的赔偿责任，并在本保险期间内向保险人提出索赔的，保险人按照本保险合同的约定负责赔偿。”[1]这一规定对保险人的赔付责任作了严格限定，即只有被保险人对旅游者赔偿责任依法成立且在保险期间向保险人提出索赔的，保险人才承担赔偿责任。易言之，即使旅游者所遭受的损害事故发生在保险期间，但超过该期间提出索赔的，保险人仍不予赔偿。显然，这不符合投保人的客观合理预期。投保人之所以选择在其营业期间投保旅责险，其目的在于确保此期间发生的责任风险能够转移，至于提起索赔的时间则难以控制。因此，在旅责险中，旅行社赔偿责任依法成立即可认定保险事故业已发生，至于被保险人是否在保险期间提起索赔则在所不问。

值得一提的是，旅行社对第三者到底应承担何种赔偿责任，现行法存在规范冲突。以包价旅游合同[2]履行辅助人致旅游者损害为例，《旅游案件纠纷解释》第14条规定，因旅游辅助服务者的原因造成旅游者人身损害、财产损失的，由旅游辅助服务者承担侵权责任；旅游经营者未尽谨慎选择义务的，承担相应的补充责任。[3] 然《旅游法》第71条规定，由于地接社、履行辅助人的原因造成旅游者人身损害、财产损失的，由地接社、履行辅助人与组团社承担不真正连带责任。组团社承担责任后可向地接社、履行辅助人追偿。[4] 《旅游案件纠纷解释》第14条规定的“相应的补充责任”与《旅游法》第71条规定的不真正连带责任在归责原则、责任内容等方面均存在明显差异，损害事故发生后，旅行社到底应当承担何种责任，不无疑问。笔者认为，旅游辅助服务者作为接受旅行社委托并为旅游者实际提供旅游服务的主体，在性质上类似于传统民法理论上的事务辅助人。根据报偿责任理论，使用他人来完成自己之事务者，应对事务辅助人在处理事务过程中导致的损害承担责任。另外，旅游辅助服务者虽然是事务辅助人，但它在经济上

---

〔1〕 参见《旅行社责任保险统保示范项目保险条款》(2017年版)。

〔2〕 关于包价旅游合同的认定，参见傅林放、阙杭平：《论包价旅游合同相关问题》，载《旅游学刊》2015年第9期。

〔3〕 法释〔2010〕13号第1条规定，“旅游辅助服务者”是指与旅游经营者存在合同关系，协助旅游经营者履行旅游合同义务，实际提供交通、旅游、住宿、餐饮、娱乐等旅游服务的人。

〔4〕 《旅游法》第111条规定，“地接社”是指接受旅行社委托，在目的地接待旅游者的旅行社。“履行辅助人”是指与旅行社存在合同关系，协助其履行包价旅游合同义务，实际提供相关服务的法人或者自然人。

独立于旅行社,有别于旅行社的雇员。因此,旅游辅助服务者造成旅游者损害的,也应承担赔偿责任。所以,《旅游法》第71条关于旅行社与履行辅助人承担不真正连带责任的规定更为合理。因此,在履行辅助人致旅游者损害之情形,保险人之赔付责任应依据《旅游法》第71条予以确定。

五、旅责险赔付范围之界定

在旅责险中,并非第三者遭受的所有损害均可获得旅责险保险人的赔付,因此,如何界定旅责险赔付范围,系问题争议之焦点。在旅游事故中,受害人所遭受的损害既包括履行利益损害,也包括固有利益损害。前者主要因旅行社不履行合同义务或履行合同义务存在瑕疵引起,如拒绝提供旅游服务、擅自改变旅游行程、遗漏旅游景点、减少旅游服务项目、降低旅游服务标准等;[1]后者主要因旅行社违反合同法上的保护义务或侵权法上的安全保障义务引起。从《旅责险办法》第4条的规定来看,旅责险保险人仅赔偿受害人遭受的固有利益损害,履行利益损害则被排除在外。该条规定:"旅行社责任保险的保险责任,应当包括旅行社在组织旅游活动中依法对旅游者的人身伤亡、财产损失承担的赔偿责任和依法对受旅行社委派并为旅游者提供服务的导游或者领队人员的人身伤亡承担的赔偿责任。"正如前文所言,旅责险的主要目的是为旅游事故中的受害人提供保护,此种保护主要表现在为受害人提供基本生活保障和基本医疗保障。在旅游合同中,旅游者的履行利益是因旅行社提供良好服务而带来愉悦的旅游体验,显然,此种利益损害与基本保障无关。因此,《旅责险办法》将履行利益排除在旅责险保护范围之外的做法值得肯定。

《旅责险办法》第4条区分受害人身份而提供不同程度的保障,旅游者的人身损害和财物损害可获得保险赔付,而对于导游、领队队员,则仅人身损害能够获得保险赔付。该条将旅游者的财物损害纳入旅责险保障范围,以表明旅游者与导游、领队人员在保险待遇上存在差异。事实上,无论是旅游者还是导游、领队人员,其财物损害均不应纳入旅责险保障范围。理由如下:首先,旅责险作为强制保险,其实质是法律对旅行社缔约自由的限制及对旅行社财产权(保费)的剥夺。旅游者之财产权与旅行社之财产权同等重

〔1〕 参见全国人民代表大会常务委员会法制工作委员会编、李飞、邵琪伟主编:《中华人民共和国旅游法释义》,法律出版社2013年版,第172页。

要,并无优先保护之效力。因此,牺牲私法上契约自由之精神,强制为旅游者之财物损害提供保险保障,有违宪法上的比例原则;其次,将旅游者之财物损害纳入保险保障范围,易引发保险欺诈,进而损害旅责险制度的健康运行;最后,将旅游者之财物损害排除在保险保障范围之外,可以节约保险资金,提高人身损害赔付的限额,进而实现旅责险的制度价值。

在旅游事故中,受害人因人身伤亡而发生的损害包括财产损害和精神损害。对于因人身伤亡而发生的医疗费、残疾辅助器具费等财产损害,理应由保险人赔付。然因人身伤亡而发生的精神损害,是否应当纳入旅责险的赔付范围,则不无疑问。《旅责险办法》第 18 条第 2 款规定:“责任限额……由旅行社与保险公司协商确定,但每人人身伤亡责任限额不得低于 20 万元人民币。”该责任限额并未对人身伤亡引发的损害类型作出限制。《示范条款》第 7 条明确规定,经人民法院判决应由被保险人承担的精神损害赔偿责任,保险人依照本保险合同的约定负责赔偿。然笔者认为,受害人因人身伤亡而发生的精神损害不应纳入旅责险的赔付范围。这是因为,我国现行法之所以强制旅行社投保责任保险,其目的在于为旅游事故中的受害人提供基本医疗和生活保障,而精神损害赔偿与基本保障无关。因此,在我国旅责险赔付水平比较低的情况下,应当将有限的资源用于赔偿因人身伤亡而导致的财产损害。综上所述,旅责险的赔付范围仅限于受害人因人身伤亡而发生的财产损害,履行利益损害、财物损害以及因人身伤亡而发生的精神损害不应纳入旅责险保障范围。

六、保险人之免责事由

旅责险之免责事由是指虽然满足保险人赔付义务之构成要件,但法律特别规定或合同特别约定保险人不承担赔付义务的事由。对于旅责险之免责事由,《旅责险办法》未作出规定。然在司法实践中,保险人提供的保单列举了诸多免除保险人赔付义务的事由。比如,永城保险公司提供的保单约定:被保险人的旅游服务质量未达到国家、行业或合同约定的标准;无导游服务的散客旅游活动;被保险人委托非旅行社的单位或个人代理旅游业务;被保险人与旅行者未订立书面旅游合同的,保险人不承担赔付责任。[1] 中华联合保险公司提供的保单约定:投保人、被保险人或其代表或其雇员的重

〔1〕《永诚财产保险股份有限公司旅行社责任保险条款》(2011 年版)第 6 条。

大过失、故意行为或违法行为;旅游者,导游或领队从事赛马、赛车、潜水等高风险活动造成损失的,保险人不负责赔偿。[1] 安城财产保险公司提供的保单约定,旅游者从事赛车、赛马、滑雪等高风险活动造成人身伤亡或财产损失的,保险人不负责赔偿。[2] 《示范条款》约定,被保险人的故意行为、违法行为或违规行为造成损失的,保险人免责。但被保险人的违法行为或违规行为与保险事故的发生无因果关系的除外。

如何判断上述免责条款的效力,系司法实践中当事人争议的焦点。从各地法院的裁判文书来看,不同法院之间判决结果存在较大分歧。比如,在重庆雪狼国际旅行社与永城保险重庆分公司纠纷案中,重庆市第一中级人民法院认为,保险公司未对免责条款尽到应有的提示说明义务。即使雪狼旅行社作为专业旅游机构,仍然不能因此免除保险公司应尽的提示说明义务。因此,根据《保险法》第 17 条之规定,判定免责条款无效,保险公司应承担赔偿责任。[3] 然在永利国际旅行社与中华联合北京分公司纠纷案中,北京铁路运输中级法院认为,永利国际旅行社作为组织旅游的专业机构,在不完全具备相应条件的情况下组织旅客进行浮潜活动,应当预见到旅客可能发生溺水的风险,但未能依据合同约定及时通知保险人,也未能采取充分地应对保障措施,其轻信事故不会发生的主观心态和客观行为表现,符合《旅行社责任险条款》第 5 条第 5 项"因投保人、被保险人或其代表人的重大过失,保险人不负赔偿责任"的约定。因此,保险人不承担赔偿责任。[4] 又如,在成都雅竹旅行社与人保财险武侯支公司纠纷案中,成都市武侯区人民法院认为,原告选择的道路客运的经营者(阳凯)经营的车辆并无客运资质,不具有合法经营资格,故原告存在违规行为。原告该违规行为(选择无合法经营资格的道路旅游客运经营者)与阳凯操作不当发生交通事故导致郭嘉颖及陈雪梅死亡明显具有因果关系,故本案保险事故属于被告免责范围。[5]

笔者认为,保险人提供的免责条款应当受到严格的司法审查和控制。正如前文所言,旅责险是强制保险,其主要目的是为旅游事故中的受害人提供保障。如果因被保险人存在违法违规行为或组织高风险旅游活动等事由

---

〔1〕《中华联合财产保险股份有限公司旅行社责任保险条款》(2011 年版)第 6 条第 1 ~4 项。

〔2〕《安诚财产保险股份有限公司旅行社责任保险条款》(2009 年版)第 8 条。

〔3〕重庆市第一中级人民法院(2014)渝一中法民终字第 5848 号判决书。

〔4〕北京铁路运输中级人民法院(2014)京铁中民(商)终字第 185 号判决书。

〔5〕成都市武侯区人民法院(2015)武侯民初字第 3254 号判决书。

而免除保险人赔付责任,则难以实现旅责险的制度价值。虽然部分法院以保险人对免责条款未尽提示说明义务为由,根据《保险法》第 17 条之规定认定免责条款无效,但这一限制作用十分有限。因此,我国未来立法应当对保险人免责事由作出严格限制,禁止保险人滥设免责条款。以我国台湾地区"7・19"火烧游览车事件为例,即使受害人之损害系因游览车司机故意所为,旅责险保险人仍应向受害人赔付保险金。当然,为了鼓励和引导旅行社合法经营,采取有效措施防范旅游风险,旅责险保单可约定:被保险人存在故意行为、违法行为或违规行为导致损害发生的,保险人履行赔付义务后,可向被保险人追偿。

七、结论

旅责险是以旅行社对第三者依法应负的赔偿责任为保险标的的强制性保险,其最主要、最直接的保护对象是第三者,而非被保险人。因此,在制度构造上,旅责险应与自愿责任保险有所区隔。损害事故发生后,第三者得直接请求保险人赔付保险金,而不受《旅责险办法》第 20 条之牵制。在导游用工制度尚不完善的背景下,将导游、领队人员纳入"第三者"范畴,由旅责险替代工伤保险提供基本保障,有其积极意义。我国未来立法应当完善导游用工制度,实现社会保险对导游的全覆盖,进而将导游、领队人员排除在旅责险第三者范围之外。旅责险保险人的赔付义务在性质上属于合同义务,因此,保险人与旅行社之间存在有效的保险合同是保险人赔付保险金的前提条件。旅责险合同具有强制属性和涉他属性,其在效力评价上应有别于普通合同。无论保险人还是被保险人,均不能单方解除保险合同。第三者在旅游事故中因人身伤亡而发生之财产损害可获得保险赔付,履行利益损害、财物损害以及精神损害则应排除在赔付范围之外。保险合同约定的保险人免责事由应受严格限制,现行保单中常见的被保险人故意或重大过失行为、违法违规、组织高危旅游活动等均不能作为保险人对抗第三者的免责事由。

图书在版编目(CIP)数据

中国民间金融的规范化发展. 2018 / 高晋康, 唐清利, 汪蕾主编. -- 北京 : 法律出版社, 2019
ISBN 978-7-5197-3972-0

Ⅰ. ①中… Ⅱ. ①高… ②唐… ③汪… Ⅲ. ①民间经济团体-金融机构-研究-中国-2018 Ⅳ. ①F832.35

中国版本图书馆CIP数据核字(2019)第219378号

中国民间金融的规范化发展(2018)
ZHONGGUO MINJIAN JINRONG DE GUIFANHUA FAZHAN(2018)

高晋康　唐清利　汪　蕾 主编

策划编辑 郑　导
责任编辑 郑　导
装帧设计 李　瞻

出版 法律出版社
总发行 中国法律图书有限公司
经销 新华书店
印刷 永清县金鑫印刷有限公司
责任校对 郭艳萍
责任印制 张建伟

编辑统筹 独立项目策划部
开本 710毫米×1000毫米　1/16
印张 15
字数 248千
版本 2019年10月第1版
印次 2019年10月第1次印刷

法律出版社/北京市丰台区莲花池西里7号(100073)
网址/www.lawpress.com.cn
投稿邮箱/info@lawpress.com.cn
举报维权邮箱/jbwq@lawpress.com.cn
销售热线/400-660-8393
咨询电话/010-63939796

中国法律图书有限公司/北京市丰台区莲花池西里7号(100073)
全国各地中法图分、子公司销售电话:
统一销售客服/400-660-8393/6393
第一法律书店/010-83938432/8433　　西安分公司/029-85330678　　重庆分公司/023-67453036
上海分公司/021-62071639/1636　　深圳分公司/0755-83072995

书号:ISBN 978-7-5197-3972-0　　**定价**:58.00元